지식의 불확실성

새로운 지식 패러다임을 찾아서

지식의
불확실성

이매뉴얼 월러스틴 지음
유희석 옮김

창비

과학자이자 인문학자이자 학자였던

일리야 프리고진(1917~2003)을 추모하며

■

서문

■

시간의 불확실성들

시간은 어떻게 봐도 우리에게 아주 분명해 보인다. 요즘은 거의 누구나 시계를 갖고 있고, 흐르는 시간을 잴 수 있다. 그러나 사실은 시간만큼 불확실한 것도 없다. 시간은 딱히 어떤 사회적 환상이 아니지만, 거의 환상에 가깝다. 이 점을 생각해보자.

우리는 모두 현재에 살고 있다. 우리 대다수는 최소한 자신과 가까운 주변환경에서 어떤 일이 지금 일어나는지 알거나, 가장 잘 안다고 생각한다. 그러나 현재란 실재(實在)들 중에서 가장 덧없는 것이다. 발생하는 찰나에 현재는 끝난다. 다시 붙잡을 수 없다. 기껏해야 아주 부분적으로만 기록될 수 있을 뿐이다. 현재는 형편없이 기억된다. 기억과 기록은 쉽게 조작될 수 있다. 두 사람이 어떤 한 사건을 보더라도 그것을 동일한 방식으로 관찰하는 일은 드물며, 똑같은 방식으로 기억하는 일은 더더욱 드물다.

그럼에도 우리는 현재에 살고 있고, 단독으로 혹은 집단으로 활동하면서 현재에 영향을 미치기 위해 끊임없이 의사결정을 한다. 아마 우리 대다수에게 현재만큼 중요한 것은 없으리라. 현재에서 혼자서 그리고 집단적으로 이런 결정들을 하기 위해, 사람들은 과거를 불러낸다. 그러나 과거란 무엇인가? 현실에서 과거는 현재의 우리가 과거라고 생각하는 그것이다. 분명히 어떤 실재의 과거는 있지만, 과거에 적용하기를 바라는 어떤 렌즈를 통해서 우리는 현재에서만 그 과거를 알 수 있을 뿐이다. 그리하여 결과적으로 우리는 모두 서로 다른 과거들을 본다. 우리는 개인으로서 서로 다른 과거들을 보고, 집단으로서 서로 다른 과거들을 보며, 학자로서 서로 다른 과거들을 본다.

　그런데 우리가 다른 과거들을 보기만 하는 것도 아니다. 과거에 대한 우리의 비전을 다른 모든 이들에게 제시하는 일도 우리 모두에게 매우 중요하다. 과거에 대한 형태적 상(像)들은 항상 그 순간에 일어나는 현재의 행위를 결정하는 요소이기 때문에 극히 중요하다. 게다가 과거에 대한 우리의 형태적 상들은 고정된 것이 아니다. 그것들은 거의 현재만큼 빠르게, 끊임없이 변한다. 왜냐하면 현재의 우리 행위가 과거를 재해석하기를 요구하기 때문이다. 이런 점에서 '현재의 정치학'은 고집스럽고 끈질기다. 정부가 과거를 논하고, 사회운동이 과거를 논하며, 학자들이 과거를 논한다. 이런 논쟁들은 부드럽거나 침착하지 않다. 그러기는커녕 살벌하고 자주 분노에 차 있으며 때로는 치명적이기도 하다. 그리고 논쟁은 결코 해결되지 않는다. 가장 흔히 일어나는 일은 일시적으로 광범위한 합의가 이루어지는 것인데, 그 합의라는 것에도 항상 반대자들이 있기 마련이고 그 합의도 효력이 미치는 곳에서나 지속될 뿐이다.

그렇다면, 미래는 어떤가? 현재의 찰나적인 성질과 과거의 끊임없이 변하는 성질에 직면한 많은 사람들은 미래에 의탁해 거기서 확실성을 찾으려고 한다. 미래에 확실성을 부여하는 토대는 신학적이거나 정치적이거나, 또는 과학적일 수 있다. 그러나 미래는 아직 일어나지 않았기 때문에 그런 예언들이 실제로 정확한지는 결코 확신할 수 없다. 특정한 단기적 진술을 포함한 예언들은 들어맞지 않거나, 정확히는 들어맞지 않는다는 점이 주기적으로 드러났다. 그리고 종말론들은 근본적으로 검증할 수 없는 것이다. 미래에 대한 믿음은 시대에 따라 변해왔다. 그것은 19세기와 20세기에 특히 강했다. 그러나 세기말에 환멸의 파도가 지구를 휩쓸었고, 수많은 사람들이 믿음을 잃었다. 그럼에도 미래의 확실성에 투자하는 사람들은 언제나 남아 있다.

그래서 여기에 우리가 있다. 우리는 현재를 알 수 없고, 과거를 알 수 없고, 미래를 알 수 없다. 그로 인해 우리는 어떤 상황에 처하게 되는가? 특히 사회적 실재를 설명한다고 나선 사회과학은 어떤가? 아주 큰 어려움에 직면해 있는 것 같다. 그렇다고 방책이 없는 건 아니다. 우리가 불확실성을 지식체계들을 구성하는 하나의 기본 구성단위로 받아들인다면, 비록 내재적으로는 근사치에 불과하고 분명 결정적이지도 않겠지만, 우리 모두가 사는 현재의 역사적 선택들에 집중하고 해법을 발견하는 데 유용할, 현실에 대한 이해를 구축할 수 있을 것이다.

이 책은 그런 불확실한 지식의 매개변수들을 탐구하여 그 지식의 가치를 높이고, 지식을 우리의 개인적이고 집단적인 욕구와 열정, 희망에 더 적합하게 만들기 위해 무엇을 해야 하는가를 제시하려는 시도다. 과학은 우리 모두에게 하나의 모험이면서 기회이다. 우리에게는 모험에 참여하고 과학을 만들어가며 그 한계들을 알아야 할 소명이 있다.

• 일러두기

1. 이 책은 이매뉴얼 월러스틴(Immanuel Wallerstein)의 *The Uncertainties of Knowledge* (Philadelphia : Temple University Press 2004)를 번역한 것이다.
2. 원서의 'system'이 자연과학의 맥락에서 사용될 때는 '체계'로, 그 밖의 맥락에서 사용될 때는 '체제'로 번역했다.

제 1 부

지식의 구조들

제1장

■

과학을 위하여, 과학주의에 반대하여
현대 지식 생산의 딜레마들

　과학은 요즘 공격당하고 있다. 과학은 지난 200년간 가장 확실한 진리의 형식으로서, 많은 이들에게는 유일하게 확실한 진리의 형식으로서 누려온, 이론의 여지가 없는 존경을 더이상 받지 못하고 있다. 우리는 신학, 철학, 민중적 지혜 모두가 진리에 대한 주장으로서 이론의 여지가 있기 때문에 오직 과학만이 확실성을 제공할 수 있다고 으레 믿어왔다. 모든 과학적 주장은 새로운 데이터가 입수되기만 한다면 수정된다는 과학자들의 바로 그 겸손이 다른 경쟁자들의 진리주장과 과학을 구분해주는 것처럼 보였는데, 과학자들은 그들을 이데올로기적이거나 사변적이라고, 또는 전통적이거나 주관적이라고 단언하고, 그래서 (더욱) 신뢰하기 어렵다고 했다. 많은 사람에게 '과학적'이라는 꼬리표와 '근대적'이라는 꼬리표는 사실상 동의어가 되었으며, 대다수 사람들에게 그것은 가치 있는 것이었다.

그러나 지난 20년간 과학은 과학자들이 신학, 철학, 민중적 지혜에 오랫동안 가한 것과 똑같은 형태의 공격을 받았다. 이제는 과학도 이데올로기적이고 주관적이며 신뢰할 수 없다고 비난한다. 사람들은 결국 현재의 지배적인 문화적 관점들만을 반영할 뿐인 많은 선험적 전제들을 과학자들의 이론작업에서 식별해낼 수 있다고 했다. 과학자들이 데이터를 조작해 대중들이 믿도록 만든다는 주장이 제기되었다. 물론 사람들은 이런 비난이 인정되는 한도까지만, 과학자들이 다른 모든 이에게 내린 것과 똑같은 부정적인 문화적 판단을 과학자들에게 내리려고 할 따름이다.

하지만 몇몇 비판자들은 더 나아갔다. 이들은 보편적인 진리라는 것은 없으며, 모든 지식주장은 필연적으로 주관적이라고 주장했다. 이런 더 강한 비판, 전적으로 상대주의적인 입장에 맞서 과학자들은 그런 공격은 비이성주의로 회귀하는 것이라고 받아쳤다. 일부 과학자들은 아예 한술 더 떠서, 과학행위의 사회적 연관성에 관한 분석을 토대로 한 (과학에 대한—옮긴이) 온건한 비판도 사람들을 결국 허무주의적 상대주의라는 위험한 길로 들어서게 한다는 점에서 사악한 것으로 단정했다.

이것이 오늘날 전세계적으로 우리가 처한 문화적 상황이다. 우리는 자원과 지식제도들을 통제하기 위해 목하 상호비방전에 나선 자신을 발견한다. 이제 전체적으로 평가하고, 지식구조의 정치적 맥락과 과학활동의 철학적 전제를 성찰할 싯점이다.

어떤 새로운 과학적 주장이 유효하거나 심지어 타당한지 우리는 어떻게 아는가? 지식의 복잡한 전문화가 끝없이 심화되는 현실에서, 각각의 특정한 과학적 진술에 대해 극소수를 제외한 거의 모든 사람들은 제출된 증거의 질이나 자료 분석에 적용된 이론적 논거의 엄밀성을 개인적으로 합당하게 판단할 수 있는 능력이 없다. 자연과학에 가까울수록 더 그렇다. 그러므로 우리 가운데 누구라도 어떤 일반 과학저널, 가령 『네이처』(*Nature*)나 고급 신문인 『인도 타임즈』(*Times of India*)에 실린 새로운 지식에 관한 어떤 과학자의 주장을 읽을 때, 그것이 사리에 맞는다고 생각하는 근거는 무엇이겠는가? 우리는 저명한 권위에 의해 축적된 증거들을 기준으로 삼는 경향이 있다. 그 기사가 실린 잡지가 신뢰성의 척도가 된다. 새로운 진술을 논평하는 사람들에 대해서도 마찬가지다. 우리는 인용된 학자나 저널의 증언에 대한 신뢰성의 척도는 어디에서 얻는가? 그런 척도는 기록된 형태로는 좀처럼 존재하지 않는다. 그래서 우리는 사실상 그보다 높은 등급의 신뢰도에서 그런 신뢰도의 기준을 구한다. 만약 우리가 아는 '진지한' 사람이 『네이처』가 일류이고 믿을 만한 저널이라고 말하면, 사람들은 대개 그렇다고 믿는다. 얼마나 많은 암묵적인 신뢰의 등급들이 서로서로에 기초를 두고 형성되는지 쉽게 알 수 있다.

무엇이 신뢰등급들을 카드로 만든 집처럼 무너지지 않도록 하는가? 자료의 질이 형편없거나 추론의 질이 빈약하고 반대 증거가 무시되거나 심지어 실제로 사기행위가 벌어진다면, 우리는 어떤 좁은 분야에서 많은 '전문가들'이 서로를 예의 주시하고 공개적으로 크게 목청을 높일 거라고 생각한다. 그래서 관련 전문가들의 침묵은 합의로 받아들여진다. 이런 합의가 있을 경우 우리는 다시 안심하고 새로운 사실들을 자신의 지식축적 씨스템 속에 통합하는 반면, 논쟁은 그 사실주장에 대한 의심을 불러일으킨다. 이것은 우리가 일개 전문가가 아니라 스스로 조직된 전문가 공동체를 존중함을 뜻한다.

그러나 우리는 어떤 근거로 대체로 하나의 목소리를 내는 전문가 공동체가 존경과 신뢰를 받을 만하다고 믿는가? 우리는 크게 두 가지 가정에 근거하여 그들에게 존경과 신뢰를 바친다. 즉 그들은 믿을 만한 기관에서 훈련을 잘 받았고, 합리적으로 공평무사하다는 가정이다. 이 두 기준을 모두 만족할 때 우리는 그 가정에 가치를 부여한다. 우리는 전문적인 지식을 엄격하고 오랜 배움을 요구하는, 습득하기 어려운 것으로 간주한다. 우리는 공식적인 기관을 믿는데, 이 기관은 다시 신뢰등급에 따라 평가된다. 수준이 비슷한 기관들이 서로를 감시하고, 전세계적인 상호평가가 그러한 명시적이고 암묵적인 등급들의 신뢰성을 보증한다고 가정한다. 간단히 말해서, 우리 전문가들이 적절한 기술, 아주 구체적으로 말하면 자기 분야에서 새로운 진리주장들을 평가할 수 있는 기술을 가지고 있다고 믿는다. 사람들은 자격증과 명성을 신뢰하는 것이다.

자격증명서에 대한 믿음과 함께, 우리는 과학자들의 상대적 공평무사함을 신뢰한다. (다시 예를 들면, 신학자나 철학자, 민중적 지혜의 전달자들과는 달리) 과학자들은 데이터를 현명하게 읽음으로써 드러나는 어떤 진실도 숨기거나 왜곡하거나 부정할 필요를 느끼지 않고, 진심으로 받아들일 준비가 되어 있다고 생가하는 것이다.

지난 20년간 회의주의자들이 초점을 맞춘 것은 훌륭한 훈련과 사심 없음을 결합했다는 (과학자들의—옮긴이) 바로 그 주장이었다. 그들은 한편으로 전문적인 훈련도 자주, 어쩌면 거의 언제나, 분석에서 중요한 요소들을 빠뜨리거나 왜곡하도록 조직되어왔다고 주장했다. 이것은 부분적으로는 과학자를 채용하는 사회적 토대의 작용일 뿐이다. 분명히, 전세계적으로 과학자들이 사회의 지배계층에서 상대적으로 많이 배출되는 정도에 따라 문제를 선택하는 데 왜곡이 따른다고 생각할 수 있을 것이다. 이는 사회과학에서 아주 분명해 보이지만 자연과학도 마찬가지다. 더 중요한 것은 이론적 전제를 선택하고 비유를 정의해서 활용하는 것이었다. 여기에는 과학적 편향이 덜 드러난 채 더욱 깊게 묻혀 있었다. 이로 인해 비판자들은 의도적인 편향(편견)의 문제를 넘어 (과학자들은 의식하지 못할 수도 있는) 구조적인 또는 제도적 편향의 문제로 나아간다. 만약 이 모든 것이 사실이라면, 훈련은 부적절했으며 심지어 부정적일 수도 있었다.

물론 이는 훈련만이 아닌 규범들의 문제이기도 하다. 사심 없음이라는 규범은 현대과학을 제도화하는 데 핵심적이다. 설령 한두 과학자가 어긴다 해도, 이 규범은 그것을 어기려는 경향을 제어할 정도로 충분히 강하다고 가정된다. 사심 없음은 과학자들이 분석의 논리와 자료의 패턴이 이끄는 쪽으로 탐구하며, 자신들이 지지하는 사회정책이나 존경하는 동료의 명성에 손상을 입힌다 해도 자신의 탐구 결과를 공표할 준비가 되어 있음을 의미한다고 간주된다. 사심 없음이라는 바로 그 개념은 거짓보다는 정직을 주저 없이 선택함을 상정한다. 그러나 물론 실제세계가 그렇게 돌아가지는 않는다. 과학자들은 수많은 압력을 받는데, 예컨대 정부, 강력한 제도나 사람들, 동료 등으로부터는 외적인 압력을 받고 자신의 초자아로부터 내적인 압력을 받는다. 우리 모두는 예외 없이 그런 압력에 어느 정도 반응한다. 게다가 하이젠베르크의 원리(Heisenberg principle)라는 문제도 있다. 탐구의 과정, 관찰이 행해지는 절차 자체가 탐구 대상을 변화시킨다. 어떤 상황에서는 너무나 많이 변화시켜서 획득한 데이터를 거의 믿을 수 없게 된다.

뿐만 아니라 과학자 조직의 이해관계가 훈련프로그램에 영향을 미칠 수도 있다. 사심 없음을 보존한다는 데 근거를 두고 정당화되는, 전문가들의 전문적 인증제도는 사심 없음의 원칙에 부차적인, 심지어 적대적인 동기 때문에 자신들의 단체에 가입하는 것을 전체적으로 제한할 수 있도록 한다. 그러나 그런 인증 과정에 정치적으로 개입한다고 해서(이는 전문가들의 집단적 자율성과는 정반대다) 결과가 달라지는 것은 아니다. 이는 진퇴양난처럼 보인다.

그런데 면밀하게 검토해봐서 만족스러운 훈련과 사심 없음이 보증으로서 문제가 있다면, 우리는 어떤 근거로 (문제가 있다고 말하는―옮긴이) 전문가의 발언을 믿을 수 있는가? 그리고 만약 믿을 수 없다면, 최소한 우리가 직접 판단할 수 없는 모든 분야에서 이루어지는 과학적 주장들의 타당성을 대체 어떻게 받아들일 수 있는가?

그런 심각한 회의주의에 대한 강력한 해답이 하나 있기는 하다. 전문가들을 믿지 못한다면 우리가 어떻게 만물을 알 수 있겠는가? 어떤 다른 출처에서 어떻게 더 믿을 만한 판단을 끌어낼 수 있겠는가? 권위가 있다는 그들의 주장이 알고 보면 허위라는 이유로 모든 전문가들을 거부하는 경우, 우리가 실제로 그들보다 더 잘할 수 있을까? 이런 의문을 대다수 사람들이 일상적으로 직면하는 중요하고 실질적인 문제로 바꿔볼 수 있다. 즉 건강을 지키는 문제 말이다. 한편으로 현대과학은 살아 있는 유기체는 고장 날 수 있다고, 즉 아플 수 있다고 말한다. 그러면서 많은 상황에서 의학적인 치료로써 그런 고장을 고칠 수 있다고 주장한다. 더 나아가, 많은 경우 치료를 받지 못하면 악화될 수 있고 심지어 죽을 수도 있다고 말한다. 다른 한편으로 진단과 예방, 치료법에 대한 견해가 의사들마다 다르다는 것을 우리는 알고 있다. 게다가 시대에 따라 의견차이(1890년대와 1990년대의 처방은 사뭇 다르다)가 있었고, 어느 정도는 장소에 따라 그런 차이가 존재했음을 우리는 안다. 그리고 의사의 부주의로 발생하는 질환들도 있다는 것을 안다.

고열이 나면 사람들은 조언과 도움을 구하게 된다. 그런 도움을 의사-과학자에게서 구하지 않는다면, 우리는 누구에게, 어떤 근거로 도움을 구해야 하는가? 명백히, 의학적 처방이 얼마나 심각하게 권고되는가가 관건이다. 아스피린 처방은 대개 일상적인 것으로 간주된다. 복잡한 뇌수술 처방에 대해서는 환자들을 망설이게 한다. 결국 우리들 대다수는 복잡한 뇌수술에 대한 누군가의 충고를 따르는데, 달리 더 좋은 사람이 없다면 누구 말을 들어야 하는가? 우리는 동의하는 데 망설인다. 우리는 우리의 회의주의에 기대를 거는 데는 더 망설이게 된다.

그래서 어쨌다는 것인가? 목욕물을 버리다가 아기까지 버려선 안된다는 것은 분명하다. 이것이 내가 1장의 제목을 '과학을 위하여, 과학주의에 반대하여'로 내건 이유다. 과학주의라는 말로 내가 뜻하는 바는, 과학이 공평무사하고 사회 바깥에 있는 것이며, 그 진리주장이 더 일반적인 철학의 주장들과 무관하게 자기충족적이고, 과학이 지식의 유일한 합법적 양식을 대표한다는 언설이다. 최근의 회의주의자들은, 많은 경우 단지 과거의 비판을 다시 살려내기만 했는데도 과학주의의 논리적 약점을 드러낸 것 같다. 과학자들이 방어적으로 과학주의를 옹호하는 한, 회의주의자들은 과학의 정당성을 해체하려 들 것이다.

이와 반대로, 내가 생각하는 과학은 인간의 본질적인 모험, 어쩌면 진정으로 위대한 인간의 모험이다. 내가 보기에 과학은 비교적 온건한, 그러나 절대적으로 중요한 두 가지의 주장으로 이루어진다. 그것은 첫째, 바깥에 하나의 세계가 있으며 그것은 우리 모두의 지각을 초월하여 존재해왔고 존재할 것이다. 이 세계는 인간의 정신이 만들어낸 환상이 아니다. 그렇게 주장함으로써 우리는 유아론적(唯我論的) 우주관을 거부한다. 둘째, 이 실재세계는 경험을 통해서, **부분적으로만** 알 수 있는 것이며, 우리로 하여금 그 지식을 발견적 이론화로 요약할 수 있도록 한다. 비록 세계를 전체적으로 완전히 알고 미래를 정확히 예측하는 것이 ──미래는 결정되지 않기 때문에── 본질적으로 불가능하더라도, 실재세계를 더 잘 해석하고 인간 존재의 조건을 개선하기 위해 우리가 할 바를 배우려고 노력하는 것은 분명히 도움이 된다. 그러나 세계의 현실은 끊임없이 변하고 있으므로 모든 해석은 어쩔 수 없이 잠정적이며, 실제적인 문제에 대해 결론을 내릴 때에도 신중을 기하는 것이 바람직하다. 의학적 권고를 받아들일 때 우리 모두가 처해 있다고 인식하는 상황은 영원한 인간 조건인지도 모른다. 전문가를 완전히 믿을 순 없지만, 그렇다고 그들을 제치고 우리가 훨씬 더 잘할 것 같지는 않다.

우리는 크고 작은 모든 종류의 결정에 직면해 있다. 가령 그것이 미칠 파장이 아무리 크더라도, 가령 컴퓨터의 성능을 개선하는 것은 작은 결정이다. 이런 기술공학적 개선 과정에서 엔지니어들에게 상당한 재량권을 부여하고 그들의 전문성을 대체로 신뢰하는 편이 우리 모두에게 비교적 안전할 수 있다. 그러나 이 경우에도 우리는 반드시 그들의 작은 기술적 결정을 사회의 더 큰 관심사(신기술이 인간의 건강, 환경, 공공의 안전에 안 좋은 영향을 끼치는가?), 전문적이지 않은 문제, 심지어는 컴퓨터 엔지니어의 전문성이나 관심사와 상관없는 문제 아래 두고 싶어할 것이다. 반면에 어떤 세계 질서를 건설하는 일은 복잡하고 거대한 결정이며, 그것은 대다수 사람들에게는 우리가 직접적으로 영향을 끼치기는 힘든 문제처럼 보인다. 전문가(정치가·학자)로 간주되는 이들의 사심 없음의 수준은 분명히 상당히 낮다. 그 자격증의 의미도 의심스럽다. (일군의 경제학자들이 공공경제정책에 대해 최근에 도대체 얼마나 바람직한 조언을 내놓았던가?) 그럼에도 이는 컴퓨터의 성능을 개선하는 것보다 훨씬 다급하고 중요한 사안일 수 있다.

게다가 대다수 사람들은 그 점을 알고 있다. 이런 절박함에 직면하여 세계의 많은 이들이 지식에 대한 과학주의적(scientistic) 주장에서 신학, 철학, 또는 민중적 지혜에 대한 주장으로 눈을 돌리고 있다. 그같은 대안적 주장이 덜 미덥다고 확신할 수 있을까? 만약 그렇다면, 우리는 어떤 근거로 그렇게 확신하는가? 진정코 현대 지식 생산의 도전은 바로 이것이다.

내가 다른 곳에서 자주 분석해온, 현대 세계체제의 결정적 국면을 여기서 개괄할 수는 없다. 다만 우리가 그런 국면에 와 있다는 점만을 주장하고자 한다. 문제는 우리 앞에 놓인 역사적 선택들에 대한 (과학주의적이지 않은) 과학적인 분석을 제시할 수 있는가이다. 그렇게 하기 위해서는 먼저 수많은 덤불을 확실하게 제거해야 한다. 고압적인 과학주의는 제거되어야 하는 것 중 하나다. 우리는 과학적 선택이 효율적인 목적에 복무하는 지식에 못지않게 가치와 의도에 의해서도 영향을 받는다는 사실을 인식해야 한다. 유토피스틱스(유토피아학)를 사회과학에 통합해야 한다. 중립적 과학자상에서 오만을 자제하는 현명하고 사려 깊은 과학자상으로 옮겨가야 한다.

제2장

21세기의 사회과학들

앞으로 어떤 일이 일어날 것인가, 또는 심지어 일어날 수 있는가에 대해 쓰는 일은 언제나 위험하다. 미래가 본질적으로 불확실하기 때문에 그것은 추측이라는 어떤 환원불가능한 요소를 끌어들인다(Prigogine 1997). 사람이 할 수 있는 일은, 가까운 과거의 경향과 가능성이 있는 연속적인 궤적들, 가능한 사회적 선택의 지점들을 확실히 밝히도록 노력하는 것이다. 이것은 필연적으로 사회과학들이 역사적으로 어떻게 구성되어왔으며, 그 구성물들에 대한 현재의 도전은 무엇이며, 그 결과 내놓을 수 있는 향후 수십 년 그리고 한 세기 동안 타당할 대안들은 어떤 것인가를 따진다는 것을 뜻한다.

두번째 어려움은 사회과학들의 미래를 거론하는 것이다. 사회과학들은 제한적이거나 자율적인 사회적 행위의 영역이 아니다. 그것들은 더 큰 실재, 즉 근대세계에 존재하는 지식구조의 일부다. 게다가 그것들은 완전히는 아니더라도 대체로 세계 대학체제라는 근대세계의 주요한 제도적 틀 안에 있다. 전체 지식구조의 진화와 진화하는 대학제도의 틀 속에 사회과학들을 자리매기지 않고서는 그 역사적 구성, 현재의 도전, 또는 현존하는 가능한 대안을 논하기는 어렵다.

따라서 나는 이 문제들을 세 개의 시간대—역사적 구성, 현재의 도전, 그리고 가능한 대안—에서 다루겠다. 나는 미래를 토론하기 위한 배경을 제공하기 위해서만 첫 두 시간대를 개괄할 것이다. 각 시간대에서 세 가지 논점, 즉 전체로서의 지식구조들, 대학제도의 진화, 그리고 사회과학들의 독특한 성격을 다룰 것이다.

근대세계의 지식구조들은 한 가지 근본적인 면에서 이전 세계체제의 지식구조들과 상당히 다르다. 그 가치체계가 무엇이든, 지식 생산 및 재생산의 주요 책임을 어떤 집단이 떠맡든, 모든 다른 역사적 체제에서 모든 지식은 인식론적으로 통합된 것으로 간주되었다. 물론 어떤 역사적 체제에서도 많은 상이한 학파들이 발전했을 것이고 '진리'의 내용을 두고 숱한 싸움이 있었겠지만, 근본적으로 다른 종류의 두 개의 진리가 있다고는 결코 생각되지 않았다. 근대세계체제의 특이한 면모는 그 체제가—이제는 잘 알려진 스노우(C. P. Snow 1965)의 용어로 말한다면—'두 문화'(인문학과 자연과학을 말함—옮긴이)가 존재하는 지식구조를 만들어냈다는 것이다.

사회과학들은 '두 문화'의 존재에 의해 만들어진 강고한 틀

속에서 역사적으로 구성되었다. 그러나 두 문화는 먼저 스스로를 창조해야만 했다.[1] 경계늘의 부재는 이중석이었다. 학자들이 하나의 지식영역으로 자신의 활동을 제한해야 했던 것은 아무런 의미가 없었다. 그리고 철학과 과학이 구분되는 지식의 영역이라는 것도 분명히 거의 무의미했다. 이런 상황은 과학과 철학의 이른바 '이혼'을 초래하면서 1750년과 1850년 사이의 어느 시점부터인가 근본적으로 변했다. 그 후로 우리는 '철학'과 '과학'을 별개의 것으로, 심지어 실질적으로 적대적인 것으로 간주하는 지식구조 속에서 활동해왔다.

이 새로운 지식구조의 등장, 즉 과학과 철학의 인식론적 분리는 두 가지 중요한 방식으로 대학제도에 반영되었다. 첫째는 학부 과목의 재편성이다. 중세 유럽의 대학에는 네 개의 학부, 즉 (가장 중요한) 신학을 비롯해 의학·법학·철학이 있었다. 1500년경부터 신학은 덜 중요해졌고, 19세기에 이르러 거의 사라졌다. 의학과 법학은 더 좁은 전문 분야가 되었다. 그러나 결정적인 것은 철학부의 진화다.

철학부에서는 두 가지 일이 일어났다. 먼저 18세기에 '전문화된' 새로운 고등 학문기관들이 철학부의 안팎에서 생겨났다.[2] 대학제도는 철학부 안에 오늘날 우리가 분과학문으로 부르는 일련의 전공과목들을 만들어냄으로써, 그리고 그런 과목들을 더이상 단일한 철학부가 아니라 대체로 두 개의 분리된 학부, 즉 교양(혹은 인문학 또는 철학)과 과학 학부 내에 모아들임으로써 살아남을 수 있었다.

둘째, 이런 유기적 구조조정에서 의미심장한 것은 철학과 과학의 분리를 제도화한 것뿐만 아니라 인문학–철학을 희생시키고 과학의 문화적 위상을 점진적으로 높인 사실이다. 처음에 과학은 우위를 점하기 위해 싸워야 했고 대학제도가 어느 정도 적대적이라는 것을 알았지만,[3] 이내 상황이 역전되었다.

그렇다면 사회과학은 이런 상황에서 어디에 있었는가? 사회과학은 19세기 후반에 들어서야 제도화되었고, 뉴턴과학의 문화적 지배를 받고 있었다. '두 문화'의 주장에 직면해 사회과학들은 방법론 논쟁(Methodenstreit)으로써 자신들의 투쟁을 내면화했다. 인문학에 경도된 사람들이 있었는데, 이들은 이른바 개별기술적 인식론을 구사했다. 그들은 모든 사회현상의 특수성과 모든 일반화의 제한된 유용성을 강조하면서 공감적 이해의 필요성을 역설했다. 그리고 자연과학에 경도된 경우는 이른바 법칙정립적 인식론을 활용했다. 그들은 인간적 과정과 다른 모든 물질적 과정의 논리적 유사성을 강조했다. 따라서 그들은 시간과 공간을 초월하여 들어맞는 단순한 보편법칙을 추구하면서 물리학과 합류하려고 했다. 사회과학은 정반대 방향으로 치닫는 두 마리 말에 묶인 사람 같았다. 자신의 인식론적 자세를 개발하지 못한 사회과학은 자연과학과 인문학이라는 두 거인이 벌이는 싸움에서 찢기었고, 두 거인은 중립적 태도를 용인하지 않았다.

여기서 과학과 인문학의 두 문화라는 분열 속에서 자신을 위한 공간을 만들어내려고 했던 사회과학들 내부의 방법론 투쟁을 개관하지는 않을 것이다. 이런 투쟁을 통해 근대세계를 다루기 위해 만들어진 세 주요 분과학문, 즉 경제학·정치학·사회학 모두가 법칙정립을 선택했고, 그럼으로써 그들은 가능한 한 뉴턴역학의 방법과 인식론적 세계관을 모방하려 했음을 짚어두는 것으로 충분하다. 다른 사회과학들은 스스로를 더 인문적이고 서사적이라고 생각했지만, 그럼에도 자신만의 방식으로 '과학적'인 것을 지향하기 위해 노력했다. 인문주의 학자들은 경험적 자료에 대한 과학의 주장은 수용했지만, 보편적 '일반화'라는 발상은 트집 잡았다.

인문학과 자연과학 '사이에 긴', 그리고 '두 문화' 사이에서 심각하게 분열된 지식영역으로서의 사회과학들의 '분과학문화'는 1945년경에 이르러 아주 명료하고 단순한 지점에 도달했다. 처음 1750~1850년의 상황은 매우 혼란스러웠다. 수많은 이름들이 분과학문들의 원조 명칭으로 사용되었지만, 그중 어느 것도 폭넓은 지지를 확보하지 못한 것으로 보인다. 그러다가 1850~1945년에 난립한 그런 명칭들은 서로를 분명하게 구분해줄 수 있는 작고 표준적인 무리로 효과적으로 축소되었다. 우리가 보기에 학문세계 전반에서 매우 광범위하게 수용된 명칭은 여섯 개에 지나지 않았는데, 그것은 19세기 후반에 타당하게 보였던 세 개의 기본 분할을 반영했다. 즉 그것은 과거(역사학)와 현재(경제학·정치학·사회학)의 분리, 서구 문명사회(위에서 언급한 네 개 분과학문)와 나머지 세계('미개한' 민족을 연구하는 인류학과 비서구 '고도문명들'을 연구하는 동양학)의 분리, 그리고 시장논리(경제학)와 국가(정치학), 시민사회(사회학)의——근대 서구사회에만 적용되는——분리 등이다.

1945년 이후 이 명료한 구조는 몇 가지 이유로 깨지기 시작했다. 지역학이 등장함으로써 서구중심적인 분과학문들은 나머지 세계에 대한 연구로 침입해갔고, 이런 지역들을 위한 전문 분과학문이었던 인류학과 동양학의 기능을 훼손했다(Wallerstein 1997b). 대학제도가 전세계적으로 팽창하면서 상당수의 사회과학자들이 양산되었다. 결과적으로 틈새를 찾기 위한 경쟁으로 인해 이전 분과학문들의 경계는 수없이 '침범'당했으며 결과적으로 그런 경계선들을 사실상 상당히 흐려놓았다. 이어 1970년대에는 이전에 무시된 집단들을——여성, '소수 인종', 비주류 사회집단을——학계로 들이라는 요구로 대학에서는 새로운 학제간 연구프로그램들이 만들어졌다. 이 모든 것은 연구영역의 합법적인 명칭들이 늘어나기 시작했음을 뜻했으며, 그 수가 계속 증가하리라는 징후가 너무나 확연했다. 분과학문 경계들의 침식과 사실상의 중첩, 연구영역들의 확장을 볼 때, 우리는 어떤 의미에서는 1750~1850년의 상황으로 되돌아가고 있다. 당시 상황에서는 유용한 분류법을 제공하지 못하는 수많은 범주가 존재했다.

사회과학들은 또한 자연과학·인문학·사회과학이라는 세 부분으로 분할된 지식이 공격당한 것에 영향을 받았다. 두 개의 새로운 주요 지식운동이 개입했는데, 그중 어느 것도 사회과학 내부에서 태동한 건 아니었다. 하나는 이른바 (자연과학에서 연유한) '복잡계 연구'이며, 다른 하나는 (인문학에서 기원한) '문화연구'다. 실제로는 매우 상이한 출발점에서 시작했음에도, 두 지식운동은 모두 17세기 이래 자연과학의 지배적 양식, 즉 뉴턴역학에 기반을 둔 과학 형식을 공격대상으로 설정했다.

19세기 후반부터, 특히 마지막 20년간 많은 자연과학자들은 뉴턴과학의 전제들에 도전했다. 이들은 미래가 근본적으로 결정되어 있지 않다고 보았다. 그들은 평형상태를 예외적인 것으로 보았으며, 물질 현상은 평형상태로부터 끊임없이 멀어진다고 주장했다. 그들은 엔트로피를 혼돈에서 (비록 예측할 수는 없지만) 새로운 질서를 창출하는 분기점으로 이끄는 것으로 해석하고, 따라서 엔트로피의 결과는 소멸이 아니라 창조라고 결론을 내렸다. 그들은 자기조직화를 모든 물질의 근본적인 과정으로 해석했다. 그리고 이런 관점을 몇 가지 기본적인 표어로 표현했다. 즉 시간적 대칭이 아니라 시간의 화살이며, 인식론적 가정은 확실성이 아니라 불확실성이며, 과학의 궁극적 산물은 단순성이 아니라 복잡성에 관한 설명이다.[4]

문화연구도 복잡계를 연구하는 과학자들이 공격한 바로 그 결정론 및 보편주의를 공격했다. 문화연구는 특히 보편성이란 이름으로 만들어진 사회현실에 대한 주장이 사실은 보편적이지 않다는 근거를 들어 보편주의를 비판했다. 문화연구는 전통적인 인문주의적 연구방법에 대한 공격을 대표했는데, 그런 방법은 선과 미의 영역에서 보편적 가치를(이른바 정전들을) 주장하고, 그런 보편적 가치에 대한 이해를 육화(肉化)해놓은 텍스트를 내재적으로 분석하는 것이었다. 그러나 문화연구는 텍스트란 특정한 맥락에서 창조되어 특정한 맥락에서 읽히거나 평가되는 사회적 현상이라고 주장했다.[5]

고전물리학은 비정상으로 보이는 것은 단지 기저의 보편법칙들을 우리가 여전히 모를 뿐임을 말해준다는 것을 이유로 들어 어떤 '진리들'을 제거하려고 했다. 고전인문학은 다양하게 보이는 평가들은 그런 평가를 내린 이들이 아직 훌륭한 취향을 갖추지 못했다는 것을 드러낼 뿐이라는 이유를 들어 '선과 미'에 대한 어떤 평가들을 제거하려고 했다. 자연과학과 인문학의 이런 전통적인 견해를 반박한다는 점에서, 복잡성 연구와 문화연구는 19세기 과학과 철학의 이혼으로써 닫혀버린 새로운 가능성들을 향해 지식의 영역을 '개방하려고' 시도했다.

뉴턴역학에 대한 공격은 사회과학자들의 집단적 심리에 하나의 가능성을 열어젖혔다. 즉 공공정책 영역에서 드러난 사회과학자들의 형편없는 성과는 경험주의적인 연구가 실패했기 때문이 아니라 뉴턴역학에서 전수받은 이론적 가정과 방법에서 초래된 것인지도 모른다는 가능성이었다. 한마디로 사회과학자들은 이제 처음으로 자신들이 그토록 완고하게 거부한 상식적인 전제를 심각하게 생각해볼 수 있게 되었다. 즉 사회세계는 본질적으로 불확실한 영역이라는 전제 말이다.

텍스트의 정전주의적 평가에 대한 공격이 사회과학자들에게 열어젖힌 것은 자신의 서술과, 제안, 증거의 성격을 자기성찰해야 하는 의무, 그리고 자기들 연구의 입지에서 나오는 불가피한 편향을 사회현실에 대한 타당한 진술을 만들 수 있는 가능성과 일치시켜야 하는 의무였다.

그로써 사람들은 사회과학 내 분과학문들의 경계가 갖는 타당성에 대해 상당한 불확실성을 느끼면서, 그리고 '두 문화' 사이에 인식론적인 단절이 일어나고 그로 인해 지식이 자연과학, 인문학, 그리고 그 사이에 낀 사회과학이라는 초범주들(supercategories)로 사실상 삼분할된 타당성에 대해 200년 만에 처음으로 진정으로 문제를 제기하면서 21세기에 진입했다. 이런 불확실성은 교육기관으로서의 대학이 커다란 전환기에 처했을 때 발생했다. 내가 탐구하려는 바는 이런 삼중의, 지적인 것과 조직적인 것 모두의 결정 영역이다. 나는 두 문화의 쟁점을 먼저 다룬 다음, 사회과학의 재구조화가 가능한지를 살펴보고, 마지막으로 이런 변화들과 대학제도 자체의 관계를 논하겠다.

인식론적 쟁점이 현재 모든 논쟁의 기본이 되고 있음은 근래 '과학전쟁'과 '문화전쟁'이 불러일으킨 열정에서 알 수 있다. 논쟁에 참여한 사람들이, 맞든 틀리든 주요한 변화가 제기되고 실제로 일어날지도 모른다고 믿을 때 그 열정은 대체로 가장 첨예하다. 그러나 물론 열정이 근저의 문제를 드러내거나 해소하는 데 반드시 가장 유용한 건 아니다.

철학과 과학의 이런 '이혼'에는 오랫동안 하나의 주요 문제가 존재했다. 18세기 이전에 신학과 철학은 모두 전통적으로 자기들은 하나가 아니라 둘, 즉 참인 것과 선인 것을 알 수 있다고 주장했다. 경험과학은 선을 식별할 수 있는 도구를 가지고 있다고 느끼지 못했다. 단지 참인 것만을 알 수 있다고 생각했다. 과학자들은 이런 난제를 의연하게 다뤘다. 자신들은 단지 참인 것을 확인하려고 노력할 뿐이며, 선의 추구는 철학자(그리고 신학자)의 손에 맡긴다고 말했다. 그들은 짐짓 고의로 이렇게 말했으며 자신의 입장을, 오만함을 드러내며, 옹호했다. 그들은 선한 것을 아는 것보다는 참인 것을 아는 것이 더 중요하다고 주장했다. 종국에는 몇몇 논자들은 심지어 선을 아는 것은 불가능하며, 오직 참만을 알 수 있다고 우기기에 이르렀다. 선(善)과 진(眞)의 이런 분리가 '두 문화'의 바탕이 되는 논리를 구성한 것이다. 철학은, 더 광범위하게는 인문학은 선(과 미)을 추구하는 학문으로 격하되었다. 과학은 진리 추구에서 독점권을 가진다고 고집했다.

그러나 엄격한 학자들이 두 활동영역을 아무리 엄격하게 분리하려고 해도, 대다수 사람들은 진과 선의 추구를 실제로 나누려들지 않았다. 연구 대상이 특히 사회현실일 때 그런 분리는 인간의 심리에 반하는 것이었다. 제도적으로 만들어지고 난 후 줄곧 사회과학 내부의 핵심적인 논쟁은 많은 면에서 이 문제, 즉 참의 추구와 선의 추구를 화해시키는 방법이 있는가에 집중되었다. 두 추구를 재통합하려는 욕망은 과학자와 철학자가 그 재통합의 바람직함, 심지어 그 가능성을 부정하는 데 골몰하고 있을 때조차 그들의 연구에서 자주 은밀하게 되살아났다. 그러나 재통합에 대한 추구가 은밀하게 진행됐기 때문에 그런 추구를 평가하고 비판하고 개선할 수 있는 우리의 집단적 능력은 상처를 입었다.

우리가 향후 25~50년간 '두 문화의 극복'이라는 프로젝트를 얼마나 진행할 수 있을지는 물론 알 수 없다. 어떤 경우든 모든 사람이 그 프로젝트에 헌신할 수도 없다. 정반대에 가깝다. 자연과학과 인문학 내에, 따라서 사회과학 내에도 그런 인식론적 단절의 계속되는 유산을 확고하게 지지하는 사람들이 수없이 존재한다. 우리가 말할 수 있는 것은, 현재의 그런 분리에 반대해온 지식운동이 20세기의 마지막 30년 동안, 200년 만에 처음으로 폭넓은—계속 늘어나는 것으로 보이는—지지를 받는 진지한 운동이 되었다는 사실이다.

현재 이 두 운동의 주된 문제는, 각자의 진영, 학부, 또는 초분과학문의 완강한 내부 저항을 제외하더라도, 이 운동들이 전에는 거의 의문시되지 않은 지배적인 정통성을 비판하는 작업의 정당성을 찾는 일에 집중해왔다는 데 있다. 복잡계 연구와 문화연구 중 어느 쪽도 다른 편과 어떻게 서로 타협하여 진정으로 새로운 인식론, 즉 법칙정립도 개별기술도, 보편주의도 특수주의도, 결정주의도 상대주의도 아닌 그런 인식론을 도출할 수 있을지, 있다면 어떻게 할 수 있는지를 알려고 하는 데 많은 시간을 들이지 않은 것이다.

두 운동이 상대적으로 교류가 부족한 것은 단지 조직상의 문제만이 아니다. 그것은 지적인 차이도 반영한다. 복잡계 연구는 여전히 과학적이고자 한다. 문화연구는 여전히 인문적이기를 바란다. 양쪽 모두 아직까지 과학과 철학의 구분을 완전히 버리지는 못한 것이다. 두 수렴적인 지적 흐름이 실제로 만나서 하나의 공통언어를 확립하기까지는 갈 길이 멀다. 반면에 매우 많은 학자들이(그 밖의 사람들은 말할 것도 없이) 약 200년간 지배해온 지구문화(geoculture, 월러스틴이 지정학geopolitics이라는 낱말을 근거로 만들어낸 단어로, 전지구적으로 받아들여지는 이념이나 가치를 뜻함—옮긴이)의 소진에서 발생한 혼란의 느낌에 압도되었기 때문에—지식추구자들의 세계공동체와 전세계에 걸친 사회운동 양편에서 나오는—사회적 압력은 강력하다.

사회과학자들이 어떤 특별한 역할을 요청받을 수 있는 곳은 바로 여기일 것이다. 그들은 규범의 틀을 확립하는 문제에 직업적으로 관심이 있고 동조하고 있다. 사회과학이 제도적으로 만들어진 후 줄곧 그런 확립의 과정들을 연구해온 것이다. 게다가 두 지식운동이 합류하는 궤적은 자연과학과 인문학을 사실상 사회과학의 영역으로 밀어넣고 있는바, 거기서 사회과학의 전문성이, 변변치는 못하지만, 발휘될 수 있다.

어떤 새로운 인식론적 합의의 윤곽을 분명히 파악하기에는 너무 이르다. 만약 그런 합의가 가능하다면, 연구자들은 분명히 지금까지의 시도보다 더 만족스러운 방식으로 다음과 같은 오랜 문제들을 다루어야 할 것이다.

① 우주가 실재하는 동시에 영원히 변한다고 가정한다면, 전체 우주의 어떤 순간적인 부분을 담은 재생불가능한 스냅숏(snapshot)보다 더 일반적인 실재를 파악하는 것이 어떻게 가

능한가? 그리고 만약 납득할 만한 정도까지 그렇게 파악할 수 없다면, 학문활동이라는 것이 대체 무슨 의미가 있는가?

② 우리는 어떻게 인식대상에 대한 인식하는 자의 영향, 측정대상에 대한 측정하는 자의 영향을 젤 수 있는가? 이는 널리 적용되는 하이젠베르크의 불확정성 원리다. 관찰자는 중립적이라는 그릇된 관점과, 모든 관찰자는 인식과정에서 편향을 드러낸다는, 그다지 도움이 되지 않는 주장에서 어떻게 하면 벗어날 수 있는가?

③ 모든 비교가 유사성과 차이를 다룬다면 유사성과 차이를 결정하기 위한 타당한 기준을 어떻게 확립할 수 있는가? 또 유사성이 배타적인 정의에 근거하고 그 차이들이 끝도 없이 많다면?

④ 우주에서 더 작은 실재와 더 큰 실재를 끝없이 발견하며, 발생하는 모든 것에 대한 맥락으로서의 우주의 완결성 (seamlessness)을 상정할 때, 우주와 그 모든 부분들을 우리가 이해하는 데 적절하게 도움을 줄 수 있는 의미심장한 분석 단위는 무엇인가?

알다시피 이 모든 것은 철학적인 물음이지만, 동시에 과학적인 물음이기도 하다. 이에 대해 두 부류의 답이 있을 수 있고, 두 논쟁의 영역이 있을 수 있을까? 이 물음 중 어느 하나라도 금세기에 해결될 수 있다고 우리가 주장하는 것은 아니다. 그러나 지식의 구조는 그에 대한 잠정적 합의에 달려 있다. 그리고 지식들의 삼분할이 최근에 공격당한 결과 어떤 새로운 잠정적 합의가 향후 25년에서 50년 사이에 도출될 수도 있을 것이다. 게다가 만약 그렇게 된다면, 이는 대학제도(즉 학부)의 구성뿐만 아니라 학문적 연구조직에도 분명히 심대한 영향을 미치게 될 것이다. 그런데 세 개로 나뉜 이런 구조가 무너진다면, 우리가 현재 사회과학이라고 칭하는 것은 재구성된 구도에서 어디에 속할 것인가?

주요 사회과학 분과들의 차별적 특징이 지식의 범주로서 얼마나 취약한가와 상관없이, 조직 면에서 상당한 강점이 있다는 것은 분명하다. 실제로 분과들의 힘은 정점에 있는 것 같다. 오늘날 학자들, 특히 대학교수와 더 높은 학위를 취득하려는 대학원생들은 이런 조직상의 범주에 개인적으로 상당히 관심을 갖는다. 그들은 특정 분야에서 학위를 가지고 있거나 취득하려고 한다. 학과 구조로 조직화되어 있는 한, 이 분과학문들은 대학 내의 자리와 교과과정을 좌우한다. 각각의 분과학문과 연계된 국내 및 국제 저널이 있다(실제로 분과학문의 이름은 대개 그런 저널 제목의 일부이기도 하다). 거의 모든 나라에는 특정한 분과학문에 속한 학자들의 전국적인 협회가 있다. 그리고 분과학문들의 이름을 딴 일련의 국제학회도 존재한다.

그래서 조직으로서의 분과학문은 대개 입회를 통제하고 권위를 부여하며, 학문적 위계에서 승진을 좌우한다. 그들은 '보호주의'를 입법하고 집행할 수 있다. 공개적인 행사에서는 '분과학문의 다양성'(multidisciplinarity)의 덕목들에 경의를 바칠지 모르지만, 그들은 동시에 그 덕목들을 수용하는 데는 한계가 있음을 반드시 강조한다.

게다가 현존 분과학문은 다순한 의미에서 문화이다. 연구주제의 선택, 학문의 탐구양식, 학문공동체의 필독서 등에서 편향과 전제들을 공유한다는 뜻에서 말이다. 그들은 각각의——'전통'으로 모시는——문화 영웅들을 공표해왔고, 그 문화의 유효성을 재천명하는 데 필요한 의식(儀式)을 반복적으로 거행했다. 오늘날 자신을 특정 분과학문과——어떤 이들은 더 느슨하게 어떤 이들은 더 밀접하게——동일시하고, 최소한 낮은 목소리로라도 사회과학에서 인접 경쟁학문보다 자기 학문이 우월하다는 것을 주장하지 않는 사회과학자는 거의 없다. 이런 문화적 충성의 범위와 효과를 과소평가할 수 없다.

그럼에도 두 가지 주요한 힘이 스스로를 재생산하는 현존 분과학문들의 능력을 갉아먹고 있다. 하나는 가장 적극적인 학자들의 실제 학문활동이다. 다른 하나는 즉 대학의 행정가들, 각국 정부들, 국가간 행위자, 공적·사적 재단 같은 재원(財源) 관리인들의 요구이다.

적극적인 학자들은 관심사를 공유하는 사람들을 모아 소규모 연구공동체를 만들기 위해 끊임없이 노력한다. 이런 활동은 처음에는 항공기의 발달로 엄청나게 증가했는데, 이제는 인터넷의 등장으로 더욱 확대되었다. 소규모 연구공동체는 두 가지 규모가 있다. 특정한 연구프로젝트에 참여하는 열 명 남짓한 실제 협력자 그룹이 있다. 그리고 유사한 연구프로젝트에 종사하는,

몇백 단위의 연구원을 거느리는 더 큰 공동체가 있다. 그러나 우리가 그 구성원들을 느슨하게 정의하지 않는 한, 공동체는 이보다 크지는 않다. 지난 30년간 생겨난 그런 '연구공동체'나 '네트워크'(내가 알기로, 아직 수행되지 않은 전지구적인 경험적 연구의 일부)를 들여다본다면, 두 가지를 발견할 수 있다. 즉 그런 네트워크의 수는 전반적으로 늘어나고 있다는 사실이다. 그리고 그 네트워크의 구성원들은 분과학문의 경계와는 무관하게 충원되어 결과적으로 그 네트워크 중 거의 어느 것도 단일한 범주에서만 나온 것이 없다는 점이다. 실제로 그 가운데 많은 것이 분과학문의 명칭에서 의미심장한 분산을 보여준다. 그런 집단은 뇌과학과 인지과학에서 과학학과 합리적 선택 이론, 국제정치경제학, 세계사 등에 이르기까지 상당수 있다. 수십 개의 집단이 있는 것은 분명하고, 수백 개, 아니 그 이상의 집단이 있을지도 모른다.

그런 무리 짓기의 지적 태도에서 주목할 핵심은, 분과학문들을 지적으로—즉 현재·과거, 문명·야만, 심지어 시장 및 국가와 시민사회 등으로—분류하는 데 역사적 버팀목을 제공한 고전적 분류법을 이들은 아무런 쓸모가 없다고 본다는 것이다. 다중적 네트워크에 참여하는 사람들은 자신의 조직적 제휴를 유지하는데, 그것은 당장 그런 제휴를 포기하는 데 이득이 없어서가 (아마도 어떤 위험이 있어서가) 아니라 자기의 학문활동이 그런 범주들을 재생산하지 않기 때문이다.

게다가 분과학문의 범주들이 연구프로젝트에 걸림돌이 될 때마다, 특히 연구비 조달을 위협할 때마다, 그들은 재정관리자들을 직극직으로 설득하여 사회과학 분과학문들의 '전통적' 관심사보다 자기들이 내세우는 '첨단의' 개념 형식들을 더 선호하도록 만들려고 한다. 그들은 '연구소'나 그 밖의 전문화된 조직을 대학 내에서 운영되는 재단의 형태로, 대학 바깥에서는 명성 있는 자율적 조직 형태(각종 고등연구원)로 설립함으로써 그렇게 하려고 한다. 여기서도 분과학문의 명칭들이 그러했듯이, 그 역사적 궤적은 곡선이었음을 주목해야 한다. 즉 수많은 명칭들에서 소수의 명칭으로, 그러다 다시 다중적인 명칭들로. 다중적인 제도적 구조에서 학문활동의 대학 집중으로, 그러다가 다시 다중적인 구조들의 증가로.

재원 증여자의 참여가 전체적인 상황에 영향을 끼치는 것은 평형상태의 바로 이 지점이다. 1945년 이후 세계의 교육계에는 엄청난 변화가 일어났다. 초등교육은 이제 일종의 보편 규범이 되었고, 중등교육도 일인당 GNP가 중상위권인 나라들에서 의무교육이 되었다. 대학교육도 마찬가지로 팽창했다. 1945년경의 대학교육은 동일 연령집단의 극소수에게만 한정되었다. 그러나 이후로 놀랄 정도로 확대되어 가장 부유한 나라에서는 50%를 넘어섰고, 심지어 가장 가난한 나라에서도 상당히 증가했다. 호황기가 세계에서 계속되는 한—본질적으로 1945년에서 1970년까지—그런 증가는 아무런 문제가 되지 않았다. 필요한 재원은 쉽게 얻을 수 있었다. 그러나 이후로 한편으로는 (인구증가와 개인이 받아야 하는 교육의 양에 대한 사회적 기대의 증가 때문에) 끊임없이 늘어나는 학생층과, 다른 한편으로는 (재정위기에 빠진 국가가 주로 강요하는) 재정긴축 때문에 위기에 봉착했다.

이런 가위운동(scissors movement)의 결과는 여러 가지 양상으로 나타났다. 하나는 대학교육의 '부차화'(secondarization)라고 부를 만한 것인데, 이것은 정부와 여타 행정 관료들이 교수에게 더 많이 가르치고 대단위 수업을 하라고 끊임없이 요구하는 것을 말한다. 두번째는 학자들, 특히 가장 권위 있는 학자들이 대학제도 바깥의 자리로 은밀히 진출하는 것인데, 그로써 이들은 현재 분과학문의 경계를 무시하는 구조에 들어가게 될 것 같다.

아마도 가장 의미심장한 세번째 결과는, 대학의 행정가(및 교육부)가 직면하는 문제다. 즉 분과학문간 엄격한 경계의 붕괴가 새로운 특별한 구조, 학과, 연구소 등을 만들어달라는, 필연적으로 값비싼 요구로 이어질 때 감소될 1인당 재원이다. 이 때문에 행정가들은 대학 내에서 구조개혁을 통해 재정문제를 해결하려 할 것이고, 따라서 기존 구조의 유효성을 재고할 것이다.

그러면 우리는 어디로 가고 있는가? 먼저 우리는 지식의 생산·재생산의 실질적인 유일한 터전으로서 대학이 맡은 역할을 재검토해야 한다. 이런 역할은 19세기 초에 시작하여 1945~70년에 정점에 도달했다가 쇠락하기 시작하여 21세기에는 더 쇠락할 것이 분명한 운동의 결과라고 말할 수 있다. 물론 대학은 계속 존속하겠지만, 공간(그리고 사회적 기금)을 다른 종류의 제도와 함께 더 많이 나누어야 할 것이다.

둘째, 전세계적으로 시끄러우면서도 다소 정치화될 기미를 보이는 '두 문화'의 문제가 재론되면서 중요한 인식론적 논쟁이 시작되고 있다. 이 논쟁에서 어떤 결과가 나올지는 미지수다. 답은 부분적으로 지식세계를 넘어선 더 큰 사회세계에서 일어나는 사태의 전개에 달려 있다. 현존하는 인식론적 분열을 극복하려는 어떤 새로운 합의를 향한 운동이 자기자신에게 부과할 일련의 주장을 개진하는 데 성공할 수 있을지는 전혀 불확실하다. 이 운동은 미해결의 지적 물음을 타당하게 해결할 수 없는 내생(內生)적인 이유로, 또는 그에 저항하는 세력의 힘으로 인한 외생(外生)적인 이유로 좌절할 가능성이 있다. 어떤 경우든 우리가 아무 일 없이 현존 체제로 되돌아갈 수 있을지는 매우 의심스럽다. 우리는 공통의 학문적 규범을 널리 받아들이지 못하는 현상을 쉽게 볼 수 있을 것이다. 실제로 이것이 몇몇 논자들이 이미 일어나고 있다고 주장한 현상이다.

그러나 만약 어떤 새로운 합의가 도출된다면, 대학을 자연과학, 인문학, 사회과학으로 나눈 현재의 구분은 필연적으로 의문시될 것이다. 만약 그런 분할이 사라진다면, 무엇이 그것을 대체할 것인가? 하나로 통합된 지식의 학부? 또는 의학(공공의료), 법(공공정책), 경영학(제도운영) 등이 보여주는 '전문'대학 활동의 재중심화?

만약 인식론적으로 재통합된 지식의 학부가 있다면, 그 안에서 현재의 사회과학은 어떤 역할을 할 것인가? 한 가지 의미에서는 분명히 중심적인 역할을 할 것으로 보인다. 우리가 보아온 대로 재통합은 자연과학과 인문학 모두가 사회과학의 장기적 전제, 특히 모든 지식의 사회적 연관성을 받아들인다는 것을 포함하기 때문이다. 그러나 그런 하나의 전체에서 어떤 종류의 학과들이 만들어질지는 여전히 의문으로 남아있다. 지금 이 싯점에서 이에 대해 명확하게 답할 수 있는 방법은 없다. 왜냐하면 여러 사회과학 분과학문들의 토대인 19세기의 주요한 분할이 훼손되었을지는 모르지만, 오늘날 의문시되고 있음에도 많은 지지를 받는 또다른 분할이 존재하기 때문이다. 그것은 거시·미시, 자아(심지어 사회적 자아)와 사회체(또는 집단, 집단적 정체성) 등의 분할이다. 사회과학 내에서 지적 분할을 어떻게 짜야 하는가의 문제에 젠더(gender) 개념이 미칠 수 있는 전체 파장은 아직 나타나지도 않았다.

이 물음들에 대한 해답 중 너무나 많은 것들이 세계체제라는 사회현실에서 일어나는 일과 연관되어 있다. 사회과학은 현재 진행되는 사태에 대해 발언하려는 시도다. 사회과학은 사회현실에 대한 해석을 구성하는바, 이는 사회현실을 반영하면서 동시에 영향을 끼치는, 즉 권력자들의 도구인 동시에 억압당하는 이들의 도구다. 사회과학은 사회적 투쟁의 장이지만, 유일한 것은 아니며 아마도 핵심적인 투쟁의 장도 아닐지 모른다. 그 역사적 형식이 이전의 사회적 투쟁에 의해 결정되었던 것처럼, 그 형식은 미래의 사회적 투쟁의 결과에 의해 좌우될 것이다.

21세기의 사회과학에 대해 말할 수 있는 것은, 그것이 지적으로 흥미진진하고, 사회적으로 중요하며, 틀림없이 매우 논쟁적인 장이 되리라는 사실이다. 우리가 현재 아는 것에 대한 어떤 겸허함, 널리 퍼지기를 바라는 사회적 가치에 대한 어떤 감각, 그리고 실제로 할 수 있는 우리의 역할에 대해 균형 잡힌 판단력을 두루 갖추고 이런 상황에 개입하는 것이 최선이다.

제3장

사회과학에서의 확실성의 종말

불확실성을 안고 어떻게 살아갈 것인가는 아마도 인류가 직면한 가장 오래된 사회문제 가운데 하나일 것이다. 물리적이며 사회적인 세계를 오늘날 우리만큼 알지 못했던 만 년 전의 인류에게 삶의 불확실성은 매우 두려웠을 것이다. 단기간이든 장기간이든 그들은 자연환경의 변화를 잘 예측할 수 없었다. 그들은 자신과 가족이 얼마 동안 버틸 수 있는 필요한 식량과 거처를 찾을 수 있을지조차 확신할 수 없었다. 동물이든 인간이든 얼마나 빨리, 어떤 형태로 천적과 만나게 될지 불확실했다. 심지어 그들은 이런 원치 않은 불확실성을 초래한 것에 대해 자신을 책망했을지도 모른다. '에덴동산에서의 추방'이 암시하는 바는 바로 그것일 수도 있다.

그런 불확실성은 분명히 사회적으로 매우 위태로운 것이었고, 의심들 자체가 위험을 증폭시켰을 수도 있다. 따라서 위험을 줄이기 위해 인간은 확실성의 원천에 호소했다. 즉 마법과 마법사, 신과 사제들, 십난석이고 공동체적인 권위, 이런 권위를 구현하고 행사히는 사람들 말이다. 이것은 어느 정도는 통했다. 의심과 불안을 줄여주었고, 그로써 사회구조를 안정시키는 데 도움을 주었다. 그러나 물론 이 모든 확실성의 원천들은 어느 정도까지만 맞게 예언하거나 (시간이—옮긴이) 지나고 나서야 설명할 수 있을 뿐이었다. 끝없이 놀라운 사건들이 일어났고, 그중 몇몇은 아주 심각했다. 그럼에도 그런 사건은 자신에게 책임을 돌리는 분석모델이었다. 예언이 빗나간 것으로 판명될 때, 예기치 못한 심각하게 혼란스러운 사건들이 일어날 때, 가장 자주 비난받는 것은 확실성의 가능성에 대한 믿음이나 확실성을 보장하는 씨스템이 아니라 확실성의 기술을 실행하는 자들, 즉 마법사, 사제들, 심지어—중국의 어법으로 하면 하늘이 내린 통치권을 잃은 것으로 간주된—황제들이었던 것이다.

효율적으로 작동하기 위해서 근대세계체제, 즉 자본주의 세계경제는 상당히 높은 수준의 예측 정확도가 필요했다. 그것이 없이는 세계경제의 작동에 극히 중요한 투자과정도 세계경제를 확장하고 번성케 하는 신장력과 위기관리 수준을 결코 확보하지 못했을 것이다. 그에 따라서 우리가 과학, 또는 좀더 정확하게 근대과학이라고 부르게 된, 사실을 확인하는 새로운 방식에 대해 상당한 사회적 지지와 승인이 주어졌다.

과학자들은 하나의 세계에서 과학을 위한 공간을 만들어내야만 했는데, 그 세계의 문화적 가치는 여전히 확실성을 검증하는 이전의 방식에 기초를 두고 있었다. 과학을 위한 공간의 창조는 실제로는 2단계 과정이었다. 첫째, 철학자들은 (최소한 사제나 사제의 조직에만, 또는 최소한 가장 먼저 공개될 수 있는) 계시 된 진리들의 중요성을 공격했다. 철학자들은 인간 개개인이 논 리적으로 생각할 수 있는 천부적인 능력이 있고, 그런 능력을 통해 진리를 알 수 있다고 주장했다. 하지만 분명히 이것은 쉽 지 않으며, 몇몇 이들은 (즉 철학자들은) 대다수 사람보다 진리 를 더 잘 알 수 있음을 인정했다. 그러나 철학자들은 진리를 공 표하는 종교적·정치적 권위를 부정하는 데 주로 관심이 있었 다. 이것이 우리가 지금 근대성이라고 부르는 것의 주요한 문화 적 메시지이고, 이 메시지는 지난 500년간 일상의 믿음으로 대 체로 성공적으로 변환되어 전세계 대다수 사람들이 수용했다고 말할 수 있다.

문화활동으로서의 과학은 진리진술의 근거로서의 보편적 인 간 이성(rationality)에 대한 철학자들의 주장을 한층 구체적으 로 대표한다. 특히 진리의 발견에 관한 다양한, 그리고 경쟁적 인 주장들이 있다면, 과학자들은 이성으로써 진리를 발견했다 는 어떤 개인의 주장이 유효한가를 우리가 어떻게 알 수 있는가 라는 물음을 제기한다. 이들은 진리주장이 경험상의 증거에 의 해 검증되어야 한다고 답했는데, 그 증거는 소규모 과학공동체 의 동료 구성원들에 의해 되풀이될 수 있는 특정 방식으로 수집 되어야만 했다. 사실상 과학자들은 유효한 진리주장의 원천으 로서의 인식을 얻을 수 있는 도덕적 권리를 가진 이는 철학자들이 아니라 자신들의 소집단, 즉 과학자들뿐이라고 주장하고 있었다. 실제로 19세기까지 과학자들은 이런 문화전쟁에서 대체로 이기고 있었고, 세속의 진리주장을 하는 사람으로서 마땅히 존경받아야 하는 유일한 사람으로서 사회적으로 인정받았다.

이런 과학의 신조는 한 가지 이상한 특징이 있었다. 한편으로 과학자들은 진리주장을 정당화하는 토대로 권위를 내세우는 것은 이론상으로는 완전히 거부하면서 정당한 진리주장을 내세울 수 있는 사람들의 완전한 평등주의를 주장했다.

그들은 사상의 자유시장이 있다고 주장했다. 어떤 사람이든 이 시장에 자신의 진리주장을 내놓을 수 있고, 다른 이들을 설득하기 위해 자신이 가진 모든 증거를 제출할 수 있다. 그러면 어떤 방식으로든 공동체는 그런 진리주장을 유효한 것으로 받아들이든 거부하든 할 것이다. 거기에는 어떤 선험적 제한이 없으며, 오래된 이전의 진리주장도, 일단 이의가 제기되면, 결코 유리한 것이 못되었다.

그러나 다른 한편으로, 실제로는 그것이 과학자들의 진심은 아니었다. 그들은 모든 권위가 정당화될 수 없다든가 모든 사람이 사상의 시장에서 진리주장을 내놓을 수 있다는 것을 정말로 믿지는 않았다. 사실 그들은 과학의 한정된 모든 세부 분야에서 활동하는 전문가들의 소규모 공동체가, 비록 오류가 전혀 없지는 않더라도 그들을 반박할 수 있는 압도적인 증거가 없는 한, 옳다고 간주되어야 하는 어떤 집단적 권위를 가진다고 믿었다. 그리고 사실 그들은, 몇몇 드문 예외를 제외하면, 사상의 시장에 진리주장을 내놓았을 때, 어떤 전문적인 훈련을 받은 사람만을 진지하게 상대해야 한다고 생각했다. 과학자들은 도전을 받는 경우, 비록 현실적으로는 가입을 통제하고 있지만, 원칙적으로(그리고 이따금씩 실제로) 예외를 둘 준비가 되어 있음을 명시했다. 그럼에도 불구하고 다른 먼 행성에서 온 냉랭한 관찰자 봤더라면 20세기의 과학자에게 바쳐진 경의는 옛날의 마법사, 사제, 공동체의 권위에 바쳐진 경의와 크게 다르지 않았을 것이다.

과학자들의 그런 원칙은 그들의 진리주장이 '확실성'을 나타내든지 아니면 단순한 '개연성'을 나타내든지 상관없이 모두 적용되었다. 과학자들은 고집스럽게 회의주의의 미덕("당신이 안다고 주장하는 것을 당신은 어떻게 아는가?")과 현재 지식의 한계("모든 지식은 잠정적인 것이다")를 천명하면서도 확실성이 본질적으로 가능하며, 따라서 모든 것에 대한 모든 것이 알려질 날이 언젠가는 도래하리라고 주장했다. 이것은 이른바 근대과학에 그토록 핵심적이었던 결정주의적 세계상(世界像)이다. 아인슈타인은 근대과학에 대한 가장 깊은 신념을 표명하면서 신은 우주를 두고 주사위놀이를 하지 않는다고 말했다. 결정주의는 뉴턴역학에서 핵심이었으며, 이는 다시 그 자체로 근본적인 과학프로그램으로, 모든 다른 과학적 노력의 모델로 오랫동안 간주되었다. 이론상의 설명들을 '과학적'이라고 말하기 위한 일련의 최소한의 기준에, 선형성(linearity)과 평형, 가역성과 결합된 결정주의가 추가되었다.

우리 모두는 과거 100년간, 특히 지난 30년간 과학의 이런 뉴턴적 모델이 자신이 태어난 바로 그곳, 즉 물리학과 수학 자체로부터 끈질기고 격렬한 도전을 받아왔음을 알고 있다. 여기서 그 도전의 구체적인 양상을 적시하지는 않을 것이다. 다만 이런 도전이 내세우는 대항 슬로건은 명시할 필요가 있겠다. 즉 확실성이 아니라 확률을, 결정주의가 아니라 결정주의적 혼돈을, 선형성이 아니라 평형에서 멀리 벗어나 분기점을 향하는 경향을, 정수 차원 대신에 프랙털(fractals)을, 가역성 대신 시간의 화살을 제시한 것이다. 그리고 인문학적 사고와는 근본적으로 다른 과학이 아니라 문화의 일부로서의 과학이 제시되고 있음도 덧붙여야겠다.

　과학 내부에서 나오는 뉴턴과학에 대한 이런 도전이 사회과학에 끼친 영향을 살펴보자. 확실성의 문화적 종언이라는 인식에 근거하여 우리가 어떤 종류의 사회과학을 건설할 수 있는가도 논함직하다. 사회과학은 19세기 후반 뉴턴과학의 문화적 지배 하에서 제도화되었다. 자연과학과 인문학의 분열된 두 문화 틈에서 자기들의 공간을 확보하려고 했을 때 사회과학 내부에서 전개된 방법론 투쟁을 여기서 개관하지는 않겠다. 1945년 이후 모든 사회과학, 특히 법칙정립적인 세 분과학문(경제학, 정치학, 사회학)은 줄곧 계량화되었고, 결정주의적인 사회적 우주라는 전제를 매우 강력하게 내세웠다. 그들은 거듭 주장하기를, 사회과학의 목표는 물리학이 진술할 수 있다고 믿은 법칙과 유사한 보편적 포괄법칙들을 알아내는 것이라고 했다. 그들이 직면한 주요한 문제는, 그들이 실제로는 사람들의 갈채에 값할 정

도로 충분히 정확하다고 판명된 단기적 예측조차 할 수 없다는
데 있었다. 다그침을 받자, 사회과학자들은 그런 실패를 자신들
이 진지한 과학으로서 집단적으로 성숙하지 못한 탓으로 돌렸
다. 간단히 말해서, 그들은 이론화의 방식이 아니라 자신들의
능력이 모자란 탓을 한 것이다.

뉴턴역학에 대한 공격 덕분에 사회과학자들의 집단심리에서
개방된 것은, 자신들의 예측이 형편없었던 것은 경험적 연구자
들로서 자신들이 안고 있는 결함 때문이 아니라 뉴턴역학에서
물려받은 방법과 이론상의 가정 때문일 수도 있다는 가능성이
다. 간단히 말해서 사회과학자들은 이제 처음으로 자신들이 그
토록 완고하게 거부했던 상식적인 명제를 심각하게 고려할 수
있게 되었다. 즉 사회세계가 본질적으로 불확실한 영역이라는
것 말이다. 만약 질문을 받는다면, 이 주장이 너무 자명해서 어
느 누구도(사회과학자조차도) 다르게 생각하는 것을 상상할 수
없다는 의미에서 나는 그것을 상식적인 명제라고 부른다.

여기서 내가 논하고자 하는 것은, 이제는 프리고진이나 그 밖
의 많은 사람들이 하나의 과학적 전제로서 주장하는 이 상식적
인 명제를 우리의 사회과학 작업에 토대로서 받아들인다면 사
회과학에 어떤 일이 일어날 것인가 하는 점이다. 우주가 영원하
고 끝없이 흐르는 강물과 같다는 고대의 이미지에서 시작해보
자. "우리는 똑같은 강물에 두 번 들어갈 수 없다." 이런 말이 우
주의 모든 세목들을 지배하는 포괄법칙이 있다는 생각과 어떻
게 양립할 수 있을까? 라쁠라스의 정령(精靈)처럼 우주 바깥의

어떤 존재가 그런 법칙들을 알아서 강의 모든 굽이들을 예측할 수 있다고 가정하는 한에서만 양자는 양립할 수 있다. 그런데 만약 모든 과정들이 평형상태에서 벗어나려는 경향이 있고, 그것들이 충분히 멀어져서 분기할 때, 즉 체계가 어떤 점에 도달할 때 그 과정을 묘사하는 방정식에 두 가지 이상의 해결책이 있다는 가정으로 라쁠라스의 정령을 대체한다면, 어떤 일이 벌어질까? 내 생각엔 이럴 것 같다. 즉 우리가 체계 내 과정들의 규칙성을 조사하도록 계속 요구받는 동안 체계들 자체는 끊임없이 평형에서 벗어날 것이고, 따라서 어떤 지점에서는 너무도 변해서 우리가 관찰한 규칙성이 더이상 현실의 근사치로서조차 타당하지 않게 될 것이다. 다시 말해서 우리는 하나의 모순과 함께 살아야 한다. 한편으로는 우리가 발견한 모든 '진리들'은 특정한 시공간의 조건에서만 유효하며, 따라서 매우 흥미로운 많은 것들 중에서 극소수만을 '보편적인' 것으로 진술할 수 있을 것이다. 다른 한편으로는, 비록 모든 것이 변하지만 이 변화를 설명할 만한 패턴이 분명히 없지는 않으며, 그 변화 자체도 두 가지 다른 범주, 즉 체계의 규칙성이라는 내재적인 범주와, 다른 체계 맥락으로의 전이 또는 변형이라는 범주에 속하게 된다.

프리고진은 자연현상에서의 분기를 다음과 같이 말한다.

분기들은 대칭성 파괴의 한 원천이다. …… 분기들은 체계 자체의 각 부분들에, 그리고 체계와 주변환경 사이에 본질적

인 차별화가 출현한다는 것을 뜻한다. 일단 소산구조(消散構
造, dissipative structure)가 형성되면 시간……또는 공
간……또는 양자 모두의 균일성은 무너진다.

　일반적으로 분기들은 연속적으로 일어난다. ……그런 모든
체계에 대한 시간적 설명은 (분기점들 사이의) 결정론적 과정
과 (지류 선택에서의) 확률론적 과정을 모두 포함한다. 거기
에는 또한 역사적 차원이 포함된다. 체계가 d2의 상태에 있다
는 사실은 그것이 b1과 c1의 상태를 지나왔음을 뜻한다
(Prigogine 1997, 69~70면).

이런 관점을 사회과학의 언어로 옮겨보자. 인간의 사회세계에
서 다루어야 하는 체계를 나는 '역사적 (사회)체제'라고 부를 텐
데, 그것은 (시간의 경과에 따라 변한다고 해도) 어떤 공간적 경
계를 가진, 그리고 시간의 흐름에 따라 역사적으로 진화하는 사
회적 총체를 뜻한다. 이런 사회적 총체를 하나의 체제로 부르기
위해서는 우리는 그것이 비교적 자기충족적이며, 진화하는 동
안 어떤 본질적 특징들을 그대로 유지했다고 주장해야만 할 것
이다. 하나의 체제가 진화하고 있다고 주장할 수 있으려면, 우
리는 그것이 하나의 체제로서 존재한 국면(moment)을 밝혀내
야만 한다. 어떤 체제적 분기를 말할 수 있으려면, 이 체제가 체
제적 위기에 접어든 국면──현존 체제에서 그런 미래의 국면을
결코 밝혀낼 수 없기 때문에 그 국면은 과거다──을 규명해야
한다. 간단히 말해서 우리는 세 개의 다른 시간대를 분석할 필

요가 있다. 그것은 체제가 발생한 시간대와 체제가 정상적으로 작동하고 진화한 시간대, 그리고 분기에 이르거나 위기에 봉착한 시간대이다.

한 역사적 체제의 그같은 한정적 특성을 면밀히 살펴보면, 각각의 기준은 적어도 현재 사회과학의 지식으로는 결정하기 극히 어려운 척도를 포함한다는 것이 즉각 분명해진다. 어떤 체제도 (아마도 우주조차도) 그 작동에 최소한 때때로 영향을 (아마도 그보다 큰 영향도) 미치는 더 큰 맥락 안에 있을 수밖에 없는데, 어떻게 우리가 '비교적 자기충족적인 방식으로' 작업할 수 있는가? 우리가 어떻게 한 체제의 어떤 특성들을 본질적인 것이라고 결정할 수 있고, 그런 특성들은 손대지 않고 어떻게 측정할 수 있는가? 한 사회적 체제의 경계가 끊임없이 변한다고 할 때 우리가 어떻게 그 경계를 다룰 수 있는가? 그리고 어떻게 우리가 한 체제의 발생 국면, 또는 분기와 위기의 국면을 다룰 수 있는가?

이에 대한 답변은, 이런 과학적인 과제 중 어느 것도 전혀 쉽지 않으며, 이 모든 것은 어떤 역사적 사회체제를 세세하게 분석하는 경우 사회과학자들 사이에서 엄청난 논쟁을 일으키리라는 것이다. 그럼에도 제시된 자료의 유효성과 신뢰성에 대한 논쟁이 이론모델을 무효화하는 것은 아니며, 우리가 그런 자료를 구해야 하는 책임을 피할 수 있는 것도 아니다. 다양한 출처에서 제공되거나 얻을 수 있는 자료를 서로 다른 역사적 사회구조 속의 사람들이 다르게 해석할 수 있다고 해서, 특정한 해석보다 더 설득력 있는 다른 해석에 상대적이며 장점적인 합의를 이룰 수 없다는 말은 아니다. 그것은 단지 모든 해석자들이 갖게 되는 필연적이고 불가피한 사회적 편향을 우리 스스로 의식해야 하며 다양한 편향의 영향을 줄일 수 있도록 결과를 교정하는 요소를 우리의 정신적 작업에 도입해야 함을 뜻할 뿐이다. 한마디로 말해서 우리에게 필요한 것을 불확실한 사회적 현실들에 대한 타당한 해석을 확인하기 위한, 그 자체로 불확실성으로 가득 찬 방법론적 로드맵이다.

이 로드맵에서 하나의 결정적인 요인은 변화, 위기, 분기 같은 용어를 우리가 어떻게 구체적으로 사용하는가이다. 정의가 너무 모호하면 그런 용어는 아무 소용이 없다. 심각한 위험은, 변화가 영원하니까 모든 것을 위기로, 도상에서의 모든 굽이와 굴곡을 결정적인 분기점으로 정의할 수 있다는 것이다. 물론 되돌릴 수 없는 역사적 과정이 있고 모든 과거 사건들은 현재 실재의 일부이며, 현재의 경험적 실재가 왜 지금의 상태 외에 다른 것이 될 수 없는가를 — 현실은 크고 작은 일련의 무한한 사회적 선택을 따라 주어진 길을 통과했기 때문에 — 설명한다는 의미에서, 모든 것은 하나의 위기이고 분기는 100만분의 1초마다 실제로 일어난다. 그러나 그 순간 우리는 "똑같은 강물에 두 번 들어갈 수 없다"고 말한 것에 지나지 않는다. 그렇게 정의하는 것은 모든 분석을 훼손하고 우리의 학문적 과업을 우주의 무한한 역사를 재연하는, 불가능한 동시에 완전히 무의미한 것으로 만들어버린다.

그래서 우리는 작은 변화와 큰 변화, 주기적 하강과 체제의 위기, 선택과 분기를 즉각 구분해야 한다. 이는 물론 분기점 사이에서 일어나는 결정주의적 과정과 지류(branch) 선택에서의 개연적 과정을 구분한 프리고진이 분명히 암시한 바다. 그러나 이 개념이 사회과학에 적용될 때 기본적인 구분이 자주 망각되고 수많은 편차가 발생하는 것 같다. 따라서 모든 역사적 사회체제의 분석에는 세 개의 시간국면, 즉 발생, 진행중인 작동, 체제 위기의 시간대가 있다는 발상으로 돌아가보자. 비록 한 체제가 작동하는 상황을 말할 때 우리는 대체로 발생이나 체제 위기의 시간대보다는 훨씬 큰 시간대를 가리키지만, 이 시간국면 중 어느 것도 찰나적으로만 지속되는 것은 없다.

사실상 대다수 사회과학은 역사적 체제들이 작동하는 동안 그 체제에 무슨 일이 일어났는가에 대해서 논한다. 물론 몇몇 경우는 한 역사적 체제의 시작과 몰락이 특별하고 변별적인 국면들임을 충분히 의식하고 있다. 그러나 (우리가 바라는 것 이상으로) 다른 많은 경우 역사적 체제들은 유한한 시간만 지속된다는 사실이 시야에서 사라지고, 학자들은 매우 다른 역사적 체제들에 위치한 다양한 층위의 상황들을 비교하기 위해 자료를 사용한다. 그런 비교는 으레 의심스러운, 심지어 그릇되거나 부적절한 결론을 낳기 쉽다. 고전적인 개별기술적 비판들이 일반주의자들의 터무니없는 학문적 오판의 많은 사례들을 드러낼 수 있는 것이 바로 이 지점이다. 그러나 만약 그 분석이 단일한 역사적 체제에 국한된다면, 우리는 비교적 쉽게 타당하고 시험가능한 일련의 일반화를 제시할 수 있다. 그리고 바로 이 지점에서 법칙정립을 옹호하는 사람들은 자신들의 기본적인 인식론이 유효하다고 느끼면서 이를 가장 강하게 정당화한다.

여기서 나는 체제의 이른바 본질적 특성들이 본래대로 남아 있는 방식과 체제가 평형으로부터 멀리 벗어나 어떤 순간에 분기되는 방식을 동시에 관찰할 수 있게 하는 일종의 방법론적 지침을 제시하려 한다. 나는 이런 지침을 순환적 리듬과 장기적 추세(secular trends)의 탐구로 부른다. 순환적 리듬이라는 개념은, 비록 대개는 움직이는 평형이기는 하지만, 어떤 종류의 평형을 가정한다. 그것은 또한 모든 과정에는 '노이즈'(noise)가 언제나 있기 마련이어서 언제나 요동이 있고, 그 요동들을 그래프로 만들면, 다양한 길이의 다중 싸이클 형태가 나타난다는 것을 가정한다. 언제나 '노이즈'가 있고 물리적이든 사회적이든 그런 싸이클은 모든 체제에 내재하기 때문에 그것은 측정할 수 있다. 물론 그 패턴에는 정의된, 그리고 변치 않는 시간 간격이 존재한다는 가정은 없다. 오히려 정반대다. 즉, 모든 복잡한 체계에서 기술될 수 있는 최대한의 것은——그 최대한의 것은 실제로 존재하기 때문에——높은 재발가능성을 보여주는 근사치의 기준이다. 그러나 증명해야 할 것은, 그 과정에는 그런 요동들을 불가피하게 만들고 다시 일어나게 하는 뭔가가 있다는 것이며, 그 뭔가를 적절하게 그려내야 한다는 점이다.

물론 어떤 역사적 체제에 존재하는 리듬은 상당히 많을 수 있어서, 학자들은 어떤 리듬이 다른 리듬보다 더 중요하고(혹은 중요하거나) 길다는 것을 보여주고 싶을 뿐만 아니라, 더 중요한 리듬의 특별한 귀결을 설명하고 싶을지도 모른다. 그러나 다른 특별한 리듬을 설명하기 위해서는 덜 중요하다고 하는 리듬을 주목하는 것이 바람직할 수도 있다. 어떤 경우든, 리듬에 대한 기술은 체제 작동의 특성에 대한 것이다. 그 특성들은 우리가 하나의 체제를 체제로 부를 수 있게 하는 것이다. 이 점에 보면 역사적 사회체제는 특별하지 않고 다만 더 복잡할 뿐이며, 따라서 이런 리듬들을 (대략적으로라도) 측정하기 더 어렵다.

실제로 리듬들은 체제 내에서 끊임없이 변하는 소소한 사건들 때문에 현실에서는 늘 완전하게 대칭적이지 않고, 평형은 끊임없이 움직이며, 대개는 특정한 방향으로 움직이는 것처럼 보인다. 이것은 결정론적인 문헌에서 자주 체제의 선형성으로 묘사한 것인데, 이것을 우리는 장기적 추세라고 한다. 분석에서 자주 빠지는 대부분의 추세, 최소한 역사적 사회체제에서의 대다수 추세는 특정 유형의 내재적인 한계에 봉착하기 때문에 무한정 늘어날 수 없다. 한 가지 분명한 사례를 들어보자. 지구상의 인구는 생물학적인 생식을 통해 무한정 늘어날 수 있다. 그러나 어떤 지점에서는 문자 그대로 공간이 부족할 것이다. 그리고 분명히 그 전의 어떤 지점에 이르면 식량공급이 달릴 것이다. 그로써 세계인구의 규모를 줄이게 될 어떤 일이 일어날 것이다. 따라서 이런 선형적인 벡터가 무한정 팽창할 수 있다는 것은 실제로는 사실이 아니다. 실제로 일어날 수 없는 그런 무한정한 선형적인 벡터들의 긴 목록을 만들기는 매우 쉽다.

이것이 즉각적으로 드러내는 바는, 하나의 벡터는 마치 그것이 자율적 궤적에 있는 것처럼 분석될 수 없다는 것이다. 그것의 실제 선형성은 다른 요인들과 서로 작용하여 발생한 직접적인 결과이기 때문이다. 그 전개 양상은 특정한 조건들, 즉 모든 체제적 팽창이 양적 한계를 갖는 조건들에 달려 있다. 사실 벡터를 절댓값으로 측정하는 것은 결코 유용하지 못하며, 언제나 다른 벡터들과의 관계로서 측정해야 한다. 간단히 말해서 우리는 장기적 추세로서 측정해야만 하는 것이 무엇인가를 다시 생각해야 한다. 나는 우리가 어떤 특정한 역사적 사회체제의 작동에 결정적이었다고 판단하는 과정에서 발견되는 백분율들을 측정해야 한다고 믿는다. 가령 근대세계체제에서 나는 정규직 노동자들의 숫자가 아니라 (비정규직 같은—옮긴이) 반일(半日) 이상 근무자의 인구비율에 관심을 두려고 한다. 왜 이것이 중요한가를 여기서 논하지는 않겠다. 다만 일단 자료를 백분율로 변환하면, 거기에는 언제나 100퍼센트에 가까워지는 접근선이 존재한다는 사실만 지적하고자 한다. 인구의 100퍼센트 이상이 측정되고 있다는 주장은 어떤 것에도 적용될 수 없다. 이는 모든 장기적 추세가 선형적인 방식으로는 계속될 수 없는 어떤 지점에 도달하는 경향이 있음을 말해준다. 내가 보기에 그것은 역사적 체제가 위기에 돌입하는 바로 그 지점이고, 따라서 그것은 분기점에 이른다.

그렇다면 주기적 리듬과 장기적 추세의 방법론적 관계는 무엇인가? 그것은 명백해 보인다. 역사적 사회체제에서 주기적 리듬들은 결국 왜 주기적인가? 그것은 분명히 체제의 작동이 평형상태에 너무 못 미치거나 과도할 때 그것을 평형상태로 다시 되돌리는 방식으로 행동하는 것이 일부 사회적 행위자들의 이해관계와 맞아떨어지기 때문이다. 일상언어로 표현한다면, 조정이 이루어지는 것이다. 물론 이 조정의 성격은 모든 체제에 존재하는 권력구조와 체제의 작동기제에 내장된 우선순위의 한 기능이다. 수많은 행위자들과, 충돌하는 수많은 이해관계 때문에 그런 조정들이 원만하게 이루어지지는 않음은 더 말할 것 없다. 그러나 일반적으로 말해서, 우리는 어떤 일이 일어날 만한지 예측할 수 있고, 따라서 어떤 일이 일어났는지를 알 수 있다. 그것이 기본적으로 브로델이 "사건들은 먼지다"라고 주장했을 때 뜻한 바인데, 우리는 사건들의 연속을 자세히 설명하는 것보다 장기지속에서 발생해온 것들을 발견해야만 한다.

따라서 최소한 역사적 사회체제를 논할 때는 작은 불확실성과 큰 불확실성을 구별하는 것이 유용하다. 작은 불확실성들은 도처에 있다. 아무도 다음 순간에 실제로 어떤 일이 일어날지 모른다. 사실상 무한정한 잠재적 행위자의 수와 끊임없이 변하는 물질적 환경은 정확한 예측을 근본적으로 불가능하게 만든다. 그러나 그런 불확실성의 많은 부분을 최소화할 수 있다. 어느 정도의 오차범위 내에서 우리는 확률을 추정할 수 있고, 사회과학에 뉴턴적 패러다임을 적용한 (토머스 쿤의 용어로 말하면) '정상과학'은 이런 추정을 결국 발생한 사건에 더욱 근접시키려는 시도라고 주장할 수 있다. 더 큰 사회적 질서의 관점에서 보면, 추정오차도가 줄어드는 것은 분명히 긍정적이다. 공공정책은 그런 추정에 근거하여 계속 수행된다. 보건시설 확대와 지진 탐지 장치 개선 중에서 어느 쪽에 사회자본을 투자하는 것이 더 좋은가? 해답은 잠재적 위험의 정도와, 그 위험이 누구에게 가장 위협적인가를 추정하는 것에 부분적으로 달려 있다.

프리고진이 고전적인 뉴턴방정식이 많은 경우에 유용하다는 점을 부정하지 않는 것처럼 나도 그런 사회적·과학적 작업의 유용성을 부정하지 않는다. 그러나—'그러나'가 문제다!—우리는 이런 '정상' 뉴턴과학에 대해 세 가지를 명심해야 한다. 첫째, 그 정당성은 정책의 결과에서 찾아야 한다. 자연과학에서 그 정당성은 기술이나 공학에서 발견해야 한다고 말할지 모른다. 사람들이 이런 과학적인 작업의 결과로 더 좋은 다리를 건설할 수 있는가? 우리는 그런 작업의 결과로 더 현명한 정책결정을 내릴 수 있는가? 지금까지 물리학자와 화학자는 경제학자와 사회학자보다 이런 잣대를 이용해서 더 나은 실적을 올렸다. 바로 그래서 지난 세기에 사회과학자들은 자연과학자들을 '따라잡으려고' 했다. 그리고 그들에게 가해진 사회적 압력과 그들 자신의 초자아의 요구를 모두 고려해볼 때, 사회과학자들이 이른바 법칙정립적 방법에 매료된 것은 상당히 이해할 만하다. 그러나 이들이 사회공학에서 정말 낮은 실적을 올렸음을 생각해보면, 그 방법이 유효한가는 그들도 다시 생각해야 하리라 본다.

이런 방법을 따르는 데서 짚어야 할 두번째 사항은, 뉴턴과학이 강요한 인식론적인 눈가리개로 인해 우리가 눈멀었다는 것이다. 자연과학 내에서 '복잡계 연구'라는 포괄적인 명칭이 붙은 지식운동이 힘을 얻은 것은 이 인식론적인 눈가리개의 부정적 효과에 대해 점차 널리 인식하게 되었기 때문이다. 또다시 사회과학자들은 뒤쳐졌으며, 이제야 자신이 선택한 방법론의 근거를 이루는 인식론적 전제들을 다시 심각하게 검토하고 있다. 그들은 '비과학적인' 것이라 해서 자신들의 시계(視界)에서 야단스레 거부한 영역, 즉 '철학'으로 돌아가고 있다. 이런 경향은 전혀 부정적이지 않은데, 이 문제는 나중에 재론하겠다.

'정상' 뉴턴과학을, 심지어 확률적인 방식으로, 수행하는 데 있어서 세번째 문제는, 그것이 사회현실의 더 큰 불확실성에 대한 지식, 그리고 불확실성에 대한 관심까지 없앤다는 것이다. 더 큰 불확실성은 매일, 매년, 10년마다 일어나지는 않는다. 그 것들은, 역사적 사회체제의 경우 500년에 한 번씩 일어날 수 있다. 그러나 인류의 역사적 진화 패턴을 형성하고 우리가 진정으로 알고자 하는 것, 즉 인간은 어디에 있었고 어디에 있으며 어디로 갈 수 있을까를 말해주는 것, 또는 인간이 원하기 때문에 이성적으로 추구할 수 있는 가능한 미래가 어떤 것인지를 말해주는 것은 이런 기본적인 분기점들이다.

우리는 왜 이 근본적인 분기점들에 관한 연구를 회피하는가? 부분적으로는 결과가 실제로 불확실하기 때문이다. 또 부분적으로는 일부러 피한다. 그래서 집단적 노력이 어떤 방식으로 분기의 결과에 영향을 미치지 않도록 하기 위해서, 그래서 소수(대개 특권적 소수)가 그 과정에 방해받지 않고 개입할 수 있도록 하기 위해서다. 그러나 만약 우리가 의식적으로 체제적 분기를 탐구하기로 결정한다면, 일상의 선택과 체제적 분기점 간의 상당한 차이를 매우 명료하게 파악해야 한다. 이를 사회과학뿐만 아니라 일상생활에서 사람들이 사용하는 말로 바꾸면, 역사적으로 대다수──정치적이든 경제적이든 아니면 그 밖에 어떤 의미든──'혁명'들은 사실상 경미한 조정이었으며, 한 역사적 체제에서 다른 체제로 이행하는 데서 발생하는 진정한 격변은 실제로 극히 혼돈스럽고 분류하기 매우 어렵다는 것을 우리는 인식해야만 한다.

현재 근대세계체제는 그런 근본적인 분기점들 가운데 하나에 봉착해 있다. 그것은 체제적 위기이며, 따라서 우리의 지식구조도 위기다. 그러므로 인류는 한 개가 아니라 두 개의 주요한 사회적 불확실성에 직면해 있다. 하나는 우리가 건설하는 새로운 역사적 체제의 본질이 무엇이 될 것이냐는 점이다. 다른 하나는 우리가 건설중인 새로운 지식구조의 인식론이 무엇이 될 것이냐는 점이다. 양자는 결과를 예측하기 어려운 투쟁을 포함하지만, 둘다 우리가 알고 있는 세계가 끝났음을 말해준다. 여기서 '안다'는 이중의 의미를 가진다. 즉 무엇과 친근(익숙)하다는 의미에서의 알다(cognoscere, conocer, connaître, kennen)와 이해하다는 의미에서의 알다(scīre, saber, savoir, wissen)이다. 근대세계체제, 즉 자본주의 세계경제는 위기에 봉착했다. 우리는 더이상 그런 세계체제를 이해하지 못한다. 그 위기는 낯선 풍경과 불확실한 지평을 제시한다. 과학과 인문학이라는 두 경쟁적인 인식론적 영역으로 지식이 분리된 구조, 근대적 지식의 구조는 위기에 빠져 있다. 우리는 더이상 그런 학문을 세계에 대한 지식을 얻는 적절한 방식으로 이용할 수 없다. 두 가지 모두의 의미에서 알지 못하는 우리는 혼란스러우며, 많은 사람들은 교조주의에 빠진다. 우리는 태풍의 눈 속에 살고 있는 것이다.

여기서 자본주의 세계경제의 위기를 논하지는 않을 것이다. 나는 다른 곳에서 이것을 많이 다룬 바 있다(Wallerstein 1995a; 1998b). 다만 오늘날 평형에서 멀어져온 장기적 추세의 결과로 자본주의 발전의 동력, 즉 자본의 끝없는 축적을 봉쇄할 거대한 이윤 짜내기가 존재한다는 사실을 지적하는 것으로 족하다. 이런 이윤 짜내기는 최소한 세 개의 별개 벡터에서 나온다. 그것은 첫째, 세계경제 전체에 걸친 실질임금의 장기적 상승, 둘째, 비용을 제도적으로 외부로 돌리는 데서 초래된 환경의 점증적인 파괴, 셋째, 세계체제의 민주화가 야기한, 국가가 부담하는 교육·보건·평생 최저수입의 대대적인 증가와 그로 인한 국가재정의 위기 등이다. 게다가 세계체제의 양극화를 줄일 수 없다는 환멸 때문에 국가구조의 정당성이 붕괴되고 있는데, 그 정당성은 오랫동안 세계체제의 평형상태를 유지하는 핵심 기제였다. 여기서 이 논제를 다룰 수는 없고, 다만 현존하는 체제의 틀에서는 체제를 잠정적이나마 안정된 평형상태로 되돌릴 수 있는 해결책이 없을 것 같다는 점만을 지적해야겠다. 따라서 체제의 변수들은 거칠게 진동하고 하나의 분기가 발생하고 있다. 이런 분기는 어떤 확정적인 선택이 이루어져서 어떤 새로운 체제

(또는 체제들)가 생겨날 때까지 약 50년에 걸쳐 계속 일어날 것이다. 더 나아가 부분적으로는 체제의 요동 때문에, 부분적으로는 국가구조의 정당성 훼손 때문에, 또 부분적으로는 후계 체제의 성격을 두고 벌어질 거대한 갈등 때문에 이 시기는 엄청난 사회적 혼돈의 시기가 되리라 본다.

이런 체제적 분기가 지식구조들에 갖는 함의에 집중해보자. 물론 지식구조들은 모든 역사적 사회체제를 문화적으로 떠받치는 핵심적인 부분이다. 그런 구조의 내적 논리 같은 것이 언제나 존재하고 따라서 어느 정도 자율적인 지적 궤적이 존재하지만, 그것들은 더 큰 구조의 논리에 맞춰지고 더 큰 체제가 자리매기는 학문적 경계선에 제한을 받으면서 더 큰 구조의 일부가 된다. 지식구조들은 바로 그러한 것이어서, 사회환경과 장기적으로 양립가능할 때에만 사회적으로 태동하고 존속할 수 있다.

근대세계체제가 최적의 기능을 위해서 적절한 지구문화를 정착시키려고 했던 오랜 기간 동안, 이전 체제에서 가정된 지식의 인식론적 통일은 대략 18세기 후반의 50년간 과학과 철학(또는 인문학)이 '이혼'할 때까지 끊임없이 공격받았다. 우리는 앎에 대한 개념들이 역사적으로 거친 주요한 재조정과 그 사회적 근거를 쉽게 설명할 수 있다. 당장 더 적절한 것은 '두 문화'라는 가정된 분리의 성격이다. 각 진영은 자신이 세계를 전혀 다르게, 그것도 다른 진영보다 훨씬 더 잘 파악하는 방법이 있다고 주장했다.

인간은 경험적인 탐구를 통해(이상적으로는 실험으로) 알 수 있을 뿐이며, 그런 탐구에서 엄밀한 방식으로 검증할 수 있는 공리를 만들어낼 수 있다고 과학자들은 주장했다. 그 공리들이 일련의(원칙적으로는 끝이 없는) 테스트를 계속 통과하는 한 그것들은, 적어도 잠정적으로는, 보편적인 진리들을 진술한다고 받아들여졌다. 누군가가 적절하게 재연가능하고 유효한 가정을 제시할 수 있다면, 그 진리가 확실하다고 주장할 수 있었다. 뭔가가 확실하다는 의미가 언제나 분명하지는 않지만, 이른바 '초기조건들'인 자료에 기입된 변수와 방정식을 사용할 때마다 최소한 동일한 수학적 결과를 얻을 수 있음을 확신할 수 있었다. 어떤 주어진 탐구대상에 대한 지식의 상태가 그런 보편적인 진리들을 주장하는 데 충분하지 않은 한, 그것은 지식의 그 지점에 아직 도달하지 못한 과학자들 자신의 잘못이라고 했다. 그러나 궁극적으로는 탐구대상에 관련된 보편적인 진리들을 증명할 수 있는 과학자들을 배출해낼 수 있다는 점에서 과학자 사회에 인식론적인 기대가 모아졌다. 분석의 확실성은 확실한 전망이었다.

지난 25년간 힘을 얻은 두 지식운동은 과학과 철학의 분리에 직접 도전했다. 그중 하나는 복잡계 과학이다. 이는 많은 분과들을 거느린 운동인데, 프리고진은 그 지적 전개과정에서 주도적인 역할을 했다. 복잡계 과학이 기본적인 가정에서 뉴턴역학과 다른 주요한 차이점들은 이미 말했으므로, 여기에서는 다만 사회과학과의 관계만 강조하겠다. 복잡계 과학이 사회과학에 미친 사회심리학적 영향 역시 이미 지적한 바 있다. 그것은 자신들이 과학적 방법을 체현한다는, 법칙정립으로 기울어진 사회과학자들의 거만한 주장에 일침을 놓았다. 그렇게 함으로써 복잡계 과학은 과학에 대한——확실성의 종말에 집중한——다른 접근을 위한 여지를 사회과학 안에 열어놓았다. 그리고 이는 그 자체로 매우 건강하며 유익한 것이다.

그러나 복잡계 과학과 사회과학의 관계에 대해 두번째로 논할 쟁점이 있다. 복잡계 과학이 내건 핵심적인 슬로건 중 하나는 아서 에딩튼(Arthur Eddington)이 만들어내고 프리고진이 취해서 널리 퍼뜨린 '시간의 화살'이다. 프리고진이 보기에 이것은 뉴턴역학의 핵심 주제인 가역성에 대한 대응이다. 사회과학에서는, 가장 완고한 법칙정립의 옹호자라 하더라도, 감히 가역성을 주장할 수는 없었다. 대신 사회과학자들이 한 일은 역사를 무시하고 진실로 '역사주의'를 개탄한 것이었다.

'시간의 화살'이라는 깃발을 높이 쳐들고, 가장 작은 물질 단위조차도 무시할 수 없는 역사적 궤적이 있음을 주장함으로써 프리고진은 역사적이지 않은 사회분석은 없다고 끊임없이 주장해온 사회과학자들의 입지를 강화했을 뿐만 아니라, 물리학을 사회과학 인식론 지형의 한가운데에 옮겨놓았다. 그는 하나로 통합된 과학을 재차 촉구했지만, 그것은 모든 사람들이 뉴턴역학의 전제를 받아들여 사회적 물리학자가 되기를 바라는 분석철학자들의 정신과는 다른 것이었다. 그보다 그는 사실상 자연과학자들이 어떤 대가족의 일원이 되어야 한다고 주장했다. 사회문화적 전제들과 모든 지식활동의 연관들은 가족의 통합적 주제가 되고, 거기서 우리는 과학과 철학이라는 두 문화를 극복한다. 그 둘은 공통된 인식론적 토대에서 나온 맞물린 활동이기 때문이다.

반면에 스펙트럼의 다른 극단인 인문학에서는 이제 대개는 문화연구로 부르는 활기차고 극도로 다양한 지식운동이 등장했다. 여기서도 이 운동의 역사적 기원들이나 갑작스러운 폭발적인 등장의 원인 또는 그 분석의 한계 등을 논할 수는 없다. 이 경우에도 사회과학과의 관계만 언급하겠다. 문화연구의 중요성은 그 연구자들이 흔히 계몽주의적 관점이라고 부르는 것을 그들이 비판하기 시작했다는 데 있지 않다. 오히려 그런 비판으로써 계몽주의적 관점들이 뉴턴역학 전제들의 문화적 지배임을 핵심적으로 지적한 데 있다. 복잡성 과학은 이런 비판을 더 잘, 더 효과적으로 수행했다. 문화연구의 진정한 사회적 공헌은 과학에 대항하는 반(反)도그마로 제도화되어온 인문학을 비판한 것이었다.

역사적으로 볼 때, 인문학은 과학에 관심이 없었다. 그것이 결국은 이른바 결별의 요점이었다. 그러므로 그들은 과학에 경도되었다는 이유로 사회과학을 삐딱하게 봤고, 그 연구자들, 특히 역사학자들이 스스로를 인문학자로 정의하고 철학과에 자리 잡도록 북돋운 것이다. 그들의 관심은 넓게 정의해서 예술에서의 질에 대한 가치평가 기준과, 사회현실의 공감적·해석학적 인식에 개입하는 데 있었다. 이것은 정전, 즉 높이 받들어 후세에 가르칠 수 있는 미학적 성취들의 목록을 만들었다. 이상한 방식으로 그들은 가장 헌신적인 뉴턴주의 과학자들이 도달한 곳과 동일한 지점에 이르렀다. 그들은 완벽함에, 이론적인 공식화의 우아함보다는 예술에서의 우아함에 더 관심이 있었다. 그러나 예술과 이론에서 문제는, 그런 탁월함의 가치가 지식활동의 내적 규칙 바깥에 존재하는 기준이나 사회적 유용성으로는 측정되지 않았다는 것이다.

문화연구는 그런 미학적 상아탑에 반발하여 일어났다. 이 새로운 운동의 실행자들은 모든 문화 행위는 어떤 사회적 맥락 내에서 발생하며, 생산자 또는 수용자(감상자)의 사회적 위치에 따라 다르게 생산되고 평가받을 수 있다고 주장했다. 그리고 당연히 사회적 위치 자체가 끊임없이 진화하는 역사적 실체라서 동일한 사람이 어느 텍스트를 오늘 감상하는 것과 내일 감상하는 것은 다를 수 있다는 것이다. 여기서도 나는 이런 전제들과 사회과학의 관계를 강조하고 싶다.

사회과학은 언제나, 우리가 사회적으로 구성된 렌즈를 통해 사회현실을 파악한다는 전제 위에 건설되었다. 법칙정립에 매우 경도된 사회과학자조차도 최소한 암묵적으로는 이 점을 인정한다. 다만 그들은 자신이 한계로 간주한 것을 극복하려고 노력하는 반면, 다른 사회과학자들은 이런 '한계'를 하나의 영구한 현실로, 실제로 세계를 더 풍부하게 이해할 수 있게 해주는 것으로 받아들인다. 어떤 경우든 문화연구는 이 핵심적 주제를 강조함으로써 완전히 사회과학의 영역에 자리 잡았고, 그로써 인문주의와 과학이라는 잘못된 이분법을 극복하는 데 이바지했다.

그래서 오늘날 우리는 바야흐로 주요한 인식론들을 재구성하고 지식의 분야를 가로지르는 탐구의 방법들을 재통합해야 하는 순간에 처해 있으며, 그런 재통합 과정에서 사회과학의 지형은 앞으로 모든 것을 포괄하지는 못할지라도 중심적인 역할을 하리라 본다. 결국 사회과학은 존재하는 가장 복잡한 체제들에 대한 연구이며, 그러므로 체계적 분석으로 번역하기 가장 어려운 분야이다. 그것은 또한, 비록 자주 인정받지 못하지만, 우리가 역사적으로 인문학적 연구라고 부르는 것의 필연적인 토대이기도 하다. 그것은 사실 물리학자에서 문학연구자에 이르는 모든 사람들에게 필요한 활동이다. 이는 사회과학의 제국주의를 요청하는 것이 아니다. 오히려 누구나 사회과학으로 들어갈 수 있음을 뜻하는 것이다.

　우리는 집단적인 지적 토론이 절실하게 필요한데, 이런 토론을 과학으로 부를지, 철학으로 부를지, 사회과학으로 부를지는 내게 전혀 중요하지 않다. 우리는 불확실성, 최소한 장기적인 불확실성을 유일하게 제어되지 않는 현실처럼 생각하며 살고 있다. 이는 세계를 더 이해하려면 자기성찰적 지식활동들이 이런 핵심적인 현실을 염두에 두고 실천해야 할 뿐만 아니라, 정보에 근거한 선택을 할 수 있게 하는 타당한 설명을 찾기 위해 분석의 층위들을 옮겨다닐 준비가 되어 있어야만 함을 뜻한다. 결국 지식은 선택에 관한 것이어야 하며, 따라서 선택은 혁신과 상상력, 그리고 가능성에 대한 것이어야 마땅하다. 선택은 책임을 포함하며 인문학자와 과학자는 주장하고 요구하고 추측하고 우선순위를 제안하며, 그에 따르는 책임에 헌신하는 그런 실천인이다. 이저벨 스텐저스는 과학자들"에 대한 요구"와 그들"의 의무"를 분별하면서 다음과 같이 책임지기의 중요성을 말했다. "'합리성'이라는 주제는 요구 아래 놓이느냐 의무 아래 놓이느냐에 따라 실제로 그 의미가 변한다. 전자, 즉 요구 아래 놓이면 대개 거만이나 파렴치함으로 변질된다. 후자, 즉 의무 아래 놓이면 위험의 동의어, 어떤 시험에 대한 굴복이 된다. 이때 그 시험은 대중이나 비적격자를 위한 시험이 아니라 자신의 작업을 합리적인 것으로 만들려는 사람들을 위한 시험이다."(Stengers 1996, 90면)

현실이 불확실하면, 선택을 피할 수 있는 길은 없다. 선택을 피할 수 없다면, 분석과정에서 가치에 대한 분석자의 동의·선호·전제가 들어가는 것을 막을 수 없다. 설사 우리가 의식 층위에서 그런 모든 고려들을 제거한다 해도, 다시 말해 지식활동의 대상 앞에서 도덕적 중립성의 자세를 고집한다 해도, 이런 요인들은 무의식 층위에서, 허용할 수 있는 사회담론의 층위에서 다시 나타난다. 그리고 이 무의식과 사회담론을 표면으로 떠올릴지라도 우리는 맥락화의 끝없는 퇴행, 즉 정신분석자의 정신(psyche)을 구성하기 때문에 결코 제거할 수 없는 개인적이며 집단적인 일대기들이 존재한다는 것을 알게 된다. 한마디로 선과 미에 대한 주장을 포함하지 않는 진리 탐구는 없는 것이다.

그렇다면 과학-학문, 즉 스키엔티아(scientia)는 불가능한 꿈인가? 나는 정반대라고 주장하고 싶다. 욕망에서 앎을 분리시키는 것이 불가능함을 받아들일 때만 비로소 우리는 더 잘 알게 된다. 여기서 필요한 것은 두 가지다. 첫째, 우리는 비난하기보다는 분석함으로써 우리 자신과 타인의 전제를 드러내야 한다. 그렇게 되면, 전제가 바뀐다면 우리의 탐구 결과가 달라질 수 있을지를 논의할 수 있다. 전제에 대한 어떤 물음도 금기일 수 없다.

두번째, 정말로 다른 삶의 경력을 지닌 사람들이 동일한 자료를 검토하고 동일한 문제를 탐구할 때 무엇이 제안되는가를 알아내기 위해 우리는 모든 다양한 집단에서 유래한 구성원으로 과학공동체를 건설할 필요가 있다. 사회과학에서 이것은 사회과학 공동체의 폭넓고 참된 국제화를 의미한다. 이 목적을 달성하려면 갈 길이 아직 멀다.

그리고 마지막으로, 이전 논점으로 돌아가서, 우리는 작은 분기점과 큰 분기점, 조정과 체제적 변화, 진행되는 것과 폭발하는 것에 대한 설명을 구분하는 법을 배워야만 한다. 이것이 선택들의 쟁점을 제시한다. 왜냐하면 진행되는 사회체제를 조정할 때 하는 선택과 가능한 미래의 사회체제가 두 가지 이상의 방식으로 분기할 때 택하는 선택은 전혀 같지 않으며, 우리가 직면하고 검토하는 문제를 명료하게 하지 않는 한, 어느 하나도 현명하게 선택할 수 없기 때문이다.

나는 우리가 지식세계에서 매우 흥분되는 시대에 살고 있다고 생각한다. 그것은 바로 기본적인 인식론적 문제들을 다시 개방하고 지식세계의 구조적 재조정을 예의주시하게 하는 체제적 위기에 우리가 살기 때문이다. 그러한 지적 도전에 적절하게 부응할 수 있을지는 불확실하지만, 우리가 문제를 제기해야 하는 곳은 거기다. 우리는 과학자·학자로서 지식구조의 이런 전환점에서 앞에 놓인 다양한 쟁점들을 제기할 책무가 있다.

제4장

■

브로델과 인터사이언스
신자 없는 목사?

　프랑스의 사회과학 고등연구소(École des Hautes Études en Sciences Sociales)는 매년 강좌들을 묶어 범주별로 개설하는데, 그중 대다수는 인류학, 경제학 등으로 대학에서 개설하는 강좌와 상당히 비슷하다. 그러나 고등연구소에는 오랫동안 인터사이언스(Interscience)로 명명된 강좌도 있었는데, 페르낭 브로델은 그런 이름으로 자신의 쎄미나를 정기적으로 열었다.

　그런데 인터사이언스란 무엇인가? 내가 알기로 브로델은 그의 저작 어디에서도 이 용어를 설명한 적이 없다. 그가 죽기 1년 전 어느 인터뷰에서 간략히 언급한 것을 제외하고 말이다 (Braudel 1984b). 하지만 1958~60년에 쓰인 그의 텍스트들을 살펴봄으로써 이 용어가 브로델에게 무엇을 의미했는가를 재구성해볼 수는 있을 것이다. 이 시기에 그는 당시 고등학술연구원 (École Pratique des Hautes Études)의 제6부로 알려진 기관의 수장이 되어 매우 적극적으로 지적인 지도력을 발휘했다.

첫번째 텍스트는 『아날』(*Annales*)에서 벌어진 장기지속 (longue durée)에 대한 그 유명한 토론이다(Braudel 1969a). 첫 문장은 "인간과학(프랑스에선 사회과학에 가까운 뜻으로 쓰임——옮긴이)은 총체적인 위기에 빠졌다"로 시작하는데, 그 첫 문단은 "우리는 오늘날 (인간과학의) 필연적인 종합을 꿈꿀 수 있다"는 제안으로 끝맺는다(1969a, 81면). 논문의 핵심인 다양한 시간대들에 대한 긴 논의에 이어 그는 다음과 같은 열변으로 결론을 맺는다.

실제적인 층위에서는——왜냐하면 이 논문은 실제적인 의도가 있기 때문에——나는 사회과학들이 잠시만이라도 그들을 분리하는 경계선이 무엇인가, 무엇이 사회과학이고 사회과학이 아닌가, 무엇이 구조이고 구조가 아닌가라는 주장을 멈추기를 바란다. 그보다는 탐구를 통해서 우리의 집단적인 연구에 방향을 부여할 수 있는 요소들(만약 그런 게 있다면), 어떤 예비적 종합을 가능케 하는 주제를 구체적으로 밝혔으면 한다. 나 자신은 수학화, 지역으로 파고들기, 장기지속이 바로 그런 요소들이라고 믿는다. 그러나 나는 다른 전문가들이 무엇을 제안할지 궁금하다. 이 논문은 논쟁에 대한 요청이다 (Braudel 1969a, 83면).

이것은 여러 면에서 주목할 만한 문장이다. 첫째, 내가 사회과학의 재구성이라고 부르는 것을, 이 극히 이론적인 텍스트의 한

가운데서 드러나듯이, 브로델도 무척이나 염두에 두었음이 틀림없다. 브로델은 실제적인 의도를 말하는데, 물론 그의 모든 경력은 그런 의도를 얼마나 진지하게 생각했는가를 증언한다. 둘째, 이 글은 어떤 논쟁, 브로델이 예비적으로 제안한 몇몇 논쟁에 대한 요청이다. 그리고 셋째, 하나의 종합을 위한 요소들로 그가 적시한 것은 족히 150년간 사회과학을 형성해온 인식론적 구분을 가로지른다. 그는 수학화를 요구하는바, 이는 수량적이고 대개는 실증주의적인 사회과학자에게 소중하다. 그는 지역적 특수성을 강조하는데, 이는 수량적 실증주의자들을 가장 비판하는 이들에게 소중하다. 그리고 그는 물론 장기지속을 주장하는데, 이는 논쟁하는 그 두 집단 중 어느 쪽도 강조하지 않았던 것이다.

앞의 인용문은 정신적으로 매우 개방적이지만, 그 자체로 저항이라는 복잡한 문제를 다루지는 않는다. 2년 후 브로델은 고등교육을 다루는 한 저널에 '사회과학의 통일성과 다양성'에 관한 글을 발표했다(Braudel 1969b). 그는 인간과학을 관찰한 사람이 처음으로 받는 인상은 인간과학의 다양성이지 통일성이 아니라는 말로 운을 뗀다. 인간과학은 다른 언어를 말하고, 분명히, 개별적인 직업적 경로에 틀어박혀 다른 "조국들"을 구성하는 것처럼 보인다. 이 논문에서 브로델은 종합을 하려면 누가 포함될 것인가에 대한 정의가 아주 광범위해야 한다고 말하면서 모든 분야에서 드러나는 정신의 편협성을 사뭇 공정하게 비판한다. "나는 다음과 같이 주장한다. 통일성을 구축하는 데 그리스의 철학은 물론 금석학, 앙리 로지에(Henri Laugier)의 생물학——만약 그것이 파울 라짜르스펠트(Paul Lazarsfeld)처럼 상상력이 넘치고 견문이 넓은 재사(才士)가 수행한 것이라면——여론조사 등, 이런 모든 연구는 우리에게 흥미롭다. 우리도 전세계적인 위원회가 필요하다."(Braudel 1969b, 95면)

브로델은 나중에 자신이 소장으로 취임하게 되지만 당시에는 아직 그렇지 않았던 인간과학연구소(Maison des Sciences de l'Homme)에서 이런 전세계적인 위원회가 출범하리라는 희망을 피력하면서 논문을 맺는다.

이런 모든 젊은 연구자들과 새로운 방법들은 언제든 얻을 수 있다. 왜냐하면 우리는 아마도 세계에서 유일하게, 매우 소중하고 이것 없이는 결정적인 어떤 것도 가능하지 않은 모든 '고전적인' 인간과학에서 유래한 필수불가결한 학문적 자원들을 모았기 때문이다. 이 이중, 삼중의 가능성을 반드시 활용하도록 하자. 세계의 모든 곳에서 통일성을 향해 가는 이 운동을 서두르자. 그것이 가능하고 지적으로도 유용하다면, 필요할 때마다 단계를 건너뛰자. 내일이면 너무 늦다(1969b, 96면).

마지막으로 역사와 사회학에 대한 그의 글을 보자. 브로델은 스타일에서 양극으로 간주되는 이 두 고전적인 학문의 관계를 논하는 데 언제나 각별했다. 그의 관심사들은 당시 프랑스의 주도적인 사회학자인 조르주 귀르비치(George Gurvitch)와의 평생에 걸친 토론으로 이어지는데, 그는 귀르비치가 편집하던 사회학 교과서의 일부로 그 글을 집필했다(Braudel 1969c).

기기서 브로델의 주장은 상당히 급진적이다. 귀르비치와는 달리 그가 명백하게 지적하듯이, 그는 역사학과 사회학이 다른 분과학문이라는 발상을 전적으로 거부한다. 그는 이 분과학문들은 "정신의 단일한 모험이며, 심지어 동일한 옷감의 양면도 아닌 복잡하게 얽힌 실타래들로, 옷감 전체를 구성한다"고 말한다(1969c, 105면). 여기서도 그는 열변으로 끝맺는다. "내가 흥미롭게 생각하는 사회과학 중에서, 다중적인 전문분야들의 동시적 실천이 없는, 조화되지 않은 사회과학은 존재할 수 없다. 한 사회과학을 다른 사회과학과 대립시키는 것은 아주 쉽지만, 이런 모든 논쟁은 아주 낡은 것 같다. 우리는 새로운 음악이 필요하다."

그래서 그런 음악이 존재한다. 인터사이언스는 사회과학, 또는 인문학의 깃발 아래 행진한 것들의 총체이며, 실제로 그것들을 훨씬 넘어선다. 인터사이언스는 이 모든 것의 총체지만, 너무 포괄적으로 범주들이 난립하는 현상에 대항하여 각자 스스로를 방어하는 어떤 공국(公國)들의 연합 같은 게 아니라 수많은 실로 짜인 하나의 옷감 같은 것이다. 1984년의 인터뷰에서 그가 그것을 어떻게 표현하는지 보자.

내게는 단일한 인터사이언스만이 있을 뿐이다. …… 역사와 지리학, 또는 역사와 경제학을 결혼시키려고 한다면, 그건 시간 낭비다. 우리는 모든 것을 다 해야 한다. 동시에 말이다.

······ 학문간 연계(interdisciplinarity)는 인접한 두 분과학문의 합법적인 결혼이다. 나 자신은 전체적인 난혼을 지지한다. 하나의 과학을 다른 과학과 결혼시킴으로써 인터사이언스를 실행하는 신봉자는 너무 신중한 것이다. 나쁜 도덕이 퍼져야 한다. 전통적인 학문 즉 철학, 문헌학 등을 포함하여 모든 학문들을 뒤섞어보자. 이것들은 우리가 주장하듯이 죽지 않았다 (Braudel 1984b, 22면).

이거야말로 브로델이 관심을 가진 궁극적인 그림이다. 1960년에 그는 우리에게 내일은 너무 늦다면서 전세계적 통합을 향해 달려가라고 주문했다. 오늘이 그 내일인가? 우리는 너무 늦었을까? 첫눈에는 그렇게 보일 수도 있다. 자신이 건설하고 작업한 바로 그 기관에서 진정으로 통합된 하나의 사회과학을 창조하려던 그 열정의 소중한 징표들은 오늘날 거의 보이지 않는다. 미국의 상황은 이보다 나은가? 그렇지 않은 것 같다. 나는 미국의 저명한 역사학자이자 미국역사학회의 회장이고 뛰어난 프랑스사가이기 때문에 프랑스와 『아날』을 잘 알고 있는 로버트 단턴(Robert Darnton)이 1999년 9월에 발표한 글을 그 증거로 제시하겠다. 단턴은 「역사 교훈들」("History Lessons," 1999, 2~3면)이라고 제목을 붙인 편지를 미국역사학회의 모든 회원에게 발송했다. 그의 목소리를 들어보자.

맑스주의와 사회진화론에서 구조주의와 포스트모더니즘에

이르는 거대이론의 한 세기가 지난 후 대다수 역사학자들은 일반법칙에 대한 믿음을 버렸다. …… 그 대신 우리는 특수한 것에, 때때로 미시적인 것에──이딸리아에서는 미시사로 알려진 것에──집중한다. 그것은 모래 한 알에서 우주를 볼 수 있다고 생각해서가 아니라 하나의 사회 또는 하부문화를 다른 것과 구별해주는 복잡성에 대한 우리의 민감성이 발전했기 때문이다. ……

역사가들은 일반적으로 과거에 존재한 유사점들이라는 개념을 불신하거나 그 존재를 믿으려 하지 않는다.

20년 전 전문 역사학자들은 이른바 아날학파, 즉 오랜 시간에 걸친 사회구조의 변동을 연구함으로써 '전체사'를 쓰려고 시도한 빠리의 연구집단의 주문에 걸렸었다. 그런 초월적인 (Olympian) 관점은 오늘날 더이상 지탱하기 어려워 보인다.

그렇다면 단턴은 우리에게 뭘 제시하고 있는가? 그는 세계가 "의미들, 과거의 경험에 의해 형성된 의미들"로 채워져 있다고 말한다. 이것이 우리에게 "시각"을 제공한다. 그러나 아무도 듣고 있는 것 같지 않다. 대다수 대학생들은 "경제학, 정치학, 컴퓨터과학, 다른 여러 체계분석 등에 집중하느라 역사를 점점 등한시한다."

단턴 텍스트의 거의 매 행마다 들어 있는 오류를 분석하기 위해 시간을 들이지는 않겠다. 이 진술에서 단턴은, 그가 실제로 의도한 것처럼, 실질적으로 반(反)브로델적이다. 우리는 완전히

한 바퀴를 돈 셈이다. 뤼씨앵 페브르(Lucien Febvre)와 마르끄 블로크(Marc Bloch)는 샤를르 쎄뇨보(Charles Seignobos)와 프랑스 역사학계의 역사지상주의의 역사학과 맞서 싸우기 위해 『아날』을 시작했다. 그리고 단턴은 화려하게 낡은 방식으로 쟁점의 원점으로 우리를 데려간다. 게다가 우리가 포위되어 있다고 느끼게까지 한다.

그래서 우리가 브로델이 역설한 절호의 기회를 놓쳤다는 말인가? 프랑스에서, 미국에서, 세계에서? 아마 그럴지도 모르지만, 완전히 놓치지도 않을 것이다. 그럼에도—브로델이 추진했을 뿐만 아니라 진행되고 있다고 믿은—어떤 단일학문으로서의 역사적 사회과학을 향한 힘찬 추진이 왜 그의 낙관주의를 배반했는가를 우리는 분석해야 한다. 무엇보다도, 어쩌면 가장 중요한 건 학계에, 모든 작은 권력을 장악한 다양한 위치에 있는 이들의 방어적 자세인데, 이들은 나쁜 이유로 좋은 생각을 거부해왔다. 물론 브로델은 그런 현상을 잘 알고 있었고 일생 동안 그런 현상에 몸소 맞섰다. 그는 학계 바깥의 세력, 즉 세계의 현실을 깊이 있게 분석하지 못하는 세계 사회과학자들의 무능을 보호하는 데 사활을 걸고 학계 내부의 편협한 보수주의자들의 태도를 막강한 권력으로 지지했던 세력을 분석하기를 (우리가 마땅히 그랬어야만 했다고 생각하는 것보다) 꺼렸는지도 모른다.

그럼에도 우리는 사회과학에 대한 브로델의 희망과 의도가 적들에 의해 좌절되었다고 말하는 것으로 자족해서는 안된다. 왜냐하면 적들은 우리가 두려워하는 것보다, 그리고 자기들이 생각하는 것보다 잘하지 못했기 때문이다. 1960년 이후 지식구조에서 일어닌 일들을 생각해보자. 무엇보다 1968년 세계혁명이 있었다. 정치영역에서의 주요 결과는 학계에서의 주요 결과와 긴밀히 연계된다.

정치영역에서는 1968년 세계혁명이 세계의 자유주의적 합의에 종지부를 찍었다. 그 합의는 1945년 이후 진보의 확실성, 세계인구의 사회경제적 집중의 필연성, 이런 목적을 달성하는 데 국가개량주의의 핵심적인 역할 등에 대한 믿음에서 절정에 달했다. 이런 합의를 깸으로써, 세계혁명은 진정으로 보수적인 세력과 진정으로 급진적인 세력의 재등장을 가능하게 했다. 그로써 정치적·지적 영역에서 저변의 소모적이고 어리석은 순응주의를 무너뜨렸다. 그러나 기왕의 합의를 확고하게 압도적인 통합된 관점으로 대체함으로써 순응주의를 무너뜨린 것은 아니었다. 세계의 정치적 영역은 커다란 혼란에 빠져들었고, 국가구조의 정당성을 민중들은 대대적으로 거부했다. 이것이 현존 세계체제 전반의 구조적 위기에서 주요한 요소였다. 우리는 결과가 본질적으로 불확실한, 확대된 혼돈의 분기점에 접어든 것이다.

세계체제의 정치경제 영역에 가해진 이런 압박이 지식구조에 끼친 영향은 직접적이고 심대한 것이었다. 인터사이언스의 도래라는 브로델의 비전은 본질적으로 옳았지만, 그는 1973년 이후 그가 쓰기 시작했고 생애 마지막 10년간 그를 사로잡은 세계체제 위기의 격심한 동요를 고려하지는 않았다.

학문의 영역에서 어떤 일이 발생하고 있었는가를 이해하기 위해서 우리는 시간을 거슬러 올라가 어떻게 이 영역이, 초기 저작에서 브로델이 근본적으로 재조정하려고 했던 지점에 도달했는가를 파악해야 한다. 서유럽과 북미에서 시작하여 세계 전역으로 퍼진 근대의 대학제도가 만들어진 19세기에서 이야기를 시작할 필요가 있겠다. 근대의 대학제도는 분과학문으로 명명된 것들 주위에 모인 학과라는 하부단위 내에 전문적인, 급여를 받는 학자들로 조직된 구조다. 우리는 1850년까지만 해도 이런 것이 어디에도 거의 존재하지 않았음을 기억할 필요가 있다.

실제로 대학의 핵심을 구성하는 여러 학과들, 미국에서는 대개 "인문학과 자연과학"(arts and sciences)이라고 부르는, 학생 교육의 최종점으로서 박사학위(Ph. D)를 수여하는 분과학문은 대체로 학부(faculty)로 불리는 상위 영역 안에 구성되었다. 거의 언제나 두 개, 때로는 세 개의 학부가 있으며, 실질적으로 거의 모든 곳에 자연과학부와 인문학부——이름은 약간씩 다를 수 있다——가 존재한다. 어떤 대학에는 그 외에 제3의 학부, 즉 사회과학 또는 인간과학의 학부가 있다. 브로델 자신은 쏘르본느 대학에서 그런 학부를 설립하려고 했다. 그런 시도가 실패로 돌아갔을 때, 그는 고등학술연구원 제6부에 희망을 걸었고, 인간과학연구소가 그같은 역할을 해주기를 기대했다.

그러나 왜 둘 또는 세 개의 학부가 있는가? 왜 하나가 아닌가? 19세기 이전에는 하나의 학부밖에 없었다. 그것은 철학부라고 불렸다(그래서 오늘날까지, 심지어 물리학과에서조차 최고 학위는 철학박사라고 불린다). 단일한 학부를 둘(과학과 인문학)로 나눠야 한다는 생각은 이른바 과학과 철학의 이혼의 결과이자, 근대과학을 독립된 방법으로, 철학과는 다른 지식이론을 가진 것으로, 즉 (과학자들에 따르면) 진리에 이르는 유일한 길로서 물화(物化)한 결과다. 현재 정의되는바, 과학은 단순히 지식의 또다른 형식 이상의 것이었다. 그것은 반(反)철학이었는데, 철학은 사색이므로 진리라고 주장할 근거가 없다고 간주했기 때문이었다.

이렇게 근대에 전개된 일련의 사태는 근대 초기 동안 유럽의 사상을 흡수한 긴 과정의 정점이었는바, 이는 신학이 자연계의 지식을 탐구하는 데 부적절한 학문으로서 점진적으로 고립된 것, 아리스토텔레스의 4원인 중에서 작용인(作用因) 하나만 남음으로써 인과개념이 축소된 현상을 말한다. 여기서 그 점을 자세하게 논할 수는 없다. 다만 그것이 두 학부 구조의 근간이었으며, 이 학부들은 경쟁적이며 사실상 모순되는 인식론들을 대표한다는 점만을 지적해두자.

과학은 보편주의였다. 그것은 시간과 공간을 뛰어넘어 진리인 자연계의 법칙이 존재하며, 이런 법칙을 인식하고 증명하는 것이 탐구자의 목표여야 한다고 주장했다. 그 과정은 누적적이었다. 자연법칙들은 선형적이고 결정주의적이며 시간가역적이라고 했다. 최고의 법칙은 가장 일반적이고 효율적으로 진술된 것이었다. 이와는 대조적으로 인문학은 특수주의였다. 인문학자들은 미학적이며 도덕적인 가치에 관심이 있다고 했다. 이 가치들이 (가령 칸트의 정언명령처럼) 보편적이라는 주장이 있기는 했지만, 그들의 실제 표현은 무수한 형식을 띠었으며 학자들의 목표는 그런 다양한 형식을 해석학적으로 이해하는 것이었다. 사람들은 하나의 상황에서 다른 상황을 유추할 수 없는데, 왜냐하면 각각의 상황은 그것만의 특유한 역사의 결과이기 때문이었다.

지난 200년간 우리는 과학과 철학의 두 영역이 결코 만나지 못하리라는 가정하에 학문의 구조를 세웠다. 그것이 '두 문화'였다. 사회과학 또는 인간과학은 둘 사이에 끼어 있었다. 다양한 분과학문들은 이 대대적인 인식론적 논쟁에서 한쪽 편을 드는 경향이 있었다. 이른바 법칙정립적 학문(특히 경제학, 정치학, 사회학)은 과학적 또는 최소한 과학주의적인 경향을 띠었다. 인류학, 동양학, 역사학은 좀더 인문적인, 또는 해석학적 인식론의 경향을 드러냈다. 그들은 인간의 사회적 행위에서 유사성이 아니라 다양성을 강조했다.

브로델이 시도한 것은——물론 그는 혼자가 아니었다——사회과학들 내부의 간극을 극복하는 것이었다. 두 인식론 모두가 틀렸음을 주장하고 재통합을, (그가 말한 대로 하면) 세계적인 의회를 실현하는 것이었다. 오늘날 그가 실패한 것처럼 보인다면 그건 그가 너무 성공적이어서 너무도 많은 지지를 받았기 때문이고, 프랑스, 미국, 그리고 다른 곳에서 그의 이단적인 주장에 사람들이 반발했기 때문이다. 그러나 그를 가장 거칠게 공격한 자들조차도 새로운 음악에 대한 그의 요구에 맞서 고리타분한 가락을 되풀이했을 뿐이다. 단턴의 '편지'도 해묵은 '인문주의적' 주제들을 죄다 다시 내세운 것에 불과하다.

반면에 두 개의 중요한 지적 흐름이 발생했는데, 그중 어느 것도 1958~60년에는 아직 제 모습을 드러내지 않았다. 그중 하나는 자연과학과 수학의 내부에서 나타난 새로운 지적 운동으로, 이것은 요즘 대개 복잡계 과학이라 불린다. 이 자연과학자들은 19세기에 라쁠라스가 성문화한 고전적인 베이컨적·데까르뜨적·뉴턴적 인식론에 도전하고 있다. 그들은 결정론, 선형성, 시간가역성, 평형으로의 영원한 회귀 등을 거부한다. 그들은 인간만이 아니라 원자와 은하계도 '시간의 화살'이 작용한 결과로 분석되어야 한다고 주장한다. 우주는 본질적으로 불확실하고, 따라서 모든 물질은 창조적으로 작동한다고 말한다. 일리야 프리고진은 세계주의를 요구하는 브로델의 주장을 확대했다. 그는 역사학과 사회학의 결합뿐만 아니라 역사학과 물리학의 결합도 바랐다. 가령 그가 핵심적인 역할을 한, 빠비아대학(University of Pavia) 역사학과와 물리학과의 후원을 받아 「다윈과 함께, 데까르뜨를 넘어서──자연의 '역사적' 개념과 '두 문화'의 극복」(Con Darwin al di là di Cartesio: la concezione 'storica' della natura e il superamento delle 'due culture')이라는 제목으로 개최된 1994년의 학술대회를 생각해보자. 이것은 모든 사람들이 뉴턴과학의 우위와 유일한 정당성을 받아들임으로써 지식을 통합해야 한다는 비엔나 써클의 낡은 발상이 아니다. 그보다는, 동등한 학자들끼리의 허심한 토론이었다. 어떤 것인가 하면, 자연과학은 역사학자들의 축적된 지혜를 흡수함으로써 자신이 가야 할 행로를 새로 배울 필요가 있다는 것이었다.

또한 인문학 분야에서는 지난 30년간 문화연구로 명명된 매우 강력하고 논쟁적인 운동이 흥기했다. 문화연구는 많은 오해를 받은 운동이다. 이는 부분적으로 수많은 문화연구론자들 스스로가 자기들이 하고 있는 것이 무엇인가를 잘못 이해하기 때문이다. 문화연구의 근본 의도는 지식의 허무주의적 파괴나 몇몇 극단주의자들이 유포한 전적인 유아론적(唯我論的) 상대주의 같은 것이 아니다. 그보다는 이들의 역사적 임무는 이중적이었다. 한편으로 그들은 인문학 내부에서 많은 학자들이 개진한 훌륭한 취향의 정전(正典)이라는 것이 사회적으로 구성되었으며, 따라서 전적으로 자기중심적임을 증명했다. 그리고 다른 한편으로 자기중심적인 정전들이 보편적인 규범으로 제시되었다는 사실은 근대세계체제의 불평등한 위계구조의 한 산물이며, 이 체제의 권력자들을 뒷받침하는 데 복무했음을 증명했다.

어떤 일이 일어났는가 주목해보자. 브로델이 그 텍스트들을 집필하고 있을 무렵, 사회과학들은 대학에서 적법한 터를 잡기 위해 여전히 싸우고 있었으며(쏘르본느대학에서 그가 그런 학부를 만들려다가 실패한 사실을 기억하라), 두 거대 영역의 경쟁적 주장들——'우리를 선택하라. 그러지 않으면 넌 쓸모가 없다'——에 의해 분열되었다. 브로델이 사회과학들의 재통합을 역설한 것은 그런 상황에서였다. 그것은 현명하게 성찰하라는 요구였다. 그것은 또한 스스로를 믿으라는 요구이기도 했다. 과학적 기준으로 불리든 인문학적 기준으로 불리든 사회과학은 잘못된 기준으로 자신을 증명할 필요가 없었던 것이다.

그러나 오늘날, 복잡계 과학과 문화연구라는 두 활기찬 운동이 등장한 결과로 두 영역에 위치한 (브로델이 칭송한) 그 "젊은 연구자들"은 중긴 영역, 즉 사회과학을 향해——오랫동안 그래왔듯이 각 영역이 서로에게서 원심적으로 멀어지기보다는——구심적으로 움직이고 있다. 물론 이 '젊은 연구자들'에 대한 반대가 없는 것은 아니다. 또다른 시대의 향수병에 걸린 자들, 황폐한 기존질서의 옹호자들, 창조적 변화의 가능성을 두려워하는 자들은 하로!(haro, 할렐루야의 의미——옮긴이)를 외치고 있다. 그들은 과학전쟁과 문화전쟁을 일으키고, 우리 모두를 겁줘서 침묵케 하려는 것이다.

프랑스, 미국, 그 밖에 다른 곳에서 그들은 인터사이언스라는 근본적인 개념을 요구한 브로델을 무시하려고 한다. 결과가 불확실한 이행의 시대에 살고 있으므로 그들이 성공할 수 없다고 단언하지는 않겠다. 그러나 그들은 성공해선 안된다. 그것은 우리에게 달려 있다. 그리고 학문영역에서의 싸움은 우리가 만들어내려는 차기 세계체제에서 벌어지는 더 큰 싸움의 필수적인 부분이다. 명료하게 판단해서, 부적절하고 시대착오적인 '먼지'가 시야를 흐리게 하지만 않는다면, 우리는 그 싸움에 공헌할수 있다. 우리는 인간과학의 예비적 수렴을 가능케 할 브로델의세 가지 요소, 즉 수학화, 지역성에 대한 집중, 그리고 장기지속으로 돌아가야 한다. 거기서부터 우리는 모든 지적 실천을 채울공통의 인식론을 더 정교하게 다시 다듬는 작업으로 나아갈 수있다. 그러기 위해서는 시간과 노력이 필요할 것이다.

제5장

시간과 지속

배제되지 않은 중도, 또는 브로델과 프리고진에 대한 성찰들

인식론을 둘러싼 논쟁은 분명히 끝이 없지만, 보통 때보다 한층 격렬하게 보이는 순간들이 있다. 20세기 후반 이래 우리는 그런 순간을 살고 있다. 과학은 맹렬하게 공격당하고 있고—또는 공격당하고 있다고 하고—합리성, 근대성, 기술도 마찬가지다. 어떤 이는 이것을 문명, 특히 서구문명의 위기, 심지어 문명세계라는 개념 자체의 종말로 간주하기도 한다. 지배적인 지적 개념의 옹호자들이 자신의 비판자들을 침착하게 무시하거나 (감히 제안한다면) 그에 합리적으로 대응하는 대신에 고통스럽게 소리 지르는 것처럼 보일 때, 그때가 기저에 있는 논쟁을 더 냉정하게 평가하기 위해 한발 물러날 때다.

최소한 지난 200년간 과학은 진리에 이르는 가장 정당한, 심지어 유일하게 정당한 길로서 군림해왔다. 지식구조들 속에서 과학은, 서로 양립할 수 없을 뿐만 아니라 사실상 위계질서에서

상하관계를 이룬다고 생각된 '두 문화'가——즉 과학과 철학(또는 인문학)이——존재한다고 믿음으로써 정당화되었다. 그 결과, 세계의 대학들은 거의 모든 곳에서 두 문화를 별개의 학부들로 분리했다. 만약 대학이 두 학부가 똑같이 중요하다는 견해를 공식적으로 개진한다 하더라도, 정부와 기업들은 주저하지 않고 명확한 선호를 드러냈다. 그들은 과학에 엄청나게 투자했으며 대부분 인문학을 거의 용인하지 않았다.

과학이 철학과는 뭔가 다르고, 심지어 철학에 적대적이라는 믿음, 즉 양자의 이른바 이혼은 실제로는 비교적 최근의 일이다. 그것은 우리가 근대세계체제와 연관짓는, 지식의 세속화 과정의 종점으로서 진화해온 결과이다. 철학이 중세 말기에 진리 진술의 토대로 신학을 대체했듯이, 과학은 18세기 말에 철학을 대신했다. 나는 '과학'이 그렇게 했다고 말하지만, 그것은 뉴턴, 프랜시스 베이컨, 데까르뜨와 연관된 매우 특정한 형태의 과학이었다. 뉴턴역학은 근대세계에서 정전의 지위를 획득한 일련의 전제와 가정들을 제시했다. 즉 체계들은 선형적이며 결정되어 있고 평형으로 돌아가는 경향이 있다는 것이다. 지식은 보편적이고 궁극적으로는 간단한 포괄법칙으로 표현될 수 있다. 그리고 물질 과정은 가역적이다. 이 마지막 진술은 가장 반(反)직관적인 것으로 보이는데, 왜냐하면 근본적인 관계들은 결코 변하지 않으며 따라서 시간도 상관없음을 암시하기 때문이다. 그럼에도 이 마지막 명제는 뉴턴모델의 나머지 부분이 지닌 유효성을 주장하려면 필수적이다.

그래서 뉴턴모델의 관점에서 보면, '시간과 지속'은 뜻깊거나 의미심장한 주제가 될 수 없으며, 최소한 과학자들이 다룰 수 있는 것은 아니다. 어떻게 그럴 수 있을까? 이것을 이해하려면 19세기와 20세기 인식론의 논쟁사를 따져봐야만 한다.

사회과학에서 시작해보자. 사회과학은 19세기에야 발명된, 상당히 최근 개념이다. 그것은 그 두 세기 동안 제시되고 제도화된 인간의 사회적 관계에 대한 체계적인 지식덩어리를 가리킨다. 지식이 두 문화로 나눠짐에 따라 사회과학은 그 사이 어딘가에, 애오라지 자신의 자리를 잡았다. 중요한 것은, 대다수 사회과학자들은 어떤 제3문화의 정당성을──우월성은 말할 것도 없이──주장하면서 과감하게 그렇게 하지는 못했다는 것이다. 등급에 따라 나눠진 사회과학자들은 두 문화 속으로 어렵고 불편하게 침입해 들어갔다. 사회과학자들은 사회과학이 자연과학에 더 가깝나 인문학에 더 가깝나를 두고 끊임없이 다투었다.

사회과학을 법칙정립적인 것으로, 즉 보편법칙을 추구하는 학문으로 간주한 이들은 대체로 다음과 같이 주장했다. 즉, 인간현상에 대한 과학적 연구와 물리현상에 대한 과학적 연구는 본질적인 방법론상의 차이가 없다는 것이다. 눈에 보이는 모든 차이들은 외재적이며, 따라서 극복하기는 어렵더라도 일시적인 것이었다. 이런 관점에서 사회과학자들은 원칙적으로 언젠가는 따라잡을 운명인, 좀 더딘 뉴턴 물리학자였을 따름이다. 따라잡는 길에는 이론적 전제들의 반복과 형님뻘 되는 분과학문의 실용적인 기술이 포함되었다. 이런 시각에서 시간은(즉 역사

는)──그것이 고체물리학자나 미생물학자에게 그런 것처럼──
법칙정립적인 사회과학자에게는 아무런 적실성이 없는 것이었
다. 그보다 훨씬 저실한 것은 자료의 재연가능성과 이론연구의
공리적(公理的) 특성이었다.

사회과학의 스펙트럼 반대쪽에는 개별기술적인 역사가들이
버티고 있었다. 이들은 인간의 사회적 행위가 반복적이지 않으
며, 따라서 시간과 공간을 초월하여 들어맞는 거시적 일반화에
적용되지 않는다고 주장했다. 그들은 문학적 문체의 미학뿐만
아니라──이야기로서의, 내러티브로서의 역사인──통시적 연
속성이 중요하다는 것을 강조했다. 이들이 시간을 전적으로 배
제했다고 말할 수는 없는데, 그것은 이들이 실제로 통시성을 강
조하고 진정으로 받아들였기 때문이다. 그러나 그들의 시간은
순전히 연대기적인 것이었다. 그들이 무시한 것은 지속이었는
데, 그것은 그 지속이 추상화, 일반화, 그리고 어떤 시간철학
(chronosophy)에 의해서만 정의될 수 있기 때문이었다. 대개
이들 학자는 인문주의자로 자칭했고, 법칙정립적인 사회과학에
대한 자신들의 경멸감을 나타내기 위해 인문학부에 남으려고
했다.

그러나 이런 인문주의적·개별기술적 역사가들조차도 뉴턴과
학의 우상숭배에 사로잡혔다. 그들이 일반화(그러므로 과학)보
다 훨씬 두려워한 것은 사색(그러므로 철학)이었다. 그들은 자
신의 뜻에 반하는 뉴턴주의자였다. 그들은 사회현상들을 본질
상 원자라고 생각했다. 그들에게 원자는 역사적 '사실들'이었다.

이 사실들은 문서로 기록되어 대개는 문서보관서에 보관되어 있었다. 그들은 맹렬한 경험주의자였다. 그들은 극히 면밀한 자료 관찰에 집착하면서 역사서술에서 충실하게 자료를 재생산했다. 면밀하게라는 말은 시간과 공간 양면에서 아주 작은 규모를 뜻하는 경향이 있었다. 그래서 인문주의 역사학자들은 실증주의 역사가들이기도 했는데, 그들 대부분은(인문주의와 실증주의라는—옮긴이) 두 강조점 사이에서 아무런 모순을 느끼지 않았다.

역사가의 임무에 대한 이런 정의는 1850~1950년의 학문세계에서 우세해졌다. 물론 거친 비판자들이 없었던 것은 아니다. 그런 주요 흐름 가운데 하나는 프랑스에서 뤼씨앵 페브르와 마르끄 블로크가 창간한 저널 『아날』이었다. 실증주의 역사학에 대해 함께 불만을 느꼈고, 아날학파에 심대한 영향을 끼친(Lyon and Lyon 1991 참조) 앙리 삐렌느(Henri Pirenne)에게 1933년에 보낸 편지에서 페르브는 앙리 쎄뇨보(Henri Seignobos)의 저작을 두고 "케케묵고 낡은 원자주의, '사실들', 사소한 사실. 그 '자체로' 존재한다고 간주된 자질구레한 사실들의 모음에 대한 순진한 존중심"에서 비롯된 책이라고 묘사했다(154면). 그러나 역사서술의 지배적 양식에 대한 가장 명료하고 완전한 비판은 1958년에 페르낭 브로델(Fernand Braudel)이 가한바, 그는 1945년 이후 아날 전통을 지속시킨 장본인이다(Braudel 1969). 그 텍스트를 검토해보자.

제목인 「역사와 사회과학──장기지속」에서 시작해보자. 브로델의 강조점과 공헌을 요약할 수 있는 용어가 하나 있다면,

그것은 장기지속이다. 이것은 물론 우리가 말하는 지속이다. 비록 브로델의 용어는 영어권 사회과학에서는 사실상 번역되지 않는 경향이 있지만 말이다. 이 용어는 논쟁적이다. 브로델은 단기간의 (우발적) 사건이나 사건을 기록하기 위해 정력을 기울이는 역사가들의 지배적 행태를 비판하고자 하는데, 뽈 라꽁브(Paul Lacombe)와 프랑쑤아 씨미앙(François Simiand)을 따라 그는 그런 기록을 "사건사"(l'histoire événementielle)라고 부른다(이 말은 영어로 번역하기 어렵다. 그나마 가장 가까운 번역은 episodic history가 아닐까 싶다).

브로델은 (거의 언제나 정치사인) 전통 역사학의 대부분을 이루는 (어떤 것은 눈부신, 어떤 것은 불투명한) '작은 세목들'의 집적이란 현실의 일부, 아주 작은 일부에 지나지 않는다고 생각했다. 그가 쓰기를, 법칙정립적 사회과학은 "사건들을 정말 무서워한다. 이유가 있다. 즉 단시간(short time)은 가장 변덕스럽고 가장 속기 쉬운 지속이기 때문이다."(Braudel 1969, 46면) 이런 평가는 브로델의 『펠리뻬 2세 시대의 지중해와 지중해세계』에 나오는 유명한 경구, 즉 "사건들은 먼지다"라는 말을 이해하는 실마리가 된다(1966, II권, 223면).

따라서 사건들의 연대기적 시간에 대항하여 브로델은 지속, 즉 장기지속을 맞세웠는데, 그는 이 개념을 '구조'와 연결한다. 구조에 대한 그의 정의는 매우 명료하다. "**구조**란 사회의 분석가들이 조직된 어떤 것, 어떤 일관된 것, 사회현실들과 집단들 사이의 상대적으로 고정된 관계 같은 것으로 이해하는 뭔가이다.

우리 역사가에게는 구조는 분명히 모아진 어떤 것, 즉 건축물 같은 것이지만, 시간은 약간만 영향을 미칠 수 있을 뿐인, 매우 오랜 기간 유지되는 어떤 실재 이상의 것이다. …… 모든 구조는 지지물인 동시에 장애물이다."(1969a, 50면)

거기에 덩그러니 있는, 단순히 외부의 물리적 변수로서의 시간에 반대하여, 브로델은 창조되고 있고 한때 창조되었던 시간, 우리로 하여금 사회현실을 조직하는 데 도움을 주고 사회적 행위에 대한 제한으로 작동하는 **사회적** 시간들의 복수성을 주장했다. 그러나 사건사의 한계와 오류를 적시하면서 그는 즉각 역사가만이 틀린 것은 아님을 덧붙였다. "공정해지자. 만약 사건 중심의 분석에 기울어짐으로써 죄를 저지른 사람이 있다면, 역사학이 주범일지언정 유일하게 죄지은 자는 아니다. 모든 사회과학이 그런 실수를 저지르는 데 동참한 것이다."(1969a, 57면)

이 점에서 법칙정립적 사회과학이 개별기술적 역사학보다 더 나은 것은 아닌 것 같다고 브로델은 말한다. 그는 모든 사회적 상호작용에 존재하는 단순하면서 신비로운 일련의 기본 세포들(여기서 또 원자가 나온다)에 대한 레비스트로스(Claude Lévi-Strauss)의 탐구를 집중적으로 논한바, 과학자들은 "어떤 언어든 그것들을 모스 부호로 변환해 받아들이려고" 노력했다는 것이다(1969a, 71면). 이에 대해 브로델은 아니라고, 자기가 말하는 장기지속은 그런 것이 아니라고 했다. 오히려 정반대라는 것이다.

우리가 하는 작업에 지속개념을 다시 도입해보자. 나는 모델들이 지속되는 시간은 다양하다고 말했다. 그것들이 말하는 시간은 특정한 현실을 나타내는 한 유효하다. …… 나는 모델들을 배에 비유했다. 난파는 아마도 가장 의미심장한 순간일 것이다. ……

모든 사건, 주기적 운동, 파열 등으로부터 보호받으면서 수많은 시간 항로 가운데 하나인 그 긴, 매우 긴 지속의 항로만 돌기 때문에 질적인 수학 모델들이 그런 항해에 적합하지 않다는 나의 생각은 잘못된 것인가?(1969a, 71~72면)

브로델은 말하기를, 그러므로 (개별기술적 역사가들에 의한) 무한히 작은 것들의 추구와 (법칙정립적 사회과학자들에 의한) 아주 긴 지속에 대한 탐구는——그는 아주 긴 시간에 대해서, "만약 그런 것이 존재한다면, 그것은 다름 아닌 현자의 시간일 수밖에 없다"고 했다(1969a, 76면)——동일한 결함을 공유한다. 그는 사실상 두 개의 주장을 하는 것으로 끝맺는다. 첫째, 서로 맞물리고 일종의 변증법적 지속으로 인해 중요해지는 다중의 사회적 시간들이 있다. 그러므로 둘째, 덧없는 또는 미시적인 사건이나 무한히 영원한 실재처럼 의심스러운 개념 모두 현명한 분석을 위한 유용한 초점이 될 수 없다. 실재에 대해 의미심장한 이해에 도달하려면, 우리는 내가 배제되지 않은 중도라고 부르는——시간과 지속, 특수와 보편이 동시적으로 양쪽을 겸하면서도 어느 것도 아닌——그런 곳에 서 있어야만 한다.

브로델은 전통적인 역사학이 지속보다 시간이(어떤 특정한 시간이) 우위에 있는 것으로 보고, 사회과학을 위한 인식론의 핵심적인 도구로서 장기지속을 복권시키려고 했다. 프리고진은 전통적인 물리학이 시간보다 지속이(어떤 특정한 지속이) 우위에 있는 것으로 보고 자연과학을 위한 인식론의 핵심적인 도구로서 시간의 화살을 복권시키려고 했다.

여기서도 그 논쟁을 이해하려면 논쟁의 역사를 살펴봐야 할 것 같다. 과거 200년간 자연과학의 역사는 사회과학의 역사와는 뭔가 다르다. 뉴턴과학은 최소한 17세기 이래로 지적인 구성물이자 과학활동의 조직을 위한 이데올로기로서 꾸준한 궤적을 따랐다. 19세기 초반에 이르러 라쁠라스에 의해 뉴턴과학은 정전(말하자면 교과서)의 지위에 올랐다. 뉴턴과학의 실행자들 중 많은 사람은 주요한 과학적 이론화는 이제 끝났으며, 현역 과학자에게 남은 일이라고는 소소한 끝마무리를 하면서 실용적인 목적을 위해 이론적인 지식을 계속 활용하는 것뿐이라고 생각했다.

그러나 우리가 알다시피, 또는 알아야만 하듯이, 이론화 작업은 (다름 아닌 역사처럼) 결코 끝이 없다. 우리의 모든 지식은, 현재는 아무리 타당한 것처럼 보여도, 그 지식이 학습되고 구성되는 사회적 조건에 묶여 있기 때문에 우주적 의미에서는 잠정적인 것이다. 어떤 경우든, 뉴턴과학도 설명하기 어렵다고 생각한 물리적 실재에 맞서 나타난 것이고, 19세기 말경 뿌앵까레(Henri Poincaré)가 3체문제를(수백 년간 과학자들을 괴롭혀온 난제로, 세 개 이상의 물체끼리 주고받는 힘의 작용에 대해서는 정확한 일반해를 구하지 못한다는 것이다. 두 물체간의 힘은 뉴턴의 운동법칙에 따라 명확히 규명되나 실제 우주에서는 달, 태양 등 다른 천체와의 관계를 고려해야 하기 때문에 3체 문제에 대한 정확한 답을 구해야 인공위성 궤도를 계산해낼 수 있다——옮긴이) 푸는 것이 불가능함을 증명했을 때 뉴턴과학은 난파에 봉착했다. 비록 대다수 과학자들이 이 사실을 인정할 준비가 되어 있지 않았지만 말이다.

1970년대에 들어서야 모든 과학활동의 패러다임으로서의 뉴턴역학에 대한 껄끄러움이 충분히 넓게 퍼져서 자연과학 내에서 지배적인 (그리고 그때까지는 실질적으로 도전받지 않은) 견해에 도전하는 의미심장한 지적인 운동을 우리는 말할 수 있었다. 이 운동은 많은 이름으로 통하지만, 간명하게 '복잡계 연구'로 부를 수 있다. 이 운동의 핵심적인 인물 가운데 한 명이 일리야 프리고진이었는데, 그는 소산구조에 관한 연구로 노벨상을 받았다. 그의 최근 견해를 요약해놓은, "시간, 혼돈, 자연법칙"이라는 부제가 딸린 『확실성의 종말』(*The End of Certainty*, 1997)을 살펴보자. 장기지속이 브로델의 핵심적인 강조점인 것처럼, '시간의 화살'(프리고진이 아서 에딩튼에게서 빌린 용어지만 이제는 프리고진을 연상시키는 말)도 프리고진의 핵심적인 강조점이다.

그 책에서 논의의 출발점으로서 프리고진은 그가 이전에 (이저벨 스텐저스와 공저한) 『새로운 통합』(*La novelle alliance*, 1979. 이 책의 수정증보판이 『혼돈으로부터의 질서』다——옮긴이)에서 제시한 결론을 반복한다.

① (시간의 화살과 연관된) 비가역과정은 물리학의 기본 법칙이 묘사하는 가역과정만큼 실재한다. 즉 그것들은 기본적인 법칙들에 부가된 근사치에 조응하지 않는다.

② 비가역과정들은 자연에서 근본적으로 어떤 건설적인 역할을 한다(Prigogine 1997, 27면).

프리고진에 의하면, 뉴턴역학은 안정된 역학계를 기술한다. 그러나 브로델이 볼 때 사건사가 역사적 실재의 일부, 그것도 아주 작은 일부만을 묘사하듯이, 프리고진에게도 안정된 역학계는 물리적 실재의 일부, 그것도 아주 작은 일부만을 기술한다. 불안정한 체계에서는 언제나 그리고 필연적으로, 특수한 초기조건을 약간만 변화시키면 엄청나게 다른 결과를 낳는다. 초기조건의 영향은 뉴턴역학에서는 철저하게 검토되지 않았다.

그리고 브로델이 보기에 장기지속의 효과가 미시구조에 반대되는 거시구조에서 가장 분명한 것처럼, 프리고진에게도 "비가역성과 확률이 가장 분명한 것은 실제로 거시 물리학에서다." (1997, 45면) 마지막으로 브로델에게 "사건들은 먼지"인 것처럼, 프리고진에게도 "일시적인 상호작용에서는…… 분산의 조건들은 무시할 만한 것이다."(1997, 44면) 그러나 브로델의 장기지속에 관한 한, 상황은 프리고진에게는 정반대다. 한마디로 분산 요소들이 우세해지는 것은 **지속적인** 상호작용 속에서다(1997, 54면).

브로델에 따르면 다중의 사회적 시간들이 있다. 진정으로 보편적인 법칙을 주장할 수 있는 것은 **아주** 긴 지속──재차 환기하지만, 그가 말했듯이 "만약 그런 것이 존재한다면, 그것은 오직 현자들의 시간일 수밖에 없다"——뿐이다. 뉴턴역학이 그런 것처럼 법칙정립적 사회과학도 평형이 편재를 가정한다. 여기서도 프리고진은 과녁을 겨눈다. "평형에 근접한 자연법칙들은 **보편적**이지만, 거기서 멀어지면 그것들은 종속 메커니즘이 된다. …… 물질은 평형에서 멀어질 때 새로운 특성을 획득한다. …… 물질이 '더 활동적'으로 변하는 것이다."(1997, 65면) 프리고진은 활동적 자연이라는 개념에 당황하지도 않았다. 오히려 정반대다. "닐스 보어(Niels Bohr)의 말을 빌리면, 우리가 자연에서 뭔가를 배울 수 있다면, 그건 우리가 '참여자인 동시에 관찰자'이기 때문이다."(1997, 150면)

그러나 브로델과 프리고진 사이에는 중대한 차이가 하나 있는데, 그것은 그들의 출발점이다. 브로델은 구조, 즉 지속을 무시한 역사학의 지배적인 관점과 싸워야만 했다. 프리고진은 비평형 상태와 초기조건의 특이성의 결과, 즉 시간을 무시한 물리학의 지배적인 관점과 싸워야만 했다. 따라서 브로델은 장기지속의 중요성에 대해, 프리고진은 시간의 화살의 중요성에 대해 말했다. 그러나 브로델이 사건사라는 프라이팬에서 아주 긴 장기지속이라는 불 속으로 뛰어들지 않고 배제되지 않은 중도에 머물기를 고집한 것처럼, 프리고진도 가역적 시간을 포기하고 질서와 설명의 불가능성이라는 불로 뛰어들기를 원치 않았다.

프리고진의 배제되지 않은 중도는 결정주의적 혼돈으로 불린다. "실제로, 특정한 결과가 무작위처럼 보여도 뉴턴역학의 경우처럼 운동방정식은 결정주의적인 것으로 남아 있다."(1997, 31면) 아니, 그것은 단지 '보이는 것' 이상일지 모른다. 왜냐하면 프리고진은 또 "확률은…… 본질적으로 역동적인 의미를 획득하기 때문이다"라고 말하기 때문이다(1997, 35면). 내가 이런 입장을 배제되지 않은 중도에 위치한다고 말하는 이유가 바로 그것이다. 그것은 분명히 중도다. "우리가 가고자 하는 길은, 새로움을 전혀 허용하지 않는 결정주의적 법칙이 지배하는 세계와, 모든 것이 부조리하고 원인이 없고 불가해한, 주사위놀이를 하는 신이 다스리는 세계, 즉 소외로 이끄는 이 두 개념 사이에 난 좁은 길이다."(1997, 187~88면)

프리고진 자신은 이것을 "일종의 '매개적' 묘사"(1997, 189면)라고 불렀지만, 나는 그것이 중용의 장점에 대한 주장일 뿐만 아니라 결정주의적 혼돈과 혼돈적 결정주의라는, 배제되지 않은 중도의 장점이기도 하다는 것을 말하고 싶다. 즉 시간과 지속 모두가 중요하고, 끊임없이 만들어지고 다시 만들어지는 그런 것 말이다. 이것이 고전과학이 묘사하고 있다고 생각한 것보다 더 단순한 우주는 아닐지 모른다. 그러나 나의 주장은, 그것이 실제 우주와 더 가깝고, 우리가 익숙하게 인식하는 우주보다 알기 어렵지만 알 만한 가치가 있고, 우리의 사회적·물리적 실재들에 더 맞고, 궁극적으로 도덕적으로 더 희망이 있다는 것이다.

이제 두 개의 인용구로 마무리하자. 하나는 벨기에의 위대한 학자인 앙리 삐렌느의 것이다. 그는 「역사가의 임무」(La tâche de l'historien)라는 논문을 썼는데, 사실 이것은 사회과학 방법론에 관한 미국의 시례집에 실린 글이다.

> 모든 역사적 구성물은…… 하나의 전제에 기초한다. 시대에 걸친 인간본성의 정체성이라는 전제에. ……
>
> 〔하지만〕…… 조금만 생각해보아도, 동일한 자료를 보는 두 역사가가 그것을 동일한 방식으로 취급하지 않으리라는 것은 금방 이해할 수 있다. …… 따라서 역사적 종합은 상당한 정도로 저자들의 성격뿐만 아니라 그들의 종교적 또는 민족적 사회환경에 달려 있다(Pirenne 1931, 16, 19~20면).

두번째는 미국의 철학자 화이트헤드(Alfred North Whitehead)의 말이다.

> 근대과학은 인간에게 방황의 숙명을 부여했다. 인간의 진보적 사고와 진보적 기술은 시간을 통해 세대에서 세대로의 이행을, 지도에는 존재하지 않는 모험의 바다로 향하는 진정한 항해로 만든다. 방황이 유익한 점은, 그것이 위험하며 악을 피하기 위해서는 기술을 필요로 한다는 데 있다. 따라서 우리는 미래가 위험할 거라고 생각해야만 한다. 미래가 위험한 것은 미래이기 때문이다. 그리고 과학의 임무를 수행하기 위해 미래를 준비하는 것은 과학의 미덕 중 하나다(Whitehead 1948, 125면).

나는 오늘날 과학이 심각하게 공격당하고 있다는 말로 서두를
뗐다. 이는 사실이 아니다. 심각하게 공격받고 있는 것은 뉴턴
의 과학이다. 심각하게 공격당하는 것은 두 개의 문화라는 개
념, 과학과 인문학은 양립할 수 없다는 생각이다. 지금 건설되
는 것은 갱신된 '철학'(philosophia)의 비전인 갱신된 '과학'
(scientia)인바, 그 인식론적 핵심은 배제되지 않은 중도의 가능
성만이 아니라 그 중도에 서 있어야 한다는 요구다.

제6장

세계체제들 분석의 여정,
또는 이론이 되는 것을 거부하기

'이론'이라는 용어는 대다수 사람들에게 일관되고 엄밀하며 명료한, 서로 연관된 일련의 발상들로 이루어진 개념이어서 거기서 경험적 현실에 대한 설명을 끌어낼 수 있다는 생각을 불러일으키는 경향이 있다. 그러나 이 용어는 또한 일반화 과정의 종점, 따라서 잠정적일 뿐이라 하더라도 일반화의 종결을 암시한다. 복잡한 현상에 대해 적절하거나 타당한 설명들을 구성하는 과정에서 어떤 이론에 도달했다고 주장하는 일은 대개 과학적 활동에 성급한 종지부를 찍고, 따라서 생산적이지 못할 수도 있다. 현실이 복잡할수록 이 말은 사실일 공산이 크다. 그런 경

---

* 이 장의 내용을 보완하는 글로는 월러스틴과 백낙청의 대담인 「21세기의 시련과 역사적 선택」, 『창작과비평』, 103호(1999년 봄)을 참조하라. 이 대담은 『유토피스틱스 또는 21세기의 역사적 선택들』(백영경 옮김, 창비 1999)에 부록으로 실려 있다――편집자.

우 나는 이론적인 육감에 의해 만들어졌지만 그에 구속받지는 않는 안경으로 경험적 현실을 탐구하는 것이 종종 더 낫다고 본다. 바로 그것이 대규모·장기간의 역사적 체제를 설명할 때 아주 잘 들어맞는 경우라고 믿는데, 그래서 나는 내가 하는 작업에 세계체제론이라는 명칭을 붙이는 것을——그보다는 세계체제 분석에 종사한다고 주장하면서——오랫동안 거부해왔다. 그러므로 이 장은 내가 세계체제 분석이라고 부르는 일종의 비(非)이론의 여정과 성장에 관한 이야기다.

이 이야기는 내가 컬럼비아대학 사회학과 대학원에 입학한 1950년대에서 시작한다. 나의 주요한 경험주의적 관심사는 미국과 나머지 세계의 현대 정치였다. 당시 컬럼비아대학의 사회학과는 구조기능적 분석의 중심지였고, 사회학과는 로버트 머튼(Robert K. Merton)의 이론을 파울 라짜르스펠트(Paul F. Lazarsfeld)의 방법론적 접근과 결합한 연구에 특히 자부심이 강했다. 그보다 눈에 덜 띈 것은 컬럼비아대학이 사회학의 주요한 신진 하부 분야, 즉 정치사회학의 중심지이기도 했다는 사실이다(Wallerstein 1995c). 그때 교수진(및 방문교수진)에는 마틴 립쎗(S. Martin Lipset), 대니얼 벨(Daniel Bell), 요한 갈퉁(Johan Galtung)이 있었는데, 이들 모두는 파울 라짜르스펠트뿐만 아니라 로버트 린드(Robert S. Lynd), 라이트 밀즈(C. Wright Mills), 허버트 하이먼(Herbert Hyman), 랄프 다렌도르프(Ralf Dahrendorf), 대니얼 러너(Daniel Lerner) 등과 대대적으로 연합하여 정치사회학과 각별한 연고를 맺었다. 이들 모두는 다른 명칭으로 사실상 정치사회학을 연구한 경우다.

정치사회학은 번성하고 성상하는 분야였다. 새로 창설된 국제사회학회의 첫 연구위원회 중의 하나는 연구주제로서 정치사회학을 선택했다. 사회과학연구평의회는 비교정치학위원회를 통해 다년간 여러 권의 연구서를 내는 프로젝트를 지원했다. 나는 분명히 나 자신을 정치사회학자로 간주했다.[1]

그러나 나는 한 가지 특이한 점이 있었다. 나는 서방 '자유세계'와 쏘련 '공산세계'의 냉전을 1945년 이후 무대에서 핵심적인 정치투쟁이라고 생각하지 않았다. 나는 주요 갈등은 산업화된 국가와 제3세계로 명명된 세계,[2] 또는 핵심부와 주변부, 나중에는 줄곧 남 대 북으로 일컬어진 세계들 사이의 싸움이라고 간주했다. 이런 믿음 때문에 나는 현대 아프리카의 사회변화에 관한 연구를 주된 학문적 과업으로 삼았다.[3] 1950년대는 서구세계가 자신의 요새 바깥에서 어떤 일이 일어나고 있는지를 처음으로 진지하게 살펴본 시대다. 아시아와 아프리카의 독립국가들이 참여한 1955년 반둥회의는 비서구세계가 자신을 주장하고 드러낸 순간——세계정치에 완전히 참여했음을 주장한 순간——이었다. 그리고 16개 아프리카 국가들이 독립한 1960년은 아프리카의 해이기도 했다. 또한 1960년은 콩고 위기의 해이기도 했는데, 유엔이 내란에 대대적으로 개입하게 된, 수많은 외부 간섭으로 사태가 더 악화된 내란의 시기였다.

1960년은 내가 프란츠 파농(Frantz Fanon)을 알게 된 때이기도 하다. 나는 그를 오랫동안 읽었고 그의 이론작업은 내 작업에 실질적인 영향을 끼쳤다. 마르띠니끄 섬 사람이자 정신과의사인 그는 의사 자격으로 알제리에 갔는데, 거기서 그는 알제리 민족해방전선(FLN)의 전사가 된다. 1952년에 프랑스어로 출판된 그의 처녀작 『검은 피부, 하얀 가면』(*Peau noire, Masques blanc*)은 백인의 지배가 흑인에게 끼치는 심리적 영향을 다룬 것이다. 이 책은 1990년대에 부활하여 폭넓게 논의되었는데, 너무도 널리 퍼진 주제인 정체성에 관한 논의엔 여전히 아주 적절하다고 생각된다. 그러나 당시 그를 세계적으로 유명하게 만든 것은 그의 네번째 책이자 마지막 저서인——장뽈 싸르트르가 서문을 쓴, 파농이 백혈병으로 때이른 죽음을 맞기 직전인 1961년에 프랑스어로 출간된——『대지의 저주받은 사람들』(*Les damnés de la terre*)이었다. 이 책은 어떤 의미에서는 미국에서 블랙 파워 운동뿐만 아니라 세계 민족해방 운동의 선언서이기도 했다.

프로이트와 맑스 두 인물의 전통을 철저히 따라 파농은 겉으로 비합리적으로 보이는 것이, 특히 이 운동들의 폭력 사용이 심층적으로는 매우 합리적임을 증명하려고 했다. 따라서 이 책은 논쟁이자 실천의 요구일 뿐만 아니라 합리성의 사회적 토대에 대한 조심스러운 분석을 주장하는, 성찰적 사회과학서이기도 하다. 당시 나는 파농의 저작을 설명하고 옹호하면서 많은 논문을 썼고(Wallerstein 1968; 1970; 1979), 1998년에 국제사회학회의 회장 연설에서 프로이트와 합리성을 논하면서 그 문제를 재론했다(Wallerstein 1999).

1960년대 아프리카에서는 수많은 나라들이 봇물이 터지듯이 독립했다. 그때는 또한 처음으로 독립 이후의 문제들이 불거진 시대이기도 했는데, 콩고 위기뿐만 아니라 많은 나라에서 군사 꾸데따가 시작되었다. 나는 그 동시대의 현장에 대해 강연하고 글을 썼기 때문에 이런 새로운 다양한 사건들을 설명해달라는 요청을 받았다. 나는 신문의 헤드라인을 따라가고 있다고 느끼게 되었는데, 이것은 사회과학자에게 적절한 역할이 아니었다. 1965년에 아프리카 통일운동에 대한 현지조사를 하는 동안 나는 나의 분석에서 공간과 시간의 범위를 확장함으로써 이런 문제들에 새롭게 접근하기로 했다. 나는 아프리카에 있는 세 대학, 즉 가나의 레곤(Legon), 나이지리아의 이바단(Ibadan), 탄자니아의 다르 에스 쌀람(Dar-es-Salaam) 대학에서 이러한 접근법의 최초 세 종류의 예를 발표했다.

이에 반응이 좋아서 컬럼비아대학에 돌아왔을 때 나는 두 가지를 시도했다. 나는 이 확장한 범위를 분석하는 새로운 강좌를 개설했는데, 이런 방법론에 대한 학생들의 호응은 상당했다. 동시에 학과는 나와 테렌스 홉킨즈(Terence Hopkins)에게 '비교분석'의 방법론에 관한 강좌를 개설해달라고 했는데, 우리는 그 제목을 '민족사회들의 비교 연구' 비판으로 바꿨다. 우리는 그런 작업을 수행한 과거의 방식들을 평가하는 논문을 공동으로 쓰기도 했다(Hopkins and Wallerstein 1967).

동시에 우리는, 당시 방법론적으로 비교학적으로 접근한 숱한 논문에서 발견되는 진술들을 체계적으로 추출하면서 대규모 내용분석 프로젝트를 떠맡았다. (여남은 개의 언어를 구사하는) 20여 명의 대학원생을 독자로 선별하여 우리가 궁리한 각각의 논문에 관한 조사표를 채워 넣도록 했다. 우리는 이 거대한 내용분석을 일절 발표하지 않았는데, 그것은 제목에 부응하는 '비교학적인' 성격을 띤 논문의 거의 대다수가 '이국적인' 나라와, 학생들이 자란 나라(대개는 미국)를 비교했기 때문이다. 불행하게도 너무도 많은 학생들이 외국에서 수집한 자료들을 자기 나라의 기억된, 혹은 상상의 (그러나 경험적으로 검토되지 않은) 자료들과 비교했다. 우리는 뭔가가 아주 잘못되었다고 생각했다.

당시 나는 폴란드와 아프리카학 학자들이 발행하는 무명 저널인 『아프리카 회보』(*Africana Bulletin*)를 뒤지다가 마리안 마워비스트(Marian Malowist)가 쓴 놀라운 논문들을 발견했다. 마워비스트는 14세기에서 17세기까지를 다루는 경제역사학자였다. 그는 주로 동유럽을 다뤘으나, 식민주의의 팽창 및 아프리카 서안과 북아프리카 사이에서 14~15세기에 이루어진 금무역을 연구하기 위해 현장을 답사했다(Malowist, 1964; 1966). 이 논문들은 나의 생각을 개진하는 데 두 가지 장점이 있었다. 그 때문에 나는 마워비스트의 다른 논문들을 더 읽었다. 그리고 그의 첫번째 논문에서 나는 페르낭 브로델의 위대한 저작인 『펠리뻬 2세 시대의 지중해와 지중해세계』를 접했다(1949; 1966).[4]

브로델을 통한 16세기 세계의 발견에 더해 민족사회들의 비교연구에 대한 불만이 나쁜 발상을 촉발한 것은 바로 그때였다.

그것이 내 작업의 방향을 틀어서 우연히 세계체제들 분석으로 향하게 했다. 다른 많은 이들처럼, 아프리카와 여타 식민지 독립국가를 '신생국가들'로 묘사해 온 나는 스스로에게 이는 '오래된 국가들이' 있다는 뜻임에 틀림없다고 말했다. 그리고 오래된 국가들은 한때 새로운 국가였음이 틀림없다. 그래서 나는 (본질적으로 서유럽의) 오래된 국가들이 신생국가였을 때, 즉 16세기에 어떻게 움직였나를 조사하기로 했던 것이다. 이것은 내가 나중에 그토록 강하게 거부한 근대화이론을 전제하고 있었기 때문에 나쁜 발상이었다(Wallerstein 1976a). 16세기의 서유럽 국가들과 20세기의 제3세계 국가들은 어떤 경우든 나란히 비교할 수 없는 것이다.

다행히 나는 브로델과 마워비스트 모두를 읽고 있었다.[5] 내가 브로델에서 발견한 것은 이후 내 작업의 핵심이 된 두 개념, 즉 세계경제와 장기지속이었다. 내가 마워비스트에게서(그리고 물론 다른 폴란드와 헝가리 학자들에게서) 발견한 것은 16세기 유럽 세계경제의 부상하는 주변부로서 동유럽이 수행한 역할이었다. 이 세 가지 발견을 더 구체적으로 말해보겠다.

브로델이 『지중해』에서 수행한 작업은 분석단위라는 쟁점을 제기한 것이었다. 그는 지중해세계가 하나의 '세계경제'(world-economy)였다고 주장했다. 그는 이 용어를 세계경제(Welt-wirtschaft)에 대해 언급한 1920년대 독일의 지리학자인 프리츠 뢰리히(Fritz Rörig)의 용법에서 따왔다. 브로델은 이 용어를 '세계의 경제'(économie mondiale)가 아니라 '세계경제'(économie-monde)로 번역했다. 그와 내가 모두 오랜 시간이 흐른 뒤에 분명히 해두었듯이, 이 구별은 결정적이었다. 즉 세계의 경제를 뜻하는 économie mondiale과 하나의 세계로서의 경제를 의미하는 économie-monde 사이의 차이 말이다(Braudel 1984, 1장, 특히 21~24면). 이 차이는 우선 개념적인 것이다. 후자의 개념화에서 세계는 거기에 덩그러니 존재하는, 그 속에서 경제가 건설되는 물화된 실체가 아니다. 그보다는 경제적 관계들이 사회세계의 경계를 정의하고 있다. 두번째 차이는 지리적인 것이다. 첫번째 용법에서 '세계'는 지구와 등가다. 두번째 용법에서 '세계'는 하나의 (그 안에 많은 나라들이 위치한) 커다란 지리학적 공간만을 의미하지만, 지구보다 덜 광범위할 수 있고 대개는 그러하다(그러나 지구 전체를 포괄할 수도 있다).

나는 곧바로 하나의 문제에 직면했다. 로망스어에서는 실제 형용사 대신에 형용사적 명사를 사용해서(즉, économie mondiale에 대립하는 économie-monde) 이렇게 구분하기가 쉽다. 독일어는 철자법상으로 이런 구분을 전혀 허용하지 않는다. 독일어는 명사를 수식해주는 형용사적 명사만을 사용하여 하나의 단어를 형성하기 때문이다. 바로 그렇기 때문에 문맥에서만 이해될 수 있는 뢰리히의 용법이 실제로 주목받지 못한 것이다. 하나의 언어로서 영어는 정자법상으로 어중간하다. 나는 브로델의 용어를 하이픈을 넣어 형용사를 형용사적 명사로 바꿈으로써(world economy 대신 world-economy로) 두 단어가 뗄 수 없음을 가리키고, 그로써 단일한 개념을 나타내는 것으로 번역할 수 있었다(Wallerstein 1991b).

그런 다음 나는 '세계경제'라는 브로델의 개념을 세 가지 양식의 경제행위를 내세운 카를 폴라니(Karl Polanyi)의 개념, 즉 호혜성, 재분배, 교환과 결합했다(Polanyi 1957, 4장: 1967: 1977). 나는 호혜성이 이른바 소체제들, 다시 말해 세계체제들이 아닌 작은 체제들과 관련되고, 호혜성과 교환은 세계체제들의 두 가지 변형태, 즉 세계제국들과 세계경제들과 연관된다고 주장했다.[6] 그런 다음 나는 근대세계체제는 하나의 자본주의 세계경제였고 자본주의는 하나의 세계경제 틀에서만 존재할 수 있으며, 하나의 세계경제는 자본주의 원리로만 작동할 수 있다고 했다. 나는 이런 논지를 내 저작 전반을 통해 기술했다. 이런 주장의 가장 초기 (그리고 가장 널리 알려진) 예는 「세계자본주의 체제의 흥망──비교분석을 위한 개념들」이다(Wallerstein 1974b).

나는 철자법상으로 두번째 문제와 마주쳤다. 브로델과 나는 세계경제들이 삶, 즉 시작과 끝이 있는 유기적인 구조라고 믿었다. 따라서 인류역사에는 복수의 세계경제들이 (그리고 물론 세계제국들도) 있었어야만 했다. 그래서 나는 조심스럽게 세계체제 분석이 아니라 세계체제들의 분석을 논했다. 그것은 분명해 보였다. 단, 1990년대에 격렬한 비판의 근거가 된 안드레 군더 프랑크(Andre Gunder Frank)만 빼고 말이다. 그는 지금까지 단 하나의 세계체제가 있었고 그것은 최소한 2500년간 유라시아 전역을 포괄하고 있었으며 지난 500년간 전세계를 지배하고 있었다고 (따라서 하이픈이나 복수도 필요 없다고) 주장했다.

명백히 프랑크는 한 체제의 경계선들을 정의하는 데 서로 다른 기준들을 사용했다. 이런 상이한 기준들과 함께 자본주의 개념은 토론에 부적절하다는 주장이 제기되었다(자본주의는 언제나 존재하든지 결코 존재하지 않았다).[7]

만약 근대세계에 적절한 분석단위가 세계체제이고, 인류역사에는 복수의 세계체제들이 있었다면, 복수의 사회적 시간대라는 브로델의 개념은 즉각적으로 중요해진다. 브로델은『지중해』를 기본적인 건축술 방식으로 지었다. 그는 그 이야기를 세 가지의 시간대, 즉 단기, 중기, 장기의 관점에서 세 번 말하곤 했다. 그러나 그가 이런 근본적인 결정을 「역사와 사회과학——장기지속」이라는 유명한 논문에서 명료하게 이론화한 것은 조금 지난 싯점, 즉 1958년이었다.

그 논문에서 브로델은, 우리가 예상할 수 있듯이, 세 개의 시간대가 아니라 "아주 긴 시간대"를 더한 네 개의 시간대에 대해 말하고 있다. 그는 이 네 가지 시간대에 개념적인 명칭을 붙였다. 단기는 사건사(histoire événementielle), 중기는 국면사(histoire conjoncturelle), 장기는 구조사(histoire structurelle)이다. 아주 긴 시간대에 대해 그는 "만약 그런 것이 존재한다면, 그것은 현자의 시간이다"라고 말한다(Braudel 1969a, 748면). 이 각각의 용어를 번역하는 데는 어려움이 따르지만[8] 핵심적인 쟁점은 인식론적인 것이다. 브로델은 지난 150년간 사회과학이 이른바 방법론 논쟁, 즉 법칙정립적인 앎의 방식과 개별기술적인 앎의 방식으로 분열되어 있었다는 사실에 초점을 맞췄다. 그는 그것을 사회적 실재의 영원한 진리(매우 긴 기간)만을 보려는 사람들과 모든 것은 특수하며 따라서 반복 불가능하다고(단기간) 생각한 사람들 사이의 분열로 간주했다. 브로델은 핵심적인 사회적 시간대는 사실상 나머지 두 가지이며, 무엇보다 세 가지 특징적인 구조적 제약을 품고 있는 장기지속을 주장하려고 했다. 즉 그것은 언제나 즉각적으로 보이는 것은 아니지만, 매우 오래 지속되며, 매우 천천히 변하지만 영원하지는 않다.

학자들이 우선순위를 매겨야 하는 상이한 사회적 시간대들에 관한 이 브로델적 정언명령 중에서 나에게 가장 직접적으로 영향을 미친 것은 내가 어떻게 『근대세계체제』를 써야 하는가에 대한 것이었다. 그것은 1945년 이후 (정치사회학을 포함한) 사회학에서 표준으로 통한 조직 비교분석의 영원한 진리들을 찾는 것이 아니라, 내가 세계체제들 분석이라고 칭한 설명방식을 통해 근대세계체제라는 단일한 현상을 이야기하는 것이었다. 브로델은 이를 histoire pensée라고 불렀는데, '분석적 역사' (analytic history)로 번역하는 것이 가장 적절할 듯하다. 복수의 사회적 시간들에 대한 브로델의 주장은 훗날 나를 더 큰 인식론적 문제들로 이끌었다.

마워비스트(와 더 큰 동유럽 역사가 집단들)을 통해서 나는 라틴아메리카 경제위원회(ECLA)의 라울 쁘레비시(Raúl Prebisch) 주변에 모인 라틴아메리카 학자들이 최초로 희미하게 윤곽을 그린 주변부 개념에 살을 붙였다. 16세기부터 18세기까지 유럽 '엘베 강의 동쪽'에서 일어난 일을 지칭할 때 사용된

"제2차 봉건제"라는 용어는 오랫동안 상식으로 통했다(우리 학계에서는 '재판 농노제'라는 용어도 사용함—옮긴이). 상식이 아니었고 어쩌면 지금도 여전히 상식이 아닌 것은, 제2차 봉건제가 '첫번째' 봉건제와는 근본적으로 달랐으며 (그에 대한—역주) 하나의 공통 기술어를 공유한 것이 분석적 사고에 아주 큰 손상을 입혔음을 파악하는 것이었다.

'첫번째' 봉건제에서 장원이라는 단위들은 대부분 그들 자신과 아마도 주변 소지역의 소비를 위해 생산했다. 이른바 제2차 봉건제에서 영지들은 원거리 시장에 내다 팔기 위해 물건을 만들었다. 그런 단위가 부상하고 있던 자본주의 세계경제의 핵심이라는 관점은 내 저작과 세계체제들 분석의 근본 주제 가운데 하나가 되었다. 게다가 이른바 제2차 봉건제가 자본주의 체제의 한 특징이었다는 관점은, 자본주의의 본질에 대해 맑스주의자와 자유주의자 모두가 과거에 이론화한 작업에 중요한 함의를 띠었다. 오랫동안 자본주의는 19세기 서유럽의 이미지들, 시장에서 이윤을 추구하는 고용주로부터 (수입의 전부인) 임금을 받는 (종종 새로이 프롤레따리아가 된, '생산수단을 소유하지' 못한) 공장노동자들의 이미지로써 정의되었다. 이런 이미지들이 너무나 강해서 대다수 분석자는 다른 유형의 노동보상으로 조직된 어떤 생산활동(enterprise)도 자본주의적인 것으로 범주화하는 것을 거부했다. 따라서 대부분의 세계는 자본주의적인 것으로 간주될 수 없었거나, 아직은 자본주의적이지 않다고 했다.

이런 19세기적 관점을 거부하는 것이 세계체제들 분석의 전개에서 결정적인 발걸음이었다. 고전적인 자유주의·맑스주의 시각은 국가로(또는 사회들 내지는 사회구성체들로) 명명된 분석단위에서 유사한 방식들로 발생한 발전단계론에 근거했다. 그것은 자본주의가 실질적으로 하나의 체제로서 작동했다는, 우리에겐 분명해 보이는 사실을 간과했다. 즉, 더 부유하고 더 핵심적인 지역에서 광범위하게 이용된 임금노동에서부터 더 가난하고 더 주변적인 지역에서 (그리고 중간의 다른 많은 변종 지역에서) 매우 광범위하게 이용된 강제노동의 다양한 형태들에 이르는 보상노동의 **다면적인** 양식들이 그런 체제에 존재했다는 사실을 간과한 것이다. 고전적인 방법을 따라 국가별로 분석해보면, 각각의 나라에는 상이한 보상노동이 존재했는데, 여기서 분석자들은 언젠가는 가난한 지역들이 부자 지역들의 구조를 본뜬다는 결론을 끌어낼 수 있었거나 끌어냈다. 세계체제들 분석이 주장하는 바는, 세계경제 전역에 걸친 이 차별화된 패턴이야말로 자본가들이 자본을 끊임없이 축적할 수 있도록 하고 실제로 부자인 지역을 더 부유하게 만들었다는 사실이다(Wallerstein 1979, 1부). 따라서 그것은 이행기의 것이거나 고대적인 것이 아니고, 체제를 정의하는 구조적 요소였다.

내가 이런 통찰을 이론화했던가? 어떤 면에서는 그렇다. 하지만 내가 올바로 방향을 잡았음을 확신했음에도 조심스러웠다. 『근대세계체제』를 탈고했을 때 나는 그 책이 분석적 진술로 가득 차 있으며, 일련의 축조적 장치들을 갖추고 있지만 어디에서도 그것들이 체계적으로 배치되지 않았음을 깨달았다. 그런 서술의 정당성보다는 독자의 잠재적인 혼란이 더 걱정스러웠다. 그래서 제1권에 「이론적 재고찰」이라는 마지막 장을 추가했다. 이 논문과 「부흥과 쇠락」은——대개는 다른 이들의 이론작업에 대한 비판과, 몇몇 전제의 변화가 어떻게 결과의 타당성을 증가시키는가를 보여주려는 시도였다——세계체제들 분석에서 내 최초의 이론적 진술이었던 셈이다.

그것이 비판자들에게는 충분치 않았다. 많은 평자들, 심지어 우호적인 인사들까지도[9] 내 이론이 충분히 명료하지 않다고 비판하고——내 기억으로는 "증명할 수 없는 가설들"이라고 했다[10]——명료함이 없으면 나의 노력은 기껏해야 흥미로운 서사에 불과하다고 주장했다. 나는 또한 "페이지를 다 차지하는" 너무 긴 주석들 때문에 욕을 먹었다. 나에게 긴 주석은 경험적 쟁점에 관한 학문적 토론을 분석하려는 의도적인 전략이었다. 나는 쟁점들의 재편성이(이론화가?) 대다수 사람에게 불투명하게 보였던 논쟁을 어떻게 투명하게 만드는가를 보여주고 싶었다.[11]

이론작업이 없다는 비판만 있었던 게 아니다. 경험상의 쟁점에 대해서도 중요한 논쟁이 있었다. 러시아는, 내가 주장했듯이 16세기에 정말 '외부영역'(external area)이었는가, 아니면 폴란드처럼 '주변부'였는가?(Nolte 1982) 내가 어떻게 카를 5세와 세계제국 건설에서 그가 직면한 어려움을 분석하면서 오스만제국을 무시할 수 있었을까? 오스만제국은 정말 유럽의 세계경제에 대해 '외부'였나?[12] 나는 나의 경험적 선택을 옹호할 준비가 되어 있었지만, 그런 비판은 정의를 명확히 해야 하는 (따라서 이

론적인) 과제를 제기했다. 나는 내 입장을 옹호하면서 그런 문
세를 세밀하게 논의해야만 했다.

　이론 차원에서 두 종류의 근본적인 비판이 있었다. 먼저 내가
계급투쟁의 핵심적인 중요성을 심각하게 과소평가하고 자본주
의를 그릇되게 정의했다는 맑스주의자들의 태도였다. 이는 로
버트 브레너(Robert Brenner)의 비판이었는데, 자본주의에 대
한 나의 관점이 적절하게 "계급에 기초한" 관점이라기보다는
(때때로 "유통주의"로 명명된) "시장"으로 편향된 것이라는 비
판이다.[13] 많은 사람들이 읽고 논의한 그 논문에서 그는 나뿐만
아니라 폴 스위지(Paul Sweezy)와 안드레 군더 프랑크도 공격
했다. 우리 세 명은 합동으로든 단독으로든 대응하지 않기로 결
정했다. 나는 많은 논자들에게 반향을 불러일으킨 브레너의 비
판에 대해 다른 방식을 취하기로 했다.

　또다른 근본적인 비판은 이른바 오토 힌쩨(Otto Hintze) 진영
에서 나왔다. 테다 스카치폴(Theda Skocpol)과 아리스티드 졸
버그(Aristide Zolberg) 모두는 세계체제들 분석이 정치적이며
사회적인 현상들을 단 하나의 영역에 집어넣었지만, 분석 층위
에서는 그 현상 등이 분리되어 있고 개별적이며 때때로 모순되
는 전제에서 작동한다고 주장하면서 포문을 열었다.[14] 물론 내
가 수행한 작업에 대한 그들의 지적은 맞았지만, 나는 그것이
오류가 아닌 일종의 이론적인 미덕으로 간주했다. 스카치폴과
졸버그의 논문들도 광범위하게 읽혔다.

　두 이론상의 비판에 대한 내 답변은 "중상주의와 유럽세계경

제의 공고화, 1600~1750년"이라는 부제가 딸린『근대세계체제』2권에서 사실상 찾아볼 수 있다. 나는 거기서 브레너식 맑스주의 해석에 반하여, 여러 가지 형태의——중상주의적, 산업적, 금융적——자본주의가 있는 것이 아니라, 그런 형태들은 자본가들이 이윤을 내기 위한 대안적 방식임을 보여주려고 했는데, 그것은 세계경제 작동에서의 국면 변화에 따라 특정한 자본가에게 좋을 수도 나쁠 수도 있었다. 더 나아가 나는 네덜란드 헤게모니의 도정이 어떤 필연적인 연쇄과정을 구현했다고 주장했다. 그것은 생산활동에서 가장 먼저 (효율성의 면에서) 우위를 차지함으로써 가능했는바, 이는 상업활동에서의 우위, 다시 금융영역에서의 우위로 이어졌다. 네덜란드의 몰락 역시 동일한 연쇄과정을 밟았다. 시장과 국가의 개별 논리라는 가정에 대해서는 나는 그와는 정반대로 단일한 논리가 세계체제 전체에서, 그리고 각 부분에서——(부상하든 몰락하든) 핵심부, 주변부, 반주변부에서——작동했음을 보여주려고 했다.[15]

내가 시도하려던 전술도 분명해졌다. 책의 각 권과 잇따른 권의 각 장은 새로운 경험적 쟁점들을 다루고 전체 설계상의 그밖의 요소들을 제기하면서 점점 최근의 시간대로 나아갔다. 모든 것을 한 번에 논할 수는 없다. 그리고 어떻게 모든 조각들이 함께 들어맞는가는 복잡한 경험적 자료들을 섭렵할 때에만 분명해지거나 더 분명해진다. 더 나아가 나는 분절된 시간들을 겹치는 전술을 활용하기로 했다. 제2권은 1600년에서 시작하는데 반해 제1권은 1640년에서 끝나고, 제3권은 1730년에서 시작하는 데 반해 제2권은 1750년에서 끝난다. 이후의 저서도 그런 구도로 구성될 것이다. 덧붙여, 책의 각 장은 자체의 연대기적 제한이 있지만 때때로 책 전체에 걸쳐 그 제한을 넘어서기도 한다. 이것은 언제나 고정하기 어려운 연대기적 구획들이, 논의되는 문제의 함수임을 내가 굳게 믿게 되었기 때문이다. 사안에 따라서 동일한 사건이 두 개의 상이한 연대기적 구획에 속하기도 한다. 복잡한 이야기를 쓰려면 영리하고 유연한 체계가 필요하다.

또한 지금까지 나는 적지 않은 논문을 써서 여기저기서 출간했다. 논문에서 (또는 대담에서) 세계체제들 분석을 주장하는 동시에 특정한 쟁점을 논하기를 바란다면, 근본 전제와 특정 사례 사이에서 주장의 균형을 맞춰야 한다. 나는 각각의 중요한 논문들에서 최소한 그 전에는 논하지 않은 가치 있는 어떤 것을 말하려고 노력했다. 그러나 나는 물론 내가 이미 말한 많은 것도 반복할 수밖에 없었는데, 그러지 않으면 청중이나 독자가 나의 추론을 따라오지 못할 수도 있었기 때문이다. 이런 논문들을 단행본으로 묶는 것은 논문들을 더 쉽게 구해 볼 수 있게 할 뿐만 아니라 이론의 실타래를 정교하게 하는 미덕이 있었다.

1980년대 초반에 나는 하와이대학으로부터 연속강연을 요청받았다. 그와 동시에 프랑스의 한 출판인은 '자본주의'에 관한 짤막한 책을 써달라고 부탁했다. 나는 책의 제목을 '역사적 자본주의'라고 붙일 수 있다면, 그러겠노라고 말했다. 여기서 '역사적'이라는 형용사는 내게 결정적인데, 그것은 자본주의가 무엇인가를 머릿속에서 정의하고 그것이 실제로 있는지 확인하기 위해 주위를 둘러보는 것은 무의미하다고 주장하고 싶었기 때문이다. 그보다 나는 이런 체제가 어떻게 실제로 작동했는가를 살펴보아야 한다고 주장했다. 더 나아가 나는 유일하게 유효한 분석단위가 세계체제이고 단 하나의 세계경제가 하나의 자본주의체제를 제도화할 정도로 충분히 오래 살아남았기 때문에 지구상에는 단 하나의 자본주의 체제가 존재했을 뿐임을 주장하고자 했다. 이는 물론 내가 위에서 논한, 임금노동을 자본주의체제를 규정하는 특징으로 간주한 견해를 거부한 것과 동일한 쟁점이다. 그 체제는 하나의 세계체제인가 아니면 국가들만큼이나 많은 자본주의적 체제들이 있는가?

그래서 나는 '역사적 자본주의'라는 제목으로 하와이대학에서 강연을 했고, 그것을 개고하여 짤막한 책으로 냈다. 제목을 그렇게 붙였지만 그 책에는 경험적인 역사 자료들이 거의 들어 있지 않다. 그 책은 어떻게 그 체제가 역사적으로 작동했으며 왜 그러했나에 대한 일련의 분석적 진술과 주장이다. 12년 후 나는 홍콩의 중문(中文)대학에서 또다른 연속강연을 요청받았는데, 나는 강연을 역사상의 자본주의적 세계체제에 대한 전반적인 평가를 내리는 기회로 활용했다. 나는 그 강연들을 "자본주의 문명"이라고 명명했는데, 하와이대학의 강연과 묶어 한 권의 책으로 펴냈다(1995b. 한국어 번역본은 『역사적 자본주의 / 자본주의 문명』—옮긴이). 그 책에서 나는 체계적 이론화로 통할 수 있는 것에 가장 가까이 접근하기 위해 노력했다. 여기서 그 책의 내용을 요약할 수는 없지만, 내가 다른 책이나 논문에서 논한 모든 쟁점들을 포괄하려고 시도한 유일한 저서이며, 어떻게 다양한 부분들이 전체에 맞아떨어지는가를 보여주고자 한 것임을 짚어 둔다.

1976년에 나는 동료인 테렌스 홉킨즈와 합류하기 위해 빙엄튼대학으로 갔다. 우리는 '경제들, 역사적 체제들, 문명들의 연구를 위한 페르낭 브로델 센터'(Fernand Braudel Center for the Study of Economies, Historical Systems, and Civilizations, 약칭 FBC)를 설립했는데[16] 그 후로 나는 죽 소장으로 재직하고 있다. 이 센터에는 주목할 점이 세 가지가 있다. 그것은 명칭, 운영방식, 그리고 실질적인 활동이다.

브로델의 이름을 붙인 것은 장기지속, 다시 말해 장기간 거대규모의 사회변화에 대한 연구에 우리가 매진한다는 점을 알리기 위함이었다. 그러나 나머지 명칭들은 저널 『아날』의 부제를 변형한 것이다. 그 부제는 (당시) 모두 복수인 "경제들, 사회들, 문명들"(Economies, Sociétés, Civilisations)을 나타내는 E.S.C였다(1994년에는 "역사, 사회과학"(Histoire, Sciences Sociales)으로 부제가 바뀌었다―옮긴이). 그러나 우리는 "사회들"을 "역사적 체제들"로 바꾸었다. 이것은 의도적인 이론상의 태도를 나타낸다. 일반적인 사회학의 정향(定向, orientations)에서 기본이 되는(Merton 1957, 87~89면) '사회'라는 용어는 우리가 보기에 사회과학을 심각하게 잘못된 방향으로 이끌었다. 실제로 '사회'라는 용어의 경계는 그 앞에 놓인 형용사가 결정해왔다. 근대세계에서는 이런 형용사들은 실질적으로 거의 언제나 국가들의 이름이다. 네덜란드 사회, 브라질 사회 등등. 그래서 이 용어는 분석단위가 국가구조가 되기를, 그로써 현재 국가들을 그 (가정된) 역사적 과거로 확대할 것을 요구했다. 독일 사회는 아마도 약 2000년이 넘는 시간 동안 '게르만 민족들'의 사회였던 것으로 간주되었다. 국가 자체가 1871년에 겨우 생겨났고 그 후 국가 경계 역시 분쟁이 벌어지고 몇 번이나 바뀌었음에도 불구하고 말이다.[17] 우리는 대신 '역사적 체제'라는 용어를 주장했는데, 그로써 (경계선과 메커니즘, 또는 작동 규칙을 가진) 체제적인 동시에 (어떤 순간에 시작되어 세월의 흐름에 따라 진화하고 마침내 위기를 맞다가 사라지는) 역사적인 실체를 의미하려고 했다. 우리가 보기에 '역사적 체제'라는 용어는 장기지속의 개념을 더 정확하게 구체화했다.

페르낭 브로델 센터의 운영방식은 좀 특이했다. 그것은 진일보한 이론적 태도를 반영하는 조직상의 변동을 보여준다. 거의 모든 조직적 연구는 두 가지 방식 중 어느 하나를 따랐다. 하나는 개인(때로는 여러 명)의 연구프로그램인데, 이는 단독으로 하든지 할당 임무들을 수행하는 보조원들의 도움을 받아 수행한다. 보조원을 활용하는 것은 고립된 학자의 기능을 확장하는 것일 뿐이다. 두번째는 협동 형태인데, 여기서는 몇 명의(또는 많은) 학자들이(또는 연구기관들이) 하나의 공통된 사안을 두고 (대개 한 명의 지휘하에) 함께 작업한다. 그 결과물은 대개 각각의 연구자가 쓴 많은 장으로 구성된 하나의 작품으로서, 누군가가 그 개개의 장이 어떻게 하나로 통합되는가를 보여주기 위한 소개밀을 붙이게 된다.

페르낭 브로델 센터는 협동적인(collaborative) 연구가 아니라 집단적이고(collective) 통일된 연구를 제도화하려고 했다. 방식은 한 명 또는 여러 명이 '조율하는' 하나의 공통 관심사 주변에 잠재적 집단을 모으는 것이었다. 이 집단은 연구수행 집단(RWG, Research Working Group)으로 명명된다. 각 집단은 연구 문제를 정의하고 전략을 개발하는 데 상당한 시간을 투여하는데, 일정 싯점에서 집단은 구성원에게 연구 임무를 부여한다. 과제 부여는 협동프로젝트와 집단 단위의 연구를 구분케 한다. 과제 부여의 과정은 집단적이지만 위계적이지는 않다. 연구원들은 집단에 정기적으로 보고하는데, 그러면 집단은 그들의 작업을 비평하고 집단이 새롭게 정의한 임무들을 부여한다. 따라서 그런 작업의 결과는 개별 보고서의 모음이 아니라 여러 사람의 손으로 쓴 통합된 책, 한 주제를 다룬 연구서(monoghaph)로 나온다.[18] 분명히 해두자면, 이런 접근은 이론화에 대해 이 글이 옹호한 자세를 구체적으로 적용하는 것, 즉 성급한 결론짓기를 피하기 위함이다.

덧붙여 이런 접근은 복잡한 지적 문제들을 다루는 작업에는 많은 인력과 기술이 필요하다는 가정과 결합된 것이다. 그 이상으로, 이런 문제들을 다루는 데는 참여자의 다양한 사회적 삶에서 끌어온, 사회적 지식의 다양한 원자료가 필요하다. 페르낭 브로델 센터의 전형적인 연구수행 집단들은 연구자들의 무의식에 묻혀 있는 것을 포함하여, 다양한 종류의 지식을 축적하는 데 핵심적인 요소인 다양한 언어구사 능력이 있는 지구 전역에서 온 연구자들로 구성되어 있었음을 지적해야겠다.

실질적인 활동에 대해서 말하자면, 연구수행 집단은 세계체제들 분석의 논리에 따라 탐구할 필요가 있는 광범위한 주요 영역들을 다년간 연구해왔다. 여기서 핵심어는 탐구다. 각각의 주제는 방대하다. 각 주제에 관해 적절한 자료를 자리매기는 데, 아니 사실상 만들어내는 데 엄청난 어려움이 있었다. 각각의 주제는 우리가 구축하려는 통합된 이론구조를 구체화하는 데 작은 발걸음을 내디뎠다. 어떤 것도 주의 깊게 서술된 반증가능한 전제들을 가지고 있지 않았다. 그보다는 각 주제는 어느 정도 새로운 개념화 작업을 하면서 불완전하고 불충분한 자료——하지만 우리가 현재 상황에서 가진 최선의 자료이거나 적어도 우리가 그렇다고 생각한 자료——를 사용했다. 그리고 각자는 가정된 이론적 지식의 기존 정전들을 다시 쓰려고 했다.

모든 집단이 그 정도로 성공한 것은 물론 아니다. 어떤 연구프로젝트는 파기해야만 했다. 그러나 끝까지 수행해서 결과를 내놓은 프로젝트에는, 세계체제의 주기적 리듬과 장기적 경향의 관계, 초국가적 상품 연쇄의 기능, 국가간 체제에서의 패권과 경쟁, 지역성과 반주변부, 외부지역의 통합과 그에 따른 주변부화, 반체제운동들의 패턴들, 가계들(households)의 창조와 변모, 인종주의·성차별주의와 보편주의 사이의 긴장, 사회과학의 역사적 기원들과 전개, 1945~2025년 세계체제의 궤적, 두 문화의 기원들과 인식론에 대한 도전, 그리고 현재는 다들 세계화라고 부르지만 우리는 "위기, 안정, 또는 변화?"로 인식하는 거대한 프로젝트 등이 있다.[19] 각각의 프로젝트는 대개 3년에서 10년에 이르는 집단적인 작업이 필요했다.

다른 연구기관처럼 페르낭 브로델 센터도 이같은 활동에 필요한 자금을 끊임없이 찾아나섰고 따라서 프로젝트들을 여러 재단에 제출했다. 우리가 국립과학재단(National Science Foundation)이나 심지어 국립인문학진흥재단(National Endowment for the Humanities)에 지원했을 때도 늘 외부 평가는 열광과 깊은 회의가 반반이었다. 중립적인 평가자는 거의 없었다. 지원금을 받을 때도 있었고, 그렇지 못할 때도 있었다. 그러나 깊은 회의는 언제나 방법론적인 문제에 집중되었는데, 그것은 우리가 제안한 연구방법이 충분히 실증적이지 못하고, 따라서 몇몇 평가자의 관점에서 볼 때 충분히 과학적이지 못하다는 정도였다. 누군가 당대세계에 대해 분석이 행해지는 방식을 재구성하려고 한다면 자료, 심지어 어떤 견고한 이론적 설명으로 뒷받침되는 자료를 제출하는 것으로도 부족하다는 것을 우리는 약 20년 전에 깨달았다. 우리는 우리가 알고자 하는 것을 어떻게 아는가 하는 의문, 또는 더 적절하게는, 사회과학의 타당한 인식론적 문제와 씨름해야만 했다.

1980년대에 어떤 이는 문화연구라고 하고 어떤 이는 포스트모더니즘 또는 포스트 뭐라고들 하는 광범위한 세력이 우리 작업에 두번째 도전을 제기했다. 이들 비판자가 보기에 문제는 검증할 수 없는 가설을 우리가 너무 조금 제기했다는 것이 아니라 오히려 너무도 많이 제기했다는 데 있었다. 세계체제들 분석은 아무리 최신의 것이라 하더라도 쓰레기통에 던져야 하는 또하나의 "거대서사"에 지나지 않는다고 했다. 우리가 세계 사회과학의 정체상태에 도전하고 있다는 환상에 사로잡혀 있었을 수도 있다. 그러나 이런 비판자들의 눈에는 우리가 그 정체상태의 구현이었다. 우리가 문화를 무시하는 치명적인 죄악을 저질렀다는 것이다.[20]

페르낭 브로델 센터가 그러했듯이 나도 이런 문제들에 주목했다. 나는 이것이 단지 쟁점을 전개하는 문제에 지나지 않는다고 주장할 수 있었지만(동시에 모든 것을 할 수는 없는 것 아닌가), 분명히 쟁점은 발등에 불이 떨어질 경우 늘어난다. 따라서 내가 그때 일리야 프리고진을 발견한 것을 행운으로 생각한다(그러나 지식의 역사에서 결코 우연은 없는 법이다). 나는 그를 전혀 몰랐지만 1981년의 한 학술대회에서 그의 발표를 들었을 때 내가 오랫동안 혼란스럽게 느낀 점을 누군가 그토록 명료하게 표현하는 것을 듣고 정말 놀랐다. 그리고 이 문제의 인물이—다른 것은 말할 것도 없이—화학 분야에서 노벨상을 받았다는 사실은 당시 나에게는 충격이었다.

프리고진은 화학자로 훈련받은 사람이다. 역사적으로 볼 때 물리학자는 화학자에게 불충분하게 뉴턴적이라고, 다시 말해 불충분하게 실증적이라고 비난해왔다. 화학자들은 열역학 제2법칙 같은 현상을 끊임없이 설명했는데, 그것은 고전역학의 전제들, 예컨대 시간가역성을 부정하는 듯한 방식이었다. 이런 설명 또는 법칙은 잠정적인 공식으로, 본질저으로 불완전한 지식의 결과로, 그리고 궁극적으로는 더 순수한 뉴턴적 관점에서 기술되고야 말 화학자들의 분석이라고 물리학자들은 주장했다. 프리고진은 '소산과정들'에 관한 연구로 1977년에 노벨상을 받았지만, 사실은 떠오르는 광범위한 영역인 '복잡계 연구'에 핵심적인 비평형과정의 물리학 분석에서 주도적이었기 때문에 수상한 것이다. 게다가 그는 연구를 계속함에 따라 더 대담해졌다. 그는 더이상 단순히 비평형과정이 평형과정에 더해서 존재한다고 주장하지 않았다. 그는 [오히려] 평형과정이 물리적 실재의 매우 특수하고 예외적인 사례이며, 그 점이 바로 고전물리학의 본령인 역학적 계(界)들에서 증명될 수 있음을 매우 분명하게 말하기 시작한 것이다.[21]

여기서 나는 그의 주장을 세세하게 검토하지는 않을 것이다.[22] 나 자신의 분석과 사회과학 전반에 대한 나의 견해에서 핵심은, 프리고진이 구성한 이론의 서로 연관된 두 요소들이다. 첫번째는 모든 실재, 물리적이고 따라서 사회적인 실재의 근본적인 불확정성(indeterminacy)이다. 이때 불확정성이 무엇을 뜻하는지는 분명히 해두어야만 한다. 그것은 질서와 설명이 존재하지 않는다는 입장이 아니다. 프리고진은 실재는 '결정주의적 혼돈'의 양식으로 존재한다고 믿는다. 다시 말해 질서는 항상 잠시 존재하지만, 곡선이 '분기점'에(즉 방정식들에 대해 두 개의 똑같이 타당한 해법이 있는 지점에) 도달할 때 필연적으로 스스로를 해체하고, 분기점에서 실제로 행한 선택은 **본질적으로** 미리 결정될 수 없다는 입장이다. 그것은 우리의 불완전한 지식의 문제가 아니라 선지(先知)의 **불가능성**의 문제다.

이후 나는 프리고진의 입장이 '배제되지 않은 중도' (결정된 질서와 설명할 수 없는 혼돈)에 대한 요청이며, 이런 견지에서 특수주의와 영원한 보편주의라는 배타적인 대립항으로서의 두 극단을 거부하고 스스로를 필연적으로 해체하고 어떤 종점을 향해 가는 질서(구조적 시간)를 주장한 브로델의 입장과 완전히 같은 방향임을 주장했다. 프리고진의 입장은 세계체제들 분석에 두 가지 영향을 끼쳤다. 하나는 심리정치적인 것이고, 다른 하나는 지적인 것이다.

심리정치적인 영향이 과소평가되어서는 안된다. 법칙정립적 사회과학은 모델이자 제약으로서 뉴턴적 진리들의 절대적 정당성에 기반한다. 물리학자가 그런 진리들에 타당한 방식으로 도전하고 그 도전이 물리학 내부에서 진지하고 실질적인 지식운동의 핵심적인 부분이 되는 것은, 낡은 과학적 방법론들(가령 방법론적 개인주의)을 고수하는 사람들이 개진하는 주장들의——사회과학 내부에 그토록 만연한——위협적인 효과를 상쇄한다. 그 방법론들을 만들어낸 물리학자들이 그것들을 다시 생각하고 (내가 주장했다시피) 탈피하는(unthinking) 이때에, 즉 그런 방법론들을 우리의 내면화되고 그래서 잠재의식적인 가정에서 제거하는 이때에 말이다.[23]

지적인 영향은 더욱 중요하다. 프리고진의 작업은 어떻게 세계체제들을 분석하는가는 물론 그 어떤 사회과학을 연구하는 데에도 직집직으로 영향을 끼친다. 그의 작업은 구조의 밑식이 유지되고 과정이 평형상태로(우리는 그것을 세계체제의 "주기적 리듬들"이라고 부른다) 회귀하는 경향이 있을 때는 어떤 구조의 '정상적인' 발전 개념에 딱 들어맞는 것으로 자리매길 수 있게 하고, 이 '정상적인'('장기적 추세들'의 형태를 띠는) 발전의 시기와 구조적 위기의 국면들을 구별하게 해준다. 구조적 위기의 국면들은 체제가 평형에서 '멀리 벗어나' 분기점으로 향하는 때다. 그 지점에서는 현존 체제가 계속 존재할 수 없음을 예측할 수는 있지만, 어떤 행로를 취할지는 알 수 없다. 반면에 분기점에서는 곡선의 진폭이 더 급격하기 때문에 모든 투여는 더 의미심장한 영향을 끼치는데, 이는 커다란 투여도 작은 변화만을 낳는 '정상적인' 시기에 일어나는 현상과 정반대다.

우리는 이제 이것을 모든 체제들 중에서 가장 복잡한 체제인 사회체제들의 변형모델로 받아들일 수 있게 되었다. 브로델과 프리고진을 따라 그런 체제들에는 삶, 즉 시작과 정상적인 발전, 말기의 위기가 있다고 주장할 수 있다. 이 말기 위기의 경우, 사회적 행위는 정상적인 발전의 시기보다 훨씬 큰 영향을 끼친다. 우리는 이를 '자유의지'가 우세한 시기로 규정할 수 있다.[24] 그리고 우리는 그런 규정을 근대세계체제 분석에 적용할 수 있다. 그래서 페르낭 브로델 센터의 집단 저작인 『이행의 시대 — 세계체제의 궤적, 1945~2025』(*The Age of Transition: Trajectory of the World-System, 1945~2025*)(1996)에서 우리는 1945년에서 1990년에 이르는 세계체제의 여섯 개 벡터에 관한 분석에 근거를 두고 세계체제는 구조적 위기에 처했고 분기점에 직면하고 있다고 주장했다.[25]

프리고진의 두번째 공헌은 시간가역성이 불합리하다고— 열(熱)의 과정과 사회의 과정에서처럼 그것이 명백히 불합리해 보이는 곳에서뿐만 아니라 물리적 실재의 모든 측면에서조차 불합리하다고 주장한 셈이었다. 그는 이서 에딩튼의 잊힌 용어인 '시간의 화살'을 받아들여, 전체로서의 우주는 말할 것도 없이 심지어 원자조차도 시간의 화살에 의해 결정된다고 주장했다. 여기서도 그는 브로델과 힘을 합하는데, 이런 주제가 물리학자에 의해 제기되었다는 것 또한 결정적이다. 물론 사회적 체제들은 역사적 체제들이며, 어떤 층위에서든 어떤 분석도 시간의 화살을 고려하지 않을 수 없다는 우리의 주장에 신빙성을 더해주었다.[26]

우리는 인식론 논쟁의 소용돌이 속으로 던져졌는데, 논쟁은 결국 과학적인 것일 뿐만 아니라 철학적인 것이다. 이 쟁점들은 세계체제들 분석의 중심으로 이동했다. 우리의 공헌은 이런 논쟁의 진화를 근대세계체제의 한 과정으로, 그 지구문화의 필수불가결한 반영으로 이해한 것이었다. 나는 이 쟁점들을 『사회과학으로부터의 탈피』(*Unthinking Social Science*, 2001, 초판 1991)에서 다뤘다. 그리고 1993년에 굴벵끼안(Gulbenkian) 재단의 후원으로 사회과학들의 역사적 진화를 연구하고 그 가능한 재구조화를 연구하기 위한 국제위원회를 소집했다.

위원회의 구성은 그런 과제의 핵심적인 부분이었다. 우리는 위원회가 실제로 활동할 수 있도록 작은 규모로 꾸리기로 했다. 그래서 10명으로 정했다. 우리는 사회과학의 여타 분과학문 출신 사람들을 구하기로 했다. 물리학 분야와 인문학 분야의 전문가도 찾기로 했다. 그 비율은 6:2:2로 정했다. 전세계에서(5개 대륙 모두에서) 사람들을 모집하기로 하고, 다른 언어권(4개로 하기로 했다) 출신의 사람을 구하기로 했다. 10명 제한 때문에 모든 것을 포함할 수는 없었지만, 거의 그렇게 했다. 우리는 또한 거대한 인식론적 쟁점에 관심을 표명했던 사람들을 원했다.[27]

그 위원회의 보고서인 『사회과학의 개방』(*Open the Social Sciences*, Wallerstein et al. 1996)은[28] 네 개의 장으로 구성된다. 1장은 18세기부터 1945년까지 사회과학의 역사적 구성에 관한 것이다. 2장은 1945년 이후 벌어진 세 차례의 주요 논쟁, 즉 사회과학들의 구별의 유효성과 그 유산의 편협성 정도, '두 문화'의 현실과 유효성 등을 다룬다. 3장은 '우리는 이제 어떤 종류의 사회과학을 건설할 것인가?'를 묻고 네 가지 쟁점을 논한다. 그것은 인간과 자연, 분석의 기본 단위로서의 국가, 보편과 개별, 객관성이다. 마지막 장은 사회과학의 재건에 관한 결론이다.

사회과학의 역사적 구성과 현재 지적 딜레마들에 대한 이해에 기여하려고 한 점 외에도 보고서는 또한(비록 소규모 방식이기는 하지만) 더 포괄적인 구도인 '두 문화'의 역사적 구성을 환기한다. 우리가 보기에 세계체제들 분석의 다음 단계는 지식의 바로 그 범주들이 어떻게 존재하게 되었으며, 그런 범주들이 세계체제를 작동시키는 데 어떤 역할을 했고, 그것들이 어떻게 세계체제들 분석 자체를 만들었는가를 이해하는 것이다. 여기서는 페르낭 브로델 쎈터에서 진행중인 작업을 소개할 수 있을 뿐인데, 연구대상으로 이것만을 취했다. 즉 '철학'과 '과학'의 구별이 18세기의 근대적 사유에 왜 그토록 중요했는가에 대한 것인데, 그전에는 대부분의 사상가들이 두 개념이 서로 적대적이지도 않을뿐더러 서로 겹친다고(심지어 실제로는 동일하다고) 생각했음을 보여주기는 쉽기 때문이다. 우리는 또한 이런 구별에 대한 일련의 도전들이 왜 1945년 이후, 특히 1970년 이후 수많은 영역에서 나타났는가를 연구하고 있다. 우리는 이런 도전을 세계체제의 구조적 위기와 관련지으려고 노력하고 있다(Lee 1996).

앤서니 기든스(Anthony Giddens)와 조너선 터너(Jonathan Turner)가 묶은 1987년 책에 나는 패러다임에 대한 논쟁을 요청하면서 '세계체제 분석'을 논한 논문을 실었다. 논문은 다음과 같이 시작한다. "'세계체제 분석들'은 세계나 세계의 일부에 관한 이론이 아니다. 그것은 19세기 중반 처음 태동할 때 사회과학적 활동이 우리 모두에게 구조화된 방식에 대한 문제제기다." (Wallerstein 1987, 309면) 나는 훗날인 1989년에 「세계체제분석―제2의 국면」이라는 제목으로 강연을 했다(Wallerstein 1990b로 출간됨). 거기서 나는 아직 해결되지 못한 수많은 과제들의 윤곽을 그렸다. 나는 핵심적인 쟁점, "가장 까다로운 문제"는 세 개의 사회적 영역, 즉 경제·정치·사회문화의 구분을 어떻게 극복해야 하는가에 있다고 말했다. 세계체제 분석가들, 심지어 나 자신도 너무나 밀접하게 연결된 세 영역을 분리하는 것이 기만임을 목청 높여 외치긴 했지만, 그럼에도 세 영역의 언어를 계속 사용하면서 거기서 빠져나갈 수는 없었음을 지적했다. 그리고 2000년에 『영국 사회학 저널』(*British Journal of Sociology*)이 주최한 밀레니엄 씸포지엄에서 나는 '역사적 사회과학'으로 명명한 어떤 새롭고도 재통합된 학문의 건설을 위해 사회학자들에게 함께 나아가자고 제안했다(이 책의 10장을 참조).

여전히 나는 세계체제들 분석이 무엇보다 이론의 영역을 포함해 사회과학이 행해지는 방식에 대한 문제제기라고 믿는다. 여전히 나는 사회적 행위를 세 영역으로 분리한다는 바로 그 관념을 물리치는 기술방식을 어떻게든 찾아야만 한다고 생각한다. 나는 사회과학 분과학문들의 역사적 범주화는 더이상 어떤 지적인 의미도 없다고 생각한다. 그러나 만약 우리가 계속 문제제기를 한다면, 그것은 우리가 소수로 남아 있기 때문이다. 이 '핵심적인' 이론적 난제를 풀지 못한다면, 우리가 소수로 남는 것은 당연하다. 왜냐하면 그것을 풀지 않고서는 신성화된 분과학문 범주들의 부적절함을 다른 이들에게 확신시키기 어렵기 때문이다.

따라서 우리는 힘겨운 싸움을 하고 있지만 이 싸움이 체제적 변혁의 핵심이며, 우리는 그런 변화를 겪으며 살고 있고 얼마간의 세월을 계속 살아갈 것으로 믿는다. 결론적으로 여전히 나는 우리의 노력이 가치 있다고 생각한다. 그러나 더 나아가기 위해서는 많은 목소리와 비판에 열려 있어야만 한다. 그렇기 때문에 여전히 나는 우리가 하는 작업을 하나의 이론으로 간주하는 것은 성급하다고 믿는다.

분과학문의
딜레마

제7장

과학을 추구하는 역사학

> 전근대적 또는 야만적 (…) 정신이 당연시한 구조, 즉 신화는 계몽
> 된 계급이 용인하지 않은 유일한 믿음이었다. 신화에 대한 불신은
> 근대적 세계관의 우월성을 내세우는 데 꼭 필요한 것으로 보였다.
>
> ── 바씰리스 람브로포울로스(Vassilis Lambropoulos 1993, 162면)

만약 신들이 인간의 활동을 직접적으로 관장한다면, 그런 활
동을 설명하는 일은 매우 신성한 의무이며, 신들의 의도에 충실
함으로써만 달성될 수 있을 것이다. 그러나 인간의 활동이 전적
으로 인간의 책임 아래 있다면, 그것을 설명하고 분석하고 해석
하는 데 어떤 권위도 참조할 필요가 없을 것이다. 근대과학은
마법적인 것에 대립하는 자연적인 것을 설명하는 학문으로 스
스로를 정의했다. 과학은 마법을 현실의 의미 있는 범주로 받아
들이지 않았다. 마법은 환상이었다. 사람들이 환상을 믿는다는

사실은 실재했고, 과학적 분석의 대상이었다. 그러나 과학자가 마법의 유효성을 선험적으로 거부하는 경우에만 환상은 분석대 상이었다.

역사학——아마도 19세기와 20세기에 쓰인, 근대 역사학이라 고 해야 할 것——은 그런 과학적 열정의 산물이었다. '있는 그 대로'의 역사는 계시된 진리와 사색, 그리고 허구, 즉 마법을 실 재의 의미 있는 범주로 받아들이지 않았다. 그것들은 환상이었 다. 그리하여 적어도 200년 동안 역사학은 과학을 추구해왔다.

그러한 추구는 계속되었고, 객관성을 호출하는 끊임없는 기도 (祈禱)에 새겨져 있다. 객관성이 위선적인 방법으로 추구되었다 는 사실은 중요하지 않다(Novick 1988; Diamond 1992). 알 수 있는 객관적 사실에 대한 믿음은 200년 동안 세계 역사가들을 지배한 신조였다. 이들이 사용한 기본 자료는 이른바 일차문헌들로서, 사건들이 발생한 당시 어떤 이유 때문에 사건들을 기록한 문서 내지는 사실상 그 사건들 자체였다. 이차문헌들은 그 자체는 일 차문헌이 되지 못하면서 문헌들, 심지어 일차문헌들을 사용한 것들로 정의되었다. 이차문헌들은, 사건에 참여하지 않은, 동기 가 불확실한 사람들이 지식회로에 침입했기 때문에 의심스러운 증거였다. 그러나 심지어 일차문헌으로 보이는 것조차 의심받 았다. 그런 모든 자료들은 사료비판(Quellenkritik)에 의해 신빙 성을 감정받아야 했다.

원전연구로서의 사료비평(source criticism)은 확실히 역사서 술에서 매우 논란이 되는 교설이다. 그것은 무엇보다 오랫동안 유럽인들이 절대적으로 확실한 일차자료로 받아들인 성경에도 사료비평이 적용될 수 있다는 것을 몇몇 사람들이 두려워했기 때문이다. 사료비평은 성서의 과학적 연구(고등비평 Higher Criticism)라는 형태로 성서에 적용되었는데, 그것은 근대 역사 서술의 혁명과 함께 시작했다. 그래서 역사가들은 자연과학자들과 합세하여 교회와, 적어도 계시된 진리를 교조적이고 글자 그대로 해석하는 모든 세력과 싸웠다. 많은 저명한 역사가들이 독실한 신자들이었다는 것은 중요하지 않다. 뉴턴도 독실하기는 마찬가지였다. 중요한 것은 역사가들의 본질적으로 세속적이고 과학주의적인 주장들이다. 즉 자연스럽게 진화하는 실재 세계가 있고, 그 세계 역사도 알 수 있다는 것이다.

그런데 어떻게 역사가들이 대부분 과학의 적대자로, 스노우가 언급한 다른——더 문학적인——문화의 일부로 분류되었는가? 어떻게 대다수 역사가가 법칙정립보다는 개별기술의 사회과학자들이었는가? 그들의 반(反)법칙정립적인 입장을 부추긴 주된 동기는 아이러니컬하게도 "과학의 추구"였다. 역사가들은 자신들의 철학적 이미지, 그리고 역사철학이라고 명명된 것의 이미지에 사로잡혔다. 그들은 철학에 반발했는데, 철학은 연역적이고 사색적인, 따라서 허구적 또는 마술적인 것으로 간주되었다. 성인전(聖人傳)을 쓰라는 사회의 압력으로부터 벗어나려고 분투하면서, 그들은 경험적인 것 그리고 실제 '사건들'의 '출처들'을 규명하는 일에 매달렸다. 법칙정립적으로 되는 것은 '이론화하는 것', 그러므로 '사색하는 것'이었다. 그것은 '주관'에 빠져서, 알 수 있는 것을 넘어서거나 심한 경우에는 현실을 부정확하게 편견으로써 묘사하는 것이었다.

사회학자들이나 경제학자들의 작업을 관찰한 역사가들은 대개는 극히 빈약한, 기껏해야 의심스러운 출처에 근거한 그들의 일반화에서 정당화되지 않는 (그리고 정당화할 수 없는) 추론의 비약을 보았다. 그런 생각에 기초한 역사가들은 다소 성급하게 모든 사건들이 나름으로 독특하기 때문에 사회적 사건에 대한 일반화는 모두 합당하지 않다고 일반화하는 경향이 있었다. 당연히 역사는 되풀이되지 않는다. 반복한다고 말하는 것은 우화를 만들어내는 것이다. 우리는 같은 물에 두 번 들어갈 수 없다.

만약 법칙정립적 사회과학자들이 개별기술적 역사가들에게 모든 설명은 이론적이라고, 또한 설명은 현상들이 범주화될 수 있고 법칙과 같다는 (즉, 반복적이라는) 가정에 필연적으로 기초한다고 대답하면, 개별기술적 역사가들은 그런 설명이 불활성 물질, 심지어는 대부분의 살아 있는 유기체에게 적용될 수는 있어도 역사 연구에는 적용할 수 없다는 입장으로 물러서는 경향이 있었다. 왜냐하면 인간은 자기를 의식하는 행위자여서 자율적이고 예측할 수 없기 때문이라는 것이다. 역사가들은 인간의 의지라는 실체가 일반화를, 즉 인간행위의 예측을(심지어 사후에 설명하는 것조차) 불가능하게 한다고 주장했다. 이런 식으로 역사가들은 과학을 추구하면서 철학과 계시된 진리를 거부하는 한편, 종국에는 자신들 인식론의 근간인 영혼의 유일무이성에 의지했다.

그렇다면 이런 질문이 자연히 따라 나온다. 만약 일반화가 근본적으로 불가능하다면 역사서술이 무슨 의미가 있겠는가? 논리적으로 그에 대한 단 하나의 답이 가능한바, 그것은 감정이입적 통찰이었다. 일어난 사건의 이야기를 재구성함으로써 독자는 또다른 이야기를 이해하게 된다는 것이다. 이런 정당화는 미학적·도덕적인 것인데, 이는 연극의 효용에 대한 극작가들의 답변과 유사한 것이다. 그 대답은 해석학적 에너지가 집중되는 대상(hermeneutic cathexis)이다. 아날학파처럼 이 대답이 충분하지 않다고 생각하는 사람들도 있다. 아날학파의 역사가들에 따르면, 현실을 설명하는 본연의 목적에 충실하기 위해 역사는 답이 요구되는 질문을 스스로에게 던져야 했고(문제 중심의 역사histoire-problème), 그 결과 분석적일 수밖에 없었다고 했다(histoire pensée). 그런 정의를 고려해볼 때, 아날학파의 역사가들은 비록 자기를 작업의 본질적 요소인 서사와 문체를 포기하지 않았다고 해도 과학적 기풍을 받아들이는 데는 덜 주저했다.

경험주의적·실증주의적·개별서술적 역사가들과 분석적·사회과학적 역사가들 사이의 싸움은 볼만했다. 하지만 나는 두 진영 사이에 존재하는 인식론적 차이가 실제로 있었다 해도 그 간극은 그들이 내세운 것보다 훨씬 작았다고 주장하고 싶다. (어느 한쪽만이 아닌) 두 학파 모두 '과학을 추구했다.' 그 증거로는 더 '인문주의적'으로 간주된 (그러므로 반과학적으로 인식된) 진영이 언제나 과학적 혹은 과학주의적인 용어인 '실증주자'로 명명되었다는 사실을 적시하는 것으로 충분하다.

두 학파들은 모두 '해석'에—표면 아래의 실재, 어느 정도 은폐된 의미를 추구하는 것이 해석이라면 그런 것에—몰두했다. 오랜 기간 지배적이었던 근대 역사서술의 '실증주의적' 주류와 '반체제인' 분석적 역사가들 사이의 진정한 차이는 해석을 해야 하는가 하지 말아야 하는가가 아니라, 그들이 찾는 숨은 의도들이 개인적인 동기의 의도인가 아니면 집단적인 심지어 객관적인 세력의 의도인가였다. 이것은 분명히 진정한 논쟁이지만, 인문주의와 과학 사이에 존재한다고 간주된 차이를 둘러싸고 벌어진 것은 아니다.

그럼에도 만약 누군가 역사가들, 오늘날의 역사가들에게 말을 건다면, 우리는 이들 중 많은 수가, 어쩌면 거의 대다수가 두 문화의 현실을 믿으며 역사를 기술하는 것과 과학 활동을 하는 것을 별개로 생각한다는 것을 발견하게 될 것이다. 이 역사가들은 자기들이 '과학을 추구했다'는 주장에 놀랄 것이다. 그것은 그들이 인간활동으로서의 과학의 본질을 잘못 이해했기 때문이다. 그러나 역사가들이 잘못 이해했다면, 그것은 무엇보다 자연과학자들이 자신들의 활동을 잘못 파악하고 잘못 진술했기 때문이다. 그들은 기만적이고 이기적인 신화들을 만들어낸 것이다.

과학의 자기기만은 수백 년간 계속되었다. 그러나 마침내 변하고 있다. 우리가 '신과학'으로 뜻하는 바가 바로 그것이다. 신과학은 무엇보다 전통적인 과학의(즉 뉴턴, 베이컨, 데까르뜨 과학의) **신화들**에 대한 공격으로 보인다. 신과학은 평형과 선형성이 존재하지 않는다고 주장하는 것이 아니다(Lee 1992). 평형과 선형성이란 실재에 대한 통계적으로 지배적인 표현방식이 아니며 빈번하지 않은 특별한 경우이고, 우리가 대처해야 하는 핵심적인 실재는 분기의 비결정성이라는 것이 신과학의 주장이다. 신과학은 수학적 계산이 부적절하다고 말하지 않는다. 신과학은 정확성에 대한 가차 없는 탐구가, 더 중요하고 안정되고 현실적인 기준을 획득하는 걸 방해하는 것은 아닌지 묻는다. 신과학은 현실에 대한 기술이 어떤 권위에 의해서 정해지는 것이 아니고 항상 경험적 검증대상이 된다는 관점을 포기하지 않았다. 그러나 중립적 관찰자가 있을 수 있다는 이론적 가능성은 거부한바, 그것은 관찰이 (종종 중요하게는 하이젠베르크의 불확정성 원리에서처럼) 항상 현실을 바꾸고, 현실을 관찰하는 도구인 이론틀이 ―― 토머스 쿤의 패러다임 이론에서처럼 ―― 사회적으로 수정되는 사회적 구성물이기 때문이다. 신과학은 최소한 진리에도 사회적 역사가 있으며, 과학의 진보는 과학자 공동체가 제기하는 주장에 대한 우리의 신뢰에 많이 의존한다는 것을 알고 있다(Shapin 1994 참조).

무엇보다 신과학은 시간의 화살에 따라 끊임없이 복잡해지는 현실의 복잡성을 강조하고, 우리의 연구도 그러한 전제들에 기초해 조직할 것을 요구한다. 이는 역사가들에게는 희소식인데, 그것은 그들이 추구하는 것과 깊이 조응하는 과학적 분석 양식을 마침내 찾아냈음을 뜻하기 때문이다. 그들은 마침내 개별서술적 인식론과 법칙정립적 인식론의 논쟁을 부적절하게 만드는 과학을 만났다. 그들은 결국 역사로서의 자연과학과 만나게 되었다. 따라서 앞으로 자연과학을 역사로 부를지 역사를 자연과학이라고 부를지는 정서와 관례의 문제, 즉 작은 의미론적 거품에 지나지 않는다.

예컨대 분자구조를 연구하는 학생들이 이용하기에 가장 유용한 기술은 무엇이고 그들이 추구해야 하는 최고의, 가장 흥미로운 문제는 무엇인가를 여기서 판단하자는 말이 아니다. 나는 다만 역사적 사회과학이 어디로 향해야 하는지에 대해 몇 가지 제안을 할 뿐이다. 나는 역사학이 과학을 새롭게 추구해야 한다고 믿는다. 근대 초기에 우리 정신으로 들어와 세계관으로 고착되고 19세기에 학문의 범주와 방법론으로 제도화된 가정과 전제들을 제거해야 한다. 신과학이 우리를 찾아나서듯이 우리도 새로운 과학을 추구해야 한다.

19세기에 이르러 중세의 철학부는 세 개의 주요 학부로 제도화되었다. 자연과학과 인문학 그리고 그 사이에 '제3의' 문화로서 불편하게 자리 잡은 사회과학이 그것이다. 오늘날 이런 경계의 의미, 즉 사회과학과 자연과학의 경계와 사회과학과 인문학의 경계의 의미는 흐려지고 있다(Santos 1992 참조). 게다가 사회과학 내부에서도 개별 학문들이 상당히 중복되거나, 완전히 겹쳐지는 현상이 일어나고 있다. 해결책은 결코 '다분과학문'(multidisciplinary)이 되는 데 있지 않다. 왜냐하면 다분과학문은 분과학문들의 불합리성을 극복하기는커녕 그것들의 견고함을 전제하기 때문이다. 오늘날 '분과학문들'은 모래알 크기로 줄어들었기 때문에 다분과학문은 사상누각이다.

그 대신 우리가 앞으로 해야 할 일은 19세기적 사고의 전형적인 이율배반과 씨름하면서 그런 이율배반이 그릇된 딜레마임을 보여주고 극복할 방법을 모색하는 것이다. 그로써 우리 앞에 놓인 역사적 선택을 더 효과적으로 설명하고 대처할 수 있게 하는 새로운 프로그램의 분업이 가능할 것이다. 나는 그러한 세 가지 이율배반들——법칙정립과 개별서술, 사실과 가치, 미시와 거시——을 논한 후에, 시장·국가·사회라는 사회영역의 개념적 삼위일체가 갖는 유용성을 짚어보겠다.

법칙정립과 개별서술이라는 경쟁적인(어떤 이에게는 상호배타적인) 인식론의 모순은 뉴턴과학의 가정들에 기초한다. 거기서 시공간(TimeSpace)은 외부의 영원한 매개변수인데, 과학자들은 항상 그 변수의 가치들을 분석에서 제거하려고 한다. 만약 그런 제거가 우리의 출발점이라면, 그것은 하나의 법칙정립적 인식론을——모든 시공간에 적용되는 (현실적이고 가능한) 포괄법칙의 탐구를——가리킨다. 따라서 연구자는 또한 실제로 고려대상인 변수의 수를 가능한 한 많이 줄여야만 한다. 이렇게 단순화하여 얻는 왜곡된 결과물 때문에 우리는 복잡한 실제의 역사체제들에 대한 분석에서 엄청나게 벗어나게 된다.

바로 여기서 개별서술적 비판이 시작된다. 인문주의적 역사가들은 실제 삶의 촘촘한 짜임새, 모든 묘사가능한 현실의 명백한 일회성, 연쇄과정을 법칙정립적으로 설명할 때의 낮은 수준의 타당성 등을 끊임없이 주장해왔다. 그러나 (그렇게 함으로써——옮긴이) 물론 개별서술적 비판자들은 여우를 피하려다 호랑이를 만나는 처지에 빠졌다. 비교불가의 특이성을 주장함으로써 그들은, 법칙정립적 과학자들이 그랬듯이, 시공간을 분석에서 제외해버렸다. 추상적 개념들에 반대함으로써 자신들이 묘사한 연쇄과정들을 설명하는 데 개입하는 수많은 요소들을 사실상 제거한 것이다. 그것은 또하나의, 다른, 그러나 그만큼 치명적인 왜곡 내지는 단순화였다.

그러나 현실에 내재하는 요소로서의 시간의 화살에서 시작해서 시공간이 사회적 창조물임을 덧붙인다면, 또 복수의 시공간들이 모든 구체적인 사회상황에서 공존할 수 있음을 믿는다면 (Wallerstein 1993b 참조), 우리가 활용해야 하는 인식론은 필연적으로 법칙정립과 개별서술의 모순을 지양할 것이다. 나는 그것을 역사적 체제들의 개념이라고 부르는데, 우리가 거기서 인식하는 것은 다음과 같은 사실이다. 즉 실체가 변하고 때로는 구체화하기 어렵다 하더라도 인간은 역사적으로 실제 경계선을 가진 분리가능한 실체인 구조들에 모여 있다는 것이다. 모든 체제가 그렇듯이, 그런 역사적 체제는 부분적으로 개방되어 있고 부분적으로 닫혀 있다. 즉 그것들은 작동 규칙이 있고(그것들은 체계적이다) 지속적으로 진화하는 형세와 모순들이 있다(그것들은 역사적이다).

물론 모든 체계에는 구조들이 제어하려는 끊임없는 요동이 있다. 즉 우리가 기능적인 용어로 확인하고 묘사하고 설명할 수 있는 주기적인 리듬이 있다. 그러나 각 리듬의 요동은 단기적인 어려움을 해결하면서 체계를 특정한 방향들로 향하게 한다. 즉 장기적 경향이 있는 것이다. 그리고 이런 장기적 경향은 체계 내의 모순들을 강화한다. 그리하여 장기적 경향으로 인한 변화들 때문에 어떤 지점에서는 계속되는 어려움에 대한 단기적 리듬의 해결이 불가능하게 된다. 이 지점에서 요동은 더욱 커지고 분기가 발생하는데, 결과는 불확정적이다. 그리하여 역사적 체제는 다른 모든 체계들과 마찬가지로 한정된 역사를 가진다. 그 것들은 태어나고 살다가 종말을 맞는다.

역사가들이 볼 때, 그런 모델은 역사적 체제들을 밝히고 그 체제들을 그 역사적 궤도의 세 국면(moments)에서 분석할 것을 요구한다. 먼저 발생의 국면이 있다. 어떤 역사적 체계가 어떻게 바로 그 순간에 그곳에서 생겨났는가(더 이르지도 늦지도 않게, 다른 곳이 아닌 그곳에서)? 이런 발생을 가장 잘 설명할 수 있는 변수의 독특하고 복잡한 집합은 무엇인가? 두번째로 역사적 전개의 긴 기간이 있다. 즉 체제의 기능에는 어떤 규칙들이 있는가? 무엇이 수많은 인간의 활동이 야기한 요동들을 제약했는가? 이것은 언제나 권력과 저항, 구조와 상황(conjonctures)의 이야기이지만, 그 서술에는 반복과 연속성의 무게가 실린다. 셋째로 어떤 지점에서 구조적 위기의 국면이 도래하고, '성공' 또는 '완성' 이후 붕괴하는 역사적 체제가 하나 또는 그 이상의 후계 체제로 힘겹게 이행하는 순간이 어떤 지점에서 도래하는가 이다. 이것은 혼란과 불확실성 그리고 분기라는 특별한 상황에서 작은 투여가 만들어내는 큰 산출의 이야기다.

법칙정립적 분석에 적절한 것으로 보이는 테크닉들은 역사적 체제의 긴 시간상의 전개를 분석하는 데 어느 정도 유용할 것이다——물론 단순화가 아닌 복잡성을 우리의 목표로 유지한다면 말이다. 그러나 역사적 체제의 발생이나 위기의 기간을 분석하려고 한다면 그런 테크닉들은 거의 가치가 없다. 그런 상황에서는 역사적 선택이 전면에 대두된다. 우리는 과학적 분석에서 가장 중요해지는 가치들을 둘러싼 첨예하고 대대적인 싸움의 한복판에 있다.

따라서 우리는 사실과 가치의 모순에 주목해야 한다. 사실과 가치의 대립은 시종일관 근대 지식 논쟁의 중심에 있었다. 논쟁은 수없이 많은 형상을 취했다. 그것은 신학의 손아귀에서 벗어나려는 철학의 싸움 배후에 있었다. 그런가 하면 그것은 자신을 철학과 구별하려는 과학의 싸움 배후에 있었다. 그런 논쟁은 사회과학의 분석에서 보편화하려는 시도와 특수화하려는 시도 간의 모든 투쟁의 배후에 있었다. 19세기에 지식 생산을 정당화하는 탁월한 형식이 된 과학의 부상은 시대정신의 변화를 대표했다. 이를테면 어떤 사람의 가치들이 의식적으로 지식 생산의 방향을 지시했고 또 지시해야만 한다고 주장하는 것이 철저하게 정당성을 잃었다는 의미에서 사실이 가치를 이겼다. 근대성은 객관적 지식에 의해 구현되었다고 여겨졌고, 학자들은 관료들처럼 공평무사한 역할을 수행하는 것으로 간주되었다(Weber 1946, 196~244면).

물론 공평무사한 학자라는 것은 없다는 데 문제가 있다. 그런 것은 있을 수 없다. 우리가 가진 가치들은 과학의 필수요소다. 그런 의미에서 과학은 언제나 철학이다. 가치들은 개념장치들의 일부분이고 문제에 대한 정의이고 방법론이며 측정기구다. 그것들을 제쳐둔다고 주장할 수는 있다. 그러나 실제로 그것들을 제쳐둘 수는 없다. 19세기는 가치에 대해 사실이 승리를 거둔 세기가 아니라 보편주의라는 휘장 아래 가치의 침입을 숨기려는 시도가 상당히 성공한 세기였다. 이런 보호적이며 자기설득적인 휘장은 너무도 효과적이어서, 나찌 이데올로기의 대의에 적극적이고 직접적으로 복무하는 극단적인 경우에도 독일의 인도연구 학자들은 과학적 객관성의 모든 장치들과 세련된 역사적·문헌학적 방법을 이용하여 과학의 기풍에 대한 자기들의 헌신을 주장할 수 있었다(Pollock 1993, 86~96면).

가치중립성은 근래 들어 특히 '문화연구'와 다양한 '포스트' 이론들의 광범위한 깃발 아래서 글을 써온 사람들에 의해 격하게 공격받고 있다. 이 학자들의 다양한 주장이 이들의 지지자들이 내세우는 것만큼 새롭지 않은 것은 분명하다. 그럼에도 시계추의 진폭이 너무 크고, 많은 경쟁적인 '가치' 진술의 소용돌이 속에서 '사실'이 사라질 거라고 걱정하는 학자들이 점점 늘어나고 있다. 여기에서도 우리는 어떤 지양이 필요하다.

'가치'가 과학의 모든 영역에 침투하고 있다는 인식은 이해가 능한 실재인 현실세계가 존재한다는 개념을 부정하는 것이 아니다. 그런 침투는 단지 이런 과학적 탐구의 피할 수 없는 맥락을 드러낼 뿐이다. 이제 자연과학자들이 그 점을 인식하기 시작하고 있으므로(더 정확히 말하면, 그런 인식으로 되돌아가고 있으므로) 역사가들은 그것이 함축하는 바에 더 자유롭게 직면할 수 있을 것이다. 부르디외의 주장부터 시작해보자. "'가장 순수한' 과학의 '순수한' 세계는 다른 것과 마찬가지로 권력관계, 독점, 투쟁, 전략, 이해관계, 이익 등이 존재하는 사회적 장(場)이지만, 그런 **상수들**이 매우 구체적인 형태를 띠는 장이기도 하다."(Bourdieu 1975, 91면) 그러나 그렇다는 사실이 "우리를 결코 상대주의로 떨어지게 할 수는 없다."(Bourdieu 1975, 116면) 정반대다! 오히려 그런 사실은 시간의 화살을 역사적 탐구 자체에 직접적으로 찔러 넣는다.

역사가들의 문제는 언제나 타당한 현실 해석에 도달하는 것이다. 그러나 해석은 항상 학자를 사로잡는 문제들에 의해 추동되며, 제기되는 물음들은 당시의 사회적 투쟁·압력·관심사의 결과다. 우리는 필연적으로 경쟁적인 해석들을 제공하게 된다. 그것들은 당대 상황에서의 각 역사가의 입지, 자신의 역사, 그러므로 역사가가 자신의 해석을 선택하는 시공간에 대한 일종의 독해(讀解) 같은 기능들이다. 사료비판은 몇몇 해석을 의심할 수 있지만, 사료비판 자체의 해석대상이 되기도 한다. 사료비판이 할 수 없는 것은 불변의 실재를 창조하는 것이다. 과학의 '사회적 영역'에 대한 분석은 해석의 유용성에 이의를 제기할 수 있다. 그러나 분석 자체가 해석의 유효성을 부정할 수는 없다. 학자집단의 구성원 대부분이——그것은 생존해 있는 구성원들인가 혹은 모든 기억된 역사 속에 존재하는 구성원들인가?——공유하는 해석이라서 더 진실된 것으로 통용되는 다수 지배의 상황에 우리가 놓여 있는 것은 아니다. 또한 모든 해석이 똑같이 가치 있는 완전한 지적 무정부 상태에 있는 것도 아니다. 타당성은 사회적 과정이고 따라서 변하는 실체지만, 어떤 잠정적인 기본 원칙들에 근거한 것이다. 사회적 현재의 모순에서 나오는, 겹치거나 심지어 상호모순적인 타당성도 있을 수 있다.

사실 대 가치의 난국을 간단히 벗어나는 길은 없다. 바로 그렇기 때문에 그토록 많은 학자들이 매우 기만적인 거시-미시의 대립 속에 자기들의 입장을 숨기려고 한다. 거시와 미시는 가능성이라는 끝없는 연속체에 늘 따라 붙는 상관적 접두사들이다. 그러나 대개의 역사가들이나 사회과학자들에게 근대의 압도적인 용법은 개인적 체계 대 사회적 체계인바, 그런 용법은 때때로 사이비 인과성, 즉 행위자(agency) 대 구조의 관점에서 제기된다.

궁극적 실재의 단위에 대한 탐구는 간명함을 향한 오랜 탐구의 일부다. 일단 우리가 현실이 환원할 수 없을 정도로 복잡하다는 것을 인식하면, 단자(monad)라는 개념은 무의미하다. 사회가 개인들로 구성된다고 말하는 것은 분자가 원자들로 이루어진다고 말하는 것에 불과하다. 그것은 정의상의 분류법을 다시 진술하는 것이지 적절한 과학적 전략이 아니다. 행위자들이 '행위'하고 구조들은 아무런 '의지'도 없다고 말하는 것은, 의사결정의 실제 과정들을 어디에 자리매겨야 하는가라는 물음을 회피하는 것이다. 분명히 우리는 정신과 육체라는 순진한 구별을 넘어섰다. 만약 행위자의 능동적 작용이 그의 생리, 무의식, 사회적 제약들이 복잡하게 상호작용한 결과라면, 그와 유사한 상호작용하는 한 세트의 변수들이 집단적 행위를 설명한다는 사실을 받아들이기가 그렇게 어려울까? 심리적 과정의 실재를 주장하는 것이 생리적 과정의 실재를 부정하지 못하는 것처럼, 결과를 낳는 것으로서의 구조의 존재를 주장하는 것은 전기적 (傳記的) 행위의 실재를 부정하지 못한다.

이 모든 쟁점은 초점을 흐리는 것이다. 모든 설명에서 우리는 항상 동일성과 차이를 다룬다. 동일성을 주장하기 위하여 우리는 추상화해야만, 즉 비교된 두 요소에서 상이한 변수들을 제거해야만 한다. 차이점을 강조하려면 우리는 단지 해석에 대한 변수들의 적절성을 주장하면 된다. 구체적인 상황에서의 행위는 우리가 제기해야 한다고 생각하는 물음에 전적으로 달려 있다. 사회적 실재를 지역적／지구적으로 나누는 것은 정치적인 의미로 가득 차 있다. 역사가들이 강조하는 선택은 본질적으로 정치적인 선택이고, 아마도 선택은 유일하게 가장 중요한 문제로서 학자에게 명백히 사회적 압력을 가한다. 어떤 선택의 합당함을 판단할 때 우리는 사실과 가치의 대립으로 돌아간다.

마지막으로 우리는 19세기의 사회과학이 신성시한 경제·정치·사회문화라는 인간영역과 대면해야 한다. 이런 삼위일체는 확실히 그리고 직접적으로 자유주의의 이념과 그 선험적 주장에서, 즉 (적어도 근대세계에서는) 시장, 국가, (시민)사회는 개개의 논리를 따르는 자율적 행위영역이며 따라서 개별 학문의 연구대상이라는 주장에서 도출되었다. 자유주의가 이런 분리를 근대성의 보증으로 정의했기 때문에 '과거'라는 엄격한 사냥 금지 구역에서 활동하는 역사가들은 당대 사회과학 동료들의 방식대로 차이를 공식화하도록 압력을 받지는 않았다. 그러나 실제로 개별서술적 역사가들은 가치보다는 사실을, 거시보다는 미시를, 법칙정립보다는 개별서술을 더 중요하게 생각했듯이, '정치적' 역사기술을 우선시했다. 그렇게 함으로써 그들은 암묵적으로 삼위일체의 적법성을 인정했다.

지난 25년 동안 역사학자들과 여타 사회과학자들의 전체적인 저술 경향은 자율적인 것으로 간주된 이 영역들의 경계를 실질적으로 무시하고, 해석에서 그런 영역들의 상호침투를 강조하는 동시에 그 영역들을 이론적으로 다시 주장했다. 이제는 우리의 용어를 재검토하고 새롭게 할 때다. 만약 이 세 '영역'을 기껏해야 하나의 복잡한 실재에 대한 세 각도의 비전으로 간주하는 것이 사실상 더 타당하다면, 바로 그 어휘는 유용한 분석에 제약으로 작용할 것이다. 영역들의 '삼위일체'는 붕괴하는 이데올로기적 비전들에 의해 연명하는 낡은 분류법이 된다.

그렇다면 과학을 추구하는 역사가에게 주어진 일련의 직접적인 임무는 명확하다. 우리가 추구하는 과학이 어떤 것인가를 명확히 해야 한다. 19세기에는 소중했던 이분법을——개별서술과 법칙정립, 사실과 가치, 미시와 거시——뛰어넘을 수 있게 하는 용어를 정교하게 다듬어야 하고, 인간 행위의 세 영역이라는 개념을 제거해야 한다. 그렇게 할 때 우리는 덤불을 없앨 수 있다.

그리고 우리는 시공간에 대한 여러 사회적 정의들이 얼마나 다른가를 더 깊이 깨닫고, 그런 정의를 오늘의 현실에 적절한 해석의 틀로 재창조하는 데 활용해야 한다.

물론 이런 실천은 현실이 무엇인가에 대한 우리의 이해에 달려 있다. 나는 무엇보다 우리가 살아온 역사적 체제, 즉 자본주의 세계경제가 위기를 맞아 분기점에 직면한 것으로 판단한다. 나는 다른 지면에서 그 점을 구체적으로 논한 바 있다(Wallerstein 1994). 현재의 지적 위기는 체제의 구조적 위기를 반영한다. 위기는 사실상 떠맡을 수밖에 없는 의무만이 아니라 기회도 만들어낸다. 새로운 과학적 비전을 세우는 것은, 어떤 새로운 과학적 비전─세계에 다시 주술을 거는 것(reenchantment of the world)을 핵심으로 하는 비전(Prigogine and Stengers 1979)─을 세우는 일은 우리가 처한 이 진화적 전환점이 더 나은 세상으로 이어질 것인가 아니면 더 못한 세상으로 이어질 것인가를 결정하는 하나의 주요한 요인이 될 것이다.

제8장

역사 쓰기

역사 쓰기의 문제는 이 주장이 처음으로 제기된 콜로키엄의 제목 자체에서 알 수 있다. 제목은 세 개의 번역어로 되어 있다. 영어로는 "과거를 (재)구성하기"([Re]constructing the Past)이다. 이것은 구성과 재구성 사이에 존재하는 이중적인 의미를 가리키는 것으로, 후자가 전자보다 진화적이고 누적적인 지식 개념에 더 들어맞는 용어다. 프랑스어로는 "복합과거"(Le Passé Composé)다. 여기에는 재구성이라는 말이 없지만 이 제목에는 문법의 구문론에 대한 암시가 있어서, 현재에도 계속되며 아직 완결되지 않은 과거를 뜻하는 동사시제를 가리킨다. 프랑스어에서 이는 과거시제와는 구분되는데, 때때로 "역사적 과거"(le passé historique)라고 명명된다. 일상 대화에서 사람들은 보통 복합과거를 사용한다. 마지막으로 네덜란드어 제목은 "도구로서의 과거"(Het Verleden als Instrument)로 나머지 제목들보다 훨씬 구조주의적이다. 콜로키엄 주최자들이 이런 모호함을 의도했는지는 잘 모르겠다. 그러나 특히 요즘은, 역사에 대해 모호하지 않게 말하는 것은 쉽지 않다.

또하나의 모호함을 거론해보자. 영어에서 '이야기'(story)와 '역사'(history)는 별개의 말이며, 그 차이도 분명할 뿐만 아니라 매우 중요하다. 그러나 프랑스어 histoire와 네덜란드어 geschiedenis는 두 가지 의미를 모두 포함한다. 이러한 언어학적 전통에서 그런 차이는 덜 명확한가? 답하기가 망설여진다. 다만 나는 콜로키엄의 주최자들이 적어도 영어 소개글에서 "삶을 위한 역사의 유용함과 유용하지 못함에 대해 대대적으로 성찰하는" 과제를 우리 모두에게 부여했다는 것만을 알고 있다. 이것은 현명한 출발점으로 보인다. 왜냐하면 우리가 하려는 것이 반드시 유용하지 않을 수도 있음을 인정하기 때문이다. 그런 과제는 삶을 살아가는 데 쓸모없을 수도 있고, 실제로 불리할 수도 있다.

제목에 대해 마지막으로 한마디. 콜로키엄의 제목은 "역사와 정당화에 관한 콜로키엄"이었다. 뭔가를 정당화하는 것이 네덜란드어 제목에서 언급된 도구적 목적인가? 우리는 아예 푸꼬주의자가 되어서 모든 지식이 주로 권력의 정당화를 수행하는 것으로 생각해야 하는가? 나는 여기서 그 밖에 다른 어떤 목적이 가능한가라고 말하고 싶은 유혹을 느낀다. 그러나 그것이 전부라면 지식은 자신의 목적에 매우 효과적으로 봉사할 것 같지 않다는 생각이 든다. 왜냐하면 사람들이—즉 역사가들이 생산한 지식을 소비하는 사람들이——지식이 독립적인 진리치를 가지고 있다고 생각할 때, 지식은 거의 틀림없이 성공적으로 권력을 정당화할 것이기 때문이다. 그렇다면 권력의 지시에 기껏해야 부분적으로만 반응하는 어떤 것으로 여겨질 경우에만 지식이라는 것이 권력자들에게 매우 유용할 수 있다는 논리가 뒤따른다. 그러나 물론 한편으로는 만약 지식이 권력에 대해 완전히 적대적이라면 전혀 쓸모없을 것이다. 그래서 권력자들이 역사서술을 목적으로 삼는 지식인들과 맺기를 원하는 관계는 복잡하고 매개적이며 미묘하다.

나는 네 가지 종류의 지적 생산, 즉 허구적 이야기, 선전선동 (propaganda), 저널리즘, 그리고 역사가라는 사람들이 쓴 역사 사이에 존재하는 경계선들이 무엇이며, 그런 경계선이 무엇이 될 수 있는가를 논할 것이다. 그런 다음 이 논의를 기억하기와 잊기, 은밀함과 공개성, 옹호와 반박 등과 관련지어 논하고자 한다.

허구적 이야기는 대다수 사람들에게 익숙한 가장 오래된 지적 생산물이다. 아이들은 이야기를 듣거나 읽는다. 그런 이야기들은 메시지를 전한다. 부모를 포함한 어른들은 이 메시지가 매우 중요하다고 생각한다. 어른들은 아이들이 듣고 읽을 수 있는 것을 상당한 정도로 검열한다. 사람들 대부분은 금기를 다룬 주제에서부터 매우 바람직하지 못한 주제, 무해하다고 여겨지는 주제, 고결한 도덕을 담은 이야기 등에 이르는, 어떤 연속선을 따라 가능한 이야기들의 등급을 매긴다. 그러한 이야기들의 형식은 달콤하고 매력적인 것에서 무섭고 흥미진진한 것에 이르기까지 다양하다. 우리는 자주 이야기들이 아이들에게 미치는 영향을 평가·재평가하고, 그에 의거해 우리의 선택을 조정한다. 신데렐라 이야기를 들려주는 어른들이 신데렐라라는 사람이 실제로 존재하지 않았다고 생각하고, 이야기의 배경이 되는 장소도 표준지도에서는 찾을 수 없는 곳이라는 의미에서 그런 이야기들은 물론 허구다. 그러나 그것들은 또한 어떤 현실——아마도 어린이의 행복을 좌지우지하는 비열한 어른들, 나쁜 어른과 반대로 행동하는 선한 어른들(요정 대모들), 어려운 상황 속 희망이라는 현실(또는 적어도 희망의 정당성) 등에 관한 것으로 간주된다.

어린이의 허구는 성인을 대상으로 하는 허구와 차이가 있는가? 발자끄, 디킨즈, 단떼, 쎄르반떼스, 셰익스피어, 괴테의 작품을 보면, 가공의 인물들을 통해서 어떤 사회현실을 묘사하고 있다는 것을 알게 된다. 그리고 우리는 언어의 아름다움이나 고양된 감정뿐만 아니라 작품이 사회현실에 대해 심사숙고하게 하는 방식에 따라 작품의 가치를 평가하기도 한다. 동일한 주제를 분석하는 사회과학의 저작보다 허구의 작품들이 독자로 하여금 묘사되는 현실을 더욱 조심스럽게 숙고하게 만드는 데 효과적이라고 주장하는 사람들이 있다. 그러한 허구적 작품의 의도는 얼마든지 정당화될 수 있다. 분명히 이것이 『일리아드』나 『바가바드 기타』 같은 고전 무용담들이 의도한 것이다. 그러나 물론 이와는 반대로 그런 의도는 정당성을 해체하는 것일 수도 있다. 문제의 텍스트가 작가에게서 멀어지거나 텍스트에서 작가가 의도한 것과는 상당히 다른 것을 독자가 취할 수도 있기 때문에 작가의 의도는 관계없을 수도 있다.

또한 모든 사회적 의도를 아주 분명하게 부정하는 작가들도 많다. 그들은 독자를 즐겁게 해주기 위해, 자신을 표현하기 위해, 정말 단지 돈벌이를 위해 이야기를 쓴다고 말할 것이다. 그러나 또다시 작가의 의도는 무관할 수 있다고, 우리 분석가들이 나서서 허구적인 그 이야기가 실제로 정당성을 부여하기도 하고 박탈하기도 하며, 독자로 하여금 성찰하게 하거나 성찰하기 어렵게 만드는 결과를 초래한다고 말할지도 모른다. 정말이지 문학에 대한 그런 분석은 끊임이 없었다.

그리고 똘스또이의 『전쟁과 평화』처럼 역사상 실재했던 인물을 등장시키는 소설도 있다. 오늘날에는 텔레비전 기술 덕분에 다큐드라마라는 것이 가능한데, 거기서는 허구적 사건들이 뉴스의 장면들과 뒤섞여 있다. 실제로 오늘날 많은 사람들이 훈련된 역사학자들의 저술보다 역사소설이나 역사영화에서──보잘것없을지는 몰라도──더 많은 역사지식을 얻을 것이다. 그러한 역사소설 작가들로 하여금 역사적 객관성이라 불리는 어떤 것의 요구를 따르게 하는 방법이 있을까? 우리는 그러기를 원해야 하는가? 만약 역사가들이 아주 잘못되었다고 생각한 방식으로 작가들이 역사를 이야기하면 어떻게 되는가? 이것은 순전히 가설상의 물음만이 아니다. 예를 들어 적어도 미국에서는 권력을 비판하기 위해 역사를 왜곡하는──그렇게 말하는 사람들도 있고, 그렇지 않은 사람들도 있다──영화를 만든 올리버 스톤 (Oliver Stone) 감독의 역할에 대해서 많은 논란이 있다. 아니면 다른 사람들이 주장하듯이, 그런 영화는 권력을 더 교묘하게 정당화하려는 것인가?

선전선동의 문제로 오면 우리는 허구를 넘어서게 된다고 한다. 그러나 얼마나 넘어서는 것인가? 선전은 대개 그것을 만든 사람은 사실이라고 주장하지만 다른 사람들은 거짓으로 여기는 진술이라고 정의된다. 실제로 어떤 경우는 그런 진술을 하는 사람들도 그 진술이 거짓이거나 적어도 과장되었음을 안다. 선전은 정치행위, 즉 어떤 정책에 대한 여론을 찬성이나 반대로 몰고 가려는 시도다. 우리는 이 단어가 신앙을 전파하기 위한 로마가톨릭의 집회의식에서 유래했음을 기억해야 한다. 그러나 물론 교회는 신앙을 진리라고 믿는다. 신자가 아닌 사람들은 교회가 전파한 진리를 다른 진리들로써 반박하거나 그들의 포교를 무시할 (그로써 용인할) 수 있다.

정치라는 공론장에서 선전이란 말은 반대 진영에 소속된 사람의 진술을 비난하기 위해 사용된다. 오늘날 자신이 선전에 몰두한다고 말하는 정치가는 없을 것이다. 그는 해당 문제에 대해 자기 입장을 말한다고 하면서 자신의 진술을 틀림없이 더 긍정적으로 말할 것이다. 정치에는 절대적 진실이라는 것은 없고, "모든 이야기에는 항상 양면이 있다"는 믿음이 폭넓게 받아들여지는 맥락에서 자기의 이야기를 하는 것은 적법한 활동으로 여겨지게 되었다. 「라쇼오몽(羅生門)」이라는 일본영화는 어떤 사건에 가담하거나 사건을 목격한 사람이 그 사건을 모두 다르게 보는 현상을 예시했다. 쿠로사와(黑澤明)의 영화는 그런 상황을 너무도 잘 보여주어서 '라쇼오몽'은 우리 어휘의 일부가 되었다. '거짓말'과 '진실' 사이에 존재하는 경계가 단순히 괴벨스(Goebbels)식의 "큰 거짓말"과 탈색되지 않은 진실의 차이가 아님을 우리 모두는 알고 있다. 거짓말과 진실의 경계는 단계적 변화, 회색지대, 그리고 중간적 가능성이 존재한다는 점에서 자주 모호하다. 현재 미국에서는 어떤 사건을 진술하는 사람이나 그가 대표하는 단체를 유리하게 보이게 하는 식으로 뉴스를 '윤색하는' 것이 화제가 되고 있다. 그렇다면 똘스또이의 『전쟁과 평화』가 역사를 정확하게 또는 객관적으로 묘사하고 있지 않다는 데 우리가 동의할 수 있는 반면에, 정치인들이 정확히 또는 객관적으로 '사실들'을 대변한다고 그 누가 주장할 수 있겠는가?

저널리즘은 선전보다 훨씬 높은 수준의 진리치를 대표한다고 간주된다. 저널리스트들은 정치나 다른 분야의 다양한 행위자들의 진술을 받아서 그들과 반대 입장인 사람들의 진술과 비교하여 더 중립적 관점에서, 자기 생각에 실제로 발생했다고 하는 것을 기술하는 사람들로 자신을 정의하는 경향이 있다. 그들은, 적어도 이론적으로는, 서로 모순되는 관점을 찾아서 존재하는 모든 종류의 증거들에 비추어 현실을 독립적으로 해석한다고 여겨진다. 그러나 우리는 이 씨나리오에 많은 문제가 있음을 안다. 어떤 저널리스트들은 자유롭게 진실을 말할 수 없다. 정직하지 않은 저널리스트도 있다. 정직한 동시에 관계당국에 의해 통제받지도 않는 저널리스트지만 필요한 정보에 접근하지 못할 수도 있다. 이런 문제는 급박한 사태 진행과 '이야기를 보도하려는' 강박증에 의해 매우 첨예해진다. 그들은 50년 전 혹은 500년 전이 아니라 어제 일어난 사건을 다뤄야 하는 것이다. 이러한 제약에는 저널리스트들이 (사건의—옮긴이) 참여자들을 실제로 인터뷰할 수 있는 이점이 있지만, 관점은 고사하고 지식을 확보할 시간도 부족하다는 단점도 있다.

그리하여 허구적 이야기에서 선전선동으로, 다시 저널리즘으로 이동하면서 객관성의 사다리를 오르면, 마침내 우리는 19세기의 이른바 역사서술의 혁명 이후 랑케(Leopold von Ranke)를 따르는, 역사를 "있는 그대로" 말한다는 사실에 자부심을 느끼는 역사가들의 수준에 이르게 된다. 이 목적을 완수하기 위해 대다수 역사가들은 객관성을 극대화하는 일련의 규칙을 받아들였다. 그들은 자신의 기술(記述)을 자료에 기초했는데 그것은, 비록 최근 몇 년 동안에는 다른 종류의 자료도 기꺼이 고려하게 되었지만, 주로 기록된 자료를 의미하는 경향이 있었다.

그러나 그저 아무 자료나 되는 건 아니다! 역사학자들은 적어도 19세기 이래로 이른바 일차사료와 이차사료를 구별했고, 전자에 영예를 부여했다. 일차문헌이란 대체로 논제가 되는 사건이 일어난 당시에 작성된 것이다. 이러한 기록들은 어떤 직접적인 목적을 위해 쓰였을 뿐 몇 세기 후 어떤 역사가에 의해 밝혀질 가능성을 염두에 두고 쓰이지 않았다는 가정이 깔린 것이다. 물론 일차문헌은 언어와 문맥상의 암시가 과거의 것들이어서 이해하기 어려울 수도 있다. 그러므로 유능한 역사학자라면 훈련하고 상당히 총체적인 연구를 수행해서 당대의 문화적 환경에 몰입할 것으로 가정된다.

분명히, 일차문헌에 의지해도 기껏해야 그 문헌이 속이려는 의도로 만들어진 것이 아니고, 그런 의도가 있다 해도 대상이 당대의 사람들에 국한된다는 점만을 보증한다. 물론 여기에도 온갖 종류의 문제가 있다. 아마도 정말 속이려는 의도가 있었는데, 역사학자가 그 점을 해독하지 못할 수도 있다. 더 심한 경우 조작된 것일 수도 있다. 즉 역사가들로 하여금 그 시대에 쓰였다고 믿게 하기 위하여 후세에 만들어서 어느 곳에 놓아둔 것일지도 모른다. 이런 모든 문제들을 고려하고도 역사학자 자신이 분석하는 실질적인 쟁점에 대한 태도의 문제는 여전히 남는다. 역사가들은 자료의 해석에 자신의 편향을 개입시킬 것인가? 여기에는 역사학자 공동체의 윤리적 권고에 대한 신뢰와는 별개로 구조적인 제한이 있다고 간주된다. 즉, 역사가들은 과거보다는 현재의 문제에 더 감정적으로 개입할 소지가 있다는 것이다. 이것은 역사가들의 연구를 과거로 제한해야 한다는 고전적인 주장 가운데 하나였다.

우리는 이 모든 가정들이 얼마나 불안정한가를 언제나 잘 알고 있었다. 그러나 우리는 그것을 부정함으로써 그런 불안정성을 다루려고 했다. 최근 몇 년 동안 수많은 학자들은 역사가들이 제시한 지식의 참됨에 공개적으로 도전해왔다. 참됨은 본질적으로 불가능하다고 주장하면서 그런 도전을 끝까지 밀어붙인

학자도 있고, 모든 분석은 해석이 개입하는데 이때 해석은 해석자의 사회적·개인적인 삶과 해석이 이루어지는 순간의 외압에 의해 채색될 수 있기 때문에 진리치를 주장할 때는 매우 조심해야 한다고 주장하는 학자들도 있다.

지금까지 나는 쉬운 과제를 다루었다. 나는 허구와 사실, 우화와 진실을 나누는 단순하고 엄격한 경계가 존재하지 않는다는 사실을 설명했다. 아이들을 위한 이야기와 전문적 역사의 경계는 현실, 정치적 논쟁, 유토피아적 환상 등이 뒤섞여 끊임없이 흐려진다. 적법한 역사기술과 그렇지 않은 역사기술을 구분하겠다고 나서는 학자는 겁이 없는 것이다. 그러나 내가 말했다시피, 그 점을 보여주기는 쉽지만, 그것이 결코 만족스럽지는 않다. 왜냐하면 우리 모두는 매일 어떤 아주 사실적인 세계에 개인적으로 대처할 때 '현실 시험'(reality test)에 의존하기 때문이다. 그리고 우리는 그런 시험을 적절하게 만들기 위해 다른 사람들의 도움에 의지한다. 역사가들은 사회현실을 타당하게 해석하는 사회적 임무를 수행하는 사람들인데, 우리 모두는 그런 해석이 개인적으로뿐만 아니라 집단적으로 유용하기를 바란다. 우리가 타당한 해석을 만들어내는 데 헌신할 준비가 되어 있지 않았다면, 어떤 어려움이든 무슨 상관인가? 우리는 그 위험을 떠맡아야 한다.

그래서 우리는 타당한 해석이란 무엇인가라는 까다로운 문제에 직면하게 된다. 성취하기는 쉽지 않을지 모르지만 판단하기는 가장 쉬운, 내적 일관성의 문제가 분명히 존재한다. 제기된 주장의 내적 논리가 탄탄한지 아니면 의심스러운지를 평가하기 위해 다른 누군가의 해석에 동의할 필요는 전혀 없다. 그리고 나는 개인적으로 일관성이 없는 주장에 더이상 주의를 기울이지 않아도 된다고 느낀다. 그러나 그것만으로는 물론 충분하지 않다. 나는 분석으로써 답을 구한 문제들이 중요하다고 느낄 필요가 있는 것이다. 그리고 분석단위가 답을 구한 문제들에 적합하다고 느낄 필요가 있다. 마지막으로 중요한 요인들은 어느 것도 분석에서 제외하지 말아야 한다고 본다. 그러나 무엇이 중요한 문제이고, 주어진 문제에 대한 적합한 분석단위는 무엇이며, 의미심장한 요인들은 무엇인가에 대해 대다수 역사학자 또는 일반 사람들이 광범위하게 동의하는 단순한 기준은 존재하지 않는다. 그것들은 모두 어떤 의미에서는 선험적인 결정들이다.

우리는 선험적인 결정들을 갖고 둘 중 하나를 할 수 있다. 우리는 둘 중 하나를 선택하는 것은 불가능하며, 그 결정들은 우리가 동의하지 않는다는 점만 동의할 수 있을 뿐인 기본적인 철학적·정치적 선택을 반영한다고 말할 수도 있다. 또는 막스 베버(Max Weber)가 "실질합리성"(Rationalität materiel)이라고 말한 관점에서 선험적 결정들을 분석함으로써 철학적·정치적 경계들을 가로질러 의사소통할 수 있고 토론을 벌이려 할 수도 있다. 이 분석을 통해 우리는, 그 양자가 경험적 문제들의 상당한 정도차를 설명하면서도 우리 시대의 원칙적인 철학적·정치적 문제에 대해서도 발언하려는 것으로 보인다는 점을 의미할 수 있을 뿐이다. 아마도 이것은 불가능한 분리를 또다른, 이전의 수준으로 밀어낼 뿐인지도 모른다. 즉 어떤 제한된 문제를 둘러싼 해석의 타당성에 관한 논쟁에서 무엇이 우리 시대의 원칙적인 정치적·철학적 문제인가에 대한 논쟁으로 말이다. 그러나 사정이 그러하다면, 최소한 이것은 기초가 되는 논의를 명확하게 하고 전문적인 역사가가 아닌 일반사람들도 논쟁에 참여할 수 있게 해주는 변화다.

기억의 문제를 예로 들어보자. 기억에 관한 논의, 즉 우리가 기억하는 것과 기억해야 하는 것, 우리가 잊은 것과 잊어야만 하는 것은 무엇인가에 관한 많은 논의가 최근에 있었다. 이것들은 사회적인 결정이며 집단적으로 꾸준히 결정되고 있음이 명백하다. 게다가 그 결정들은 결코 영원하지 않다. 심지어 어떤 순간에 과거의 어떤 현실을 집단적으로 기억해야 한다고 결정해도, 30년 후에는 우리가 그 동일한 현실을 잊기를 바라는 경우도 얼마든지 가능하다. 그러면 기억이 요즈음 왜 그토록 쟁점이 되는가? 그것은 분명히 최근의 역사적 사건들이 추동했다. 기억의 문제는 나찌가 유럽의 유대인을 조직적으로 말살한, 유대인 대학살(Holocaust)로 명명된 사건 때문에 처음 제기되었다. 대학살이 다시 일어나지 않기 위해서는 일어난 사건을 잊지 않는 것이 매우 중요하며, 따라서 역사가들은 그 역사를 기술하고 또 가르쳐야 한다는 주장이 제기되어왔다. 집단적 기억을 창조하고 보존하는 역사가들의 역할에 대한 이런 관점은 급속히 퍼졌다. 아르메니아 사람들은 1915년에 터키에서 발생한 아르메니아인 대학살이 이에 해당한다고 주장했다. 내 사무실에는 아르헨띠나에서 군부가 축출된 직후 제작된 포스터가 붙어 있는데, 거기에는 큰 글씨로 "이제 그만"(Nunca más)이라고 쓰여 있다. 이 포스터는 행방불명, 고문, 두려움, 수치, 도덕적·물질적 궁핍, 거짓말, 그리고 세상 사람들의 침묵을 비난한다. 무엇보다 침묵을 비난한다. 또한 우리는 프랑스에서 프랑스혁명 200주년 기념행사가 적절한 기억의 문제를 어떻게 다시 제기했는지 알고 있다. 마지막으로 동부와 중부 유럽, 그리고 과거 쏘비에뜨연방에서 무엇을 기억하는 것이 이롭고 해로운가에 대한 많은 논쟁이 있었다는 것도 안다.

1998년 10월 남아프리카에서는 진실과 화해 위원회(Truth and Reconciliation Commission)라는 단체가 5권 분량의 보고서를 펴냈다. 대주교 투투(Desmond Tutu)가 의장을 맡은 이 조직은 아파르트헤이트 이후의 정부가 구성했고, 1960년부터 1994년까지 발생한 인권침해에 관한 진실을 밝히는 임무를 부여받았다. 진실과 화해 위원회는 세 가지 문제, 즉 진실, 화해, 사면을 연계하기로 했다. '진실'에 도달하기 위해 위원회는 자기가 저지른 범죄를 자세하고도 공개적으로 고백하는 사람이라면 누구에게나 사면의 기회를 주었다.

위원회는 진실의 개념이 매우 복잡하다고 판단하여 네 가지 다른 개념의 진실, 즉 사실적이거나 법정에서의 진실, 개인적이거나 서사적인 진실, 사회적이거나 '대화적인' 진실, 치유적이거나 복원적인 진실을 제시했다(Truth and Reconciliation Commission 1999, 1권, 110~14면). 사실적 진실은 실증주의 역사가들이 진실이라고 부르는 것, 즉 "사실적이고 확증적인 증거…… 믿을 만한 (공정하고 객관적인) 절차를 통해 입수한 정확한 정보"를 의미했다. 위원회에 따르면, 이런 층위의 발견들은 "공공 담론에서 무차별 유포되어 회자될 수 있는 거짓말을 줄이는 데" 이바지했으며 사회적으로 유용했다. 개인적 진실은 자기 이야기를 하는 희생자들의 진실로 정의되었다. 이런 이야기들은 "고통에 대한 통찰"이었고, 일종의 "서사적 진실"을 만들어내었다. 그것은 "기억을 복원하는" 행위였다.

그러나 위원회의 목표에 가장 가까운 것은 사회적 진실이었다. 위원회는 대화와 토론을 통해 "모든 관련자들의 복잡한 동기와 관점을 경청함으로써 과거의 분리들을 극복하고자 했다." 이는 "인간의 위엄과 고결함을 긍정하는 근거"로 간주되었다. 마지막으로 치유적 진실은 "사실들과 그 사실들이 의미하는 바를 인간 관계의 맥락에서——시민들뿐만 아니라 국가와 국민의 관계 속에서——파악하는" 진실이었다. 위원회가 지식(knowledge)뿐만 아니라 인정(acknowledgment)을 주장한 것은 이런 이유에서다. "인정이란 한 개인의 고통이 실재하며 주목받을 가치가 있음을 받아들이는 것이다. 따라서 이는 희생자들의 존엄성을 회복하는 데 매우 중요하다."

이 위원회의 보고서는 역사인가, 아니면 역사가들이 관습적으로 주의하면서 이용하는 기록문헌인가? 물론 이것은 역사가만이 자신에게 던져야 하는 물음은 아니다. 위원회가 사용한 네 가지 진실은 사실상 남아프리카공화국 헌법재판소의 판사인 올비 싹스(Albie Sachs)가 제기한 네 종류의 진실을 수정한 것이다. 싹스는 역사가가 아니라 법학자다. 그는 또한 인종차별 정책을 폈던 정권의 히수인들이 자행한 폭탄 공격으로 팔을 잃은 아프리카 민족의회(African National Congress)의 투사이며, 따라서 희생자이기도 하다. 싹스는 "변호사이자 판사로서" 진실에 대한 자신의 당혹감을 말한다(Sachs 1998, 특히 9~11면). 그는 사실적 진실을 "미시적 진실"이라고 부르고 대체로 법원의 주된 관심사는 이것이라고 말한다. 즉 "어떤 사람이 특정 시간에 특정 방법으로 다른 사람을 불법적으로 그리고 의도적으로 살해한 죄가 있는가"를 다루는 것이다. 이것은 자세하고 초점이 맞춰진 진실이다. 싹스는 두번째 진실을 "논리적 진실"이라고 칭한다. 그것은 "명제들의 일반화된 진실…… 연역적이며 추론적인 방법으로 도달한 어떤 진술에 내재한 논리"다. 그리하여 그는 사회과학자들의 오랜 주제였던 방법론 논쟁, 즉 개별분석적 진리와 법칙정립적 진리의 차이를 발견했다.

싹스의 세번째 진실은 진실과 화해 위원회의 "개인적 혹은 서사적 진실"에 가깝지만 아주 똑같지는 않은 "경험적 진실"이다. 그는 이 말을 간디(Mohandas Gandhi)의 저작 『나의 진리 실험 이야기』(*My Experiments with Truth*)에서 따온 것이라고 한다. 그는 간디가 실험실의 과학자들이 하는 방식으로 실험하지 않았으며, "거기에 덩그러니 있는 세상에 대한 관념이 아니라 자기 자신을 실험했다"는 점을 깨닫게 되었다고 말한다. 그것은 개인의 주관적 경험을 "진정으로 아무런 편견 없이" 객관적으로 바라보려는 노력이었다. 싹스는 법정은 이런 종류의 진실을 전혀 듣지 않으려 한다고 말한다. 그런 진실은 법정을 "당혹스럽게" 한다. 이것이 역사가들을 당혹스럽게 해야 하는가?

　마지막으로 싹스는 대화적 진실에 대해 말하는데, 이 개념은 진실과 화해 위원회가 그에게서 넘겨받은 것이다. 이것은 미시적·경험적·논리적 진실의 요소들을 구체화한 것이지만, "많은 목소리들과 다중적 관점을 가진 공동체 개념을 상정하고 또 그것을 바탕으로 무성해진다. 남아프리카공화국의 경우 엄청난 인권침해가 어떻게 발생했는가를 정확히 묘사할 수 있는 유일한 방법은 없으며, 올바른 것임에 분명한 어떤 확정적 시각을 가졌다고 주장할 수 있는 화자도 없다." 이것은 확실히 랑케적 역사서술에 대한 도전이다. 그러나 이것이 객관적 진실은 존재하지 않는다는 포스트모더니즘식의 주장이 아님도 주목하라. 그것은 오히려 그런 진실에 도달하는 길이 매우 강렬하고 종종 매우 정서적인 대화를 통해 가능하며, 그 대화는 다양한 목소리들, 진실에 대한 다중적 관점에 도달하기 위해서 증거들을 주의 깊게 가려냄으로써 강화된다는 주장이다.

　기억하는 것과 잊는 것, 비밀을 지키거나 비밀을 대중에게 공개하는 것은 옹호하고 반박하는 행위다. 그것은 과학적이고 학문적인 결정이다. 그것은 정치적인 결정이다. 그것은 도덕적인 결정이다. 자신을 역사학자로 부르는 사람들 사이에서 어떤 결정이 올바른 결정인가에 대한 신속한 합의를 당장 오늘이나 내일 도출할 수는 없을 것이다. 모든 학문적 행위는 현재, 계속 진화하는 현재의 행위다. 어떤 학자도 현실의 급박한 요구를 피할 수 없다. 그러나 현재는 한순간에 끝나는 것이기 때문에 실재들 중에서 가장 무상한 것이다. 그러므로 모든 학문이란 과거에 관한 것이다. 그리고 나는 모든 사회과학이 과거시제로 쓰여야 한다고 굳게 믿는다. 어떤 주어진 시간의 현실이, 물론 발생한 모든 근본적인 분리를 포함해서, 그보다 앞선 싯점에 일어난 사건의 결과임을 알고 있다는 의미에서 모든 과학은 역사적이어야만 하기 때문에 역사학은 과거에 대한 특별한 권리가 없다.

그러나 과거는 세부적으로는 무한해서 과거 전체를 고려하는 것은 인간의 능력을 벗어난 일이다. 우리는 선택한다. 정말 엄청나게 많은 선택지를 만든다. 그리고 어떤 선택을 해야 하는가에 대한 최상의 지침서로서 우리는 미래에 대한 분별 있는 역사적 선택에 필요한 지식을 생산한다. 우리가 제일 처음으로 결정해야 할 일은 선택을 하기 위해 사용할 분석단위다. 내가 선호하는 것은 분명하다. 어떤 체계적 특성을 가진 역사적 체제들, 대규모 단위와 장기적 현실, 사회변화의 틀 내에서 우리는 분석해야 한다. 이것들은 분석가능한 어떤 과정의 지배를 받는 삶인 동시에, 의미심장하고 지속적인 노동분업을 이루기 때문에 서로 결속되어 있다. 그런 모든 체제들은 지속적으로 진화한다는 점에서 역사적이고, 지속되는 특성들을 유지한다는 점에서 체제들이다. 이것은 무엇보다 두 가지를 의미한다. 역사적 체제들은, 시간의 흐름에 따라 변해도, 공간적 경계가 있다. 그리고 그것들은 시작과 지속적인 진화, 최후의 위기라는 시간적 경계도 있다.

예를 들어 나는 오늘날 사람들이 내가 '자본주의 세계경제'라고 주장하는 세계체제에 살고 있다고 믿는다. 지금 이 세계체제가 전지구를 덮고 있다. 약 500년 전 쯤에 시작되었을 때만 해도 그것은 비교적 작은 부분을 차지하고 있었다. 가령 왜 우리는 카를 5세(Karl V, 1500~58) 같은 사람에 대해 논해야 하는가? 나는 다른 사람들에 대해 말할 수 없다. 16세기 서유럽에서 행해진 주요한 역사적 선택을 의미하기 때문에 카를 5세는 흥미로운 인물이다. 근대세계체제의 초기에는 신생 자본주의 세계경제를 확고하게 구축해 고전적인 세계제국으로 바꾸려는 세력이 있었다. 이 긴장은 근대세계체제 내에서 계속되었다. 그런 종류의 세계제국을 건설하려는 카를 5세의 시도는 실패했다. 그가 성공했더라면, 근대세계는 우리가 보아온 것과는 달랐을 것이다. 이 점을 나는 어떠한 도덕적 판단도 없이 말하고 있다. 카를 5세가 실패했기 때문에 세계가 더 나아졌는지에 대해서는 전혀 확신할 수 없다. 단지 그것이 어떤 중요한 전환점이라는 점만 말하고자 한다.

카를 5세에 대한 분석은 역사적 선택이란 예측할 수 없다는 사실을 우리에게 환기한다. 위기에 처한 체제들은 혼돈기와 분기점을 맞는다. 선택들이 이루어진다. 일단 선택하면 새로운 체제가 만들어지고, 그 체제는 순환적 리듬과 장기적 경향을 내장한 생명을 가진다. 삶의 어떤 싯점에 이르면, 장기적 경향들이 체제를 평형에서 멀어지게 하고 순환적 리듬은 더이상 체제를 합리적 작동 질서로써 지탱하기에 충분치 않아 체제는 위기에 접어든다. 여기서 논하지는 않겠지만, 나는 현 세계체제가 바로 그 경우라고 생각한다(Wallerstein 1998b).

체제적 위기의 시대에는 역사가들이 더 많은 책임을 지게 된다. 솔직히 말하면, 역사적 사회체제가 정상적으로 작동할 때 역사가들의 일은 그다지 중요하지 않다. 그들은 체제나 정권을 정당화할 수 있다. 혹은 비판하려고 할지도 모른다. 그들은 대개 무시될 가능성이 높으며, 어떤 경우든 좀더 강력한 세력에 밀려나게 된다. 그들에게 어느 정도의 객관성을 요구할 수는 있지만, 그렇게 많이는 아니다. 확실히 서로 경쟁하는 함정 같은 많은 요구들을 빠져나가는 능력은 역사가들과 그들의 자부심에 매우 중요하다. 그리고 그런 능력은 정치당국에도 어느 정도는 중요하다. 그러나 역사가들의 역할을 평가하는 역사가는 역사가들이 역사적으로 수행한 역할만을 의심할 수 있을 뿐이다.

하지만 오늘날 우리가 실제로 체제적 위기에 처해 있다면, 상황은 매우 다르다. 왜냐하면 위기에 직면한 체제가 잘 작동하는 체제와 아주 다르다는 것은 자명하기 때문이다. 후자에서는 요동이 비교적 작고 개인 노력의 영향은 제한적인 반면 전자, 즉 위기에 처한 체제에서는 요동이 매우 크고 따라서 개별적인 노력의 영향도 매우 커져서 궁극적으로 우리가 어떤 분기점의 지류로 가게 될지를 결정한다. 갑자기 역사가들이 쓴 것이 매우 중요해진다. 갑자기 그들의 '진실'이 사람들의 결정에 영향을 준다. 갑자기 정치적이면서 도덕적이기도 한 과학의 임무가 크게 부상한다. 지금 우리가 과거를 구성하거나 재구성한다면, 역사는 진정코 하나의 도구다. 그렇다면 누구를 위한 것인가?

삐에르 쇼뉘(Pierre Chaunu)가 카를 5세에 관한 저작의 서문에서 한 이야기로 끝을 맺자(1973, 15면). "이 책, 즉 『카를 5세 치하의 스페인』(*Espagne de Charles Quint*)은 전적으로 공정한 저작이 아닐지도 모른다. 그러나 공정함이란 무엇인가? 적어도 그것은 우리의 유산을 연구하는 세대들이 연대하여 현재로써 과거를 파악하고 과거로써 현재를 설명·이해하려는 노력이다. 우리는 일관성을 갖추려고 노력했다. 우리는 공감을 숨기지 않는다." 역사가들은 가치와 선호를 숨기지 않는 일관성에 대한 이런 요구를 유의해야 한다. 그리고 역사가들은 대화적 진실에 공헌할 과업을 떠맡아야 한다.

제9장

지구문화(들)

구원, 위협, 또는 신화?

다 알다시피, '문화'는 사회과학 용어에서 가장 모호하고 논란이 되는 단어·개념어 가운데 하나다. 문화가 무엇을 의미하고 함축하는가에 대해선 거의 합의된 바가 없다. 만약 '지구적'이라는 형용사를 문화 앞에 덧붙이면 혼란은 엄청나게 가중된다. '사회'라는 말·개념도 물론 못지않게 모호하지만, 적어도 문화보다는 감정을 덜 자극한다. 문화라는 개념은 열정을 불러일으킨다. 사람들은──평범한 사람, 비범한 사람, 그리고 정치가──자주 문화 개념을 두고 격렬하게 논쟁한다. 잘 알려져 있다시피 폭력을 불사하는 이도 있고, 인간 바리케이드를 치는 이도 있다. 쏘칼(Alan Sokal)의 사기 사건을 생각해보라(*Lingua Franca* 2000; Jeanneret 1998). 나는 이 개념의 구성·해체·재구성을 시도하지 않을 것이다. 지난 20년 동안 너무 많이 다뤘기 때문에 (Wallerstein 1978; 1988b; 1989; 1990a; 1993a; 1997a; 2003), 다시는 이 주제에 손대지 않겠다고 말해야겠다.

지구문화(global culture) 같은 것은 존재하지 않을지 모르며, 전세계의 문화현장에 대한 세련된 분석가들인 우리도 그렇다고 말할 수 있다. 그러나 그런 도깨비가 실제로 존재한다고 믿는 사람들은 주위에 수없이 많다. 이것은 어떤 이에게는 반신(半神)이고, 어떤 이에게는 악마의 화신이다. 그러나 모든 이들에게 지구문화는 하나의 현실일 것이다.

이 개념을 수용하는 사람들부터 이야기해보자. 보편적 진리를 해명한다고 주장하는 모든 종교는 하나의 지구문화를 구성하는 도덕적 행위규범을 규정하는데, 이 종교들이 어떤 행위가 바람직할 뿐만 아니라 **모든** 인간들에게 가능하다고 주장한다는 아주 단순한 의미에서 그렇다. 그리하여 종교들은 모든 곳, 모든 때에 적용되어야 한다고 주장하면서 자신의 규범을 공표한다. 분명히 그런 공표는 하나의 지구문화가 존재한다고 내세우는 것이다. 틀림없이 사람들은 이런 규범을 자주 어긴다. 그러나 규범을 어긴다고 어떤 문화의 존재를 무효로 만드는 것은 아니다. 그러기는커녕 문화의 규범을 어기는 상황을 사람들이 주시하려고 한다는 사실은 대개 어떤 문화가 살아 있다는 것을 말해주는 강한 경험적 증거로 환기된다.

다음으로는 세속의 많은 종교적 개념들이 있는데, 우리는 이들 중 많은 것을 계몽주의, 즉 자유, 개인, 평등, 인권, 연대 등과 연결하여 생각한다. 이것들도 경계가 없는 규범들로 공표된다. 또 바람직하지 않을뿐더러 보편적으로 가능하다고 여겨지지도 않는다.

게다가 많은 사람들은, 그것이 있을지도 모르거나 유효성을 인정하지 않는, 또는 미리 규정된 행동양식을 거부할 뿐인 사람들에게——종교적이거나 세속적인——이런 규범들을 일상적으로 강요할 태세가 되어 있다. 종교당국이 그런 행위를 할 때 우리는 이를 (종교공동체의 일원일 경우) 이단 재판이라거나 (신자가 아닌 이들을 개종시킬 목적일 경우) 개종 권유라고 한다. 한때 종교단체들은 개종 권유를 자신들의 주요 임무로 생각했다. 종교적 관용과 같은 정반대의 세속규범을 지지하는 사람들이 압력을 가한 결과, 오늘날 이런 종교단체들은 좀더 신중해졌다.

요즘 세속규범을 선포하는 사람들은 덜 겸손하다. 사실 지난 20년간 그들은 순풍에 돛을 단 것처럼 보였다. 그들의 주장은 대개 보편적 인권규범으로 여겨지는 것의 보호를 받는다.[1] 심지어 지금은 주권국가의 우두머리들조차 의무적으로 준수해야 하는 세계적 규범을 무도하게 위반하는 사람들을 단죄하겠다고 나서는 세계재판소가 있다. 하나의 보편규범, 즉 국가의 주권을 자연법에서 유래한 다른 보편규범들의 이름으로 무효화하려는 조직들이 있다. 이들에 따르면 자연법에서 유래한 보편규범들은 그들에게 (그리고 우리 모두에게) '개입할 권리'를 부여한다. 물론 우리는 그런 개입자들이 지구문화의 수호자이며 지구문화의 의무를 몸소 실천한다고 가정해야 한다.

매우 오랫동안 많은 종교들은 하나의 (그리고 유일한) 보편진리를 공표한다고 주장해왔는데, 이것이 뜻하는 바는 지구문화의 내용을 경쟁적으로 내세우는 논자들이 있다는 것이다. 그러한 경쟁적 주장들은 지적 토론으로 화해할 수 없을 뿐만 아니라 엄청난 폭력을 유발했다는 점에서 사회에 아주 유해한 결과를 초래했다. 종교조직 외부의 세속 집단은 우선순위가 더 높다고 생각되는 보편규범, 즉 관용을 주장하면서 이같은 갈등을 해결할 방법을 모색했다. 오늘날에는 경쟁적인 세속의 보편규범들 사이에, 특히 국가주권의 우위와 인권의 우위 사이에 존재하는 비교되는 갈등이 있다. 이런 경쟁도 사회적으로 해로운 결과를 초래했다. 이런 갈등을 해결하는 데 관심이 있는 외부 집단이 있는가? 갈등을 어떻게 조정할 수 있는가? 그것은 조정할 수 있는 것인가?

1990년대 발칸반도의 분쟁이 좋은 예다. 끔찍한 일들이 수없이 벌어졌다. 그중에는 인종청소라고 불린 사건, 대량학살, 전쟁범죄, 인류에 대한 범죄라고 비난받은 사건들도 있었다. 그런 범죄를 심판할 수 있는 특별 국제재판소가 세워졌다. 그리고 오늘날 정계와 군부의 수많은 인물들이 기소되었고, 그중에는 구속되어 법원이 관리하거나 재판에 회부된 사람도 있다. 게다가 이제는 새로운 영구 재판소, 즉 국제형사재판소가 있다. 발칸반도와 아프리카에서 발생한 인권침해 사례를 다루는 특별 재판소를 지지한 미국은 영구 재판소를 만들자는 제안에는 전적으로 반대한다는 의사를 밝혔다. 그것은 이 재판소가 보편규범을 위반했다는 이유로 미국의 국민, 특히 군관계자들을 법정에 세울 수도 있기 때문이다. 미국정부는 미국시민들을 고발할 때 부적절한 정치적 동기가 있을 수 있음을 암시했지만, 보스니아, 쎄르비아, 르완다, 씨에라리온의 시민들을 고발할 때는 부적절한 정치적 동기가 있을 수도 있다는 생각을 무시했다.

그리하여 지금까지 이 문제는 상대적인 정치력과 군사력을 통해 정치적으로 해결되었다. 오늘날의 세상에서 약소국 출신 사람은 기소될 수 있다. 강대국 출신은 기소되지 않을 것이다. 이것은 명료한 절차를 만들기는 했지만, **지구적** 규범들의 완성으로 옹호될 수는 없는 일이다.[2)]

이제 이런 상황의 이면을 보도록 하자. 우리 모두는 사람들이 세계의 서로 다른 지역에서 서로 다른 방식으로 살며, 그들이 무엇보다도 자신의 지역'문화'의 요구에 일상적으로 반응하는 정도도 알고 있다. 내가 묘사해온 지구문화는 아마도 세계의 상당수 사람들에게는 알려지지 않았으며, 지구문화의 이런 주장들을 잘 알고 있는 고등교육을 받은 소수에게도 거의 무의미할 것이다. 심지어 이는 보편규범을 수호하는 사람들의 본거지, 즉 이 규범을 선포·유지하기 위해 만들어진 조직에서도 마찬가지다.

가령 로마가톨릭의 대주교인 이매뉴얼 밀링고(Emmanuel Milingo)의 매우 흥미로운 사례를 들어보자. 그는 이전에 잠비아의 루사카(Lusaka) 주교관구에 소속되어 있었고, 2001년 5월에 문선명(文鮮明) 목사의 집전으로 한 여성과 결혼했다. 문 목사는 자기 자신을 예수가 이루지 못한 구원을 실현하는 구세주라고 주장한다. 분명히 대주교 밀링고는 그런 행위(결혼—옮긴이)를 함으로써 자기 교회가 선포한 보편규범을 어겼다. 교황청의 파문 위협을 받은 밀링고는 3개월 후 혼인을 취소했다. 그는 이 일이 있기 전에 이미 신앙요법과 구마의식(exorcisms)을 행한 일로 곤경에 처하여 관구직 사임을 강요받았지만, 파문당하거나 성직을 박탈당하지는 않았다. 그러나 그의 결혼은 교회가 선포한 지구문화에 도전하는 데 한술 더 뜨는 처사였다. 그런 행동을 함으로써 틀림없이 그는 다른 문화적 주장, 즉 교회가 아니라 좀더 지역적 차원의 문화적 주장에 반응한 것이었다. 이런 일은 드물지 않다. 정작 드문 일은 교회의 위계질서에서 핵심에 있는 사람이 그토록 공개적으로 그런 행동을 하려고 한 것이다.

최근에는 지구문화의 개념 및 그 가능성과 매력을 강하게 거부하는 움직임이 있어왔다. 이런 거부는, 물론 개개의 운동들이 넓은 관점을 포괄한다 하더라도, 다양한 지식운동——해체주의, 포스트모더니즘, 탈식민주의, 포스트구조주의, 문화연구 등——내부에서 일어났다. 그 주장의 핵심은, 보편규범들은 물론 보편적 진리들도 메타서사나 거대서사이며, 사실상 세계체제 내 권력집단의 이데올로기를 대변하기 때문에 인식론적 유효성이 없다는 것이다. 나는 보편진리로 선포된 것들이 실제로는 특수한 이데올로기들이라는 주장에 매우 공감한다. 그러나 그렇게 말한다고 해서 보편규범이 과연 존재하는가 그렇지 않은가의 문제가 해결되는 것은 전혀 아니다. 많은 사람들이 지적하듯이, 진정으로 **모든** 보편적 주장을 배제할 준비가 되어 있는 비판자는 거의 없다. 그렇게 하다가는 자신들의 지적·정치적 입지가 약화될 것이기 때문이다.

우리는 지구규범, 메타서사에 대한 비판이 얼마나 '유럽중심주의'를 타파하기 위해 고안된 (가치 있는 목표임이 분명한) 전술인가를, 또 얼마나 (명확한 반대가 아니라) 보편주의의 재건을 허용하는 것인지를 물어야 한다. 어떤 이는 "대항서사"의 구축을 이야기한다.[3] 그리고 여전히 받아들일 만한 지구문화를 만들려는 압력이 인류사의 항구적인 일부분임을 인정하면서도 "보편주의는 항상 역사적으로 우발적"이라고 주장하고 싶은 사람들이 있다(Wallerstein et al. 1996, 88면. 85~93면의 토론 참조). 게다가 "보편성에 대한 요구는 아무리 유효하다 해도──보편적 타당성, 보편적 적용, 보편적 유효성──분과학문을 정당화하는 작업에 내재한다."(48면)

우리는 이제, 지구문화의 개념이 구원인가 위협인가, 아니면 신화인가라는 물음에 봉착한다. 이 문제가 지적이며 도덕적이고 동시에 정치적인 것임을 분명히 짚어야 한다. 성찰의 이 세 층위는 분리할 수 없다.

지적인 측면에서 이 쟁점들은 고전적이다. 그것들은 보편주의와 특수주의, 법칙정립적 인식론들과 개별기술적 인식론들, 지구적인 것과 지역적인 것 사이에 존재하는 모순이다. 이 이분법 용어들은 지난 150년에서 200년간 사회과학에서 벌어진 대부분의 논쟁을 주도했다. 그 논쟁이 고전적으로 제기된 형식으로는 전혀 해결할 수 없는 잘못된 것이라고 말하는 사람이 내가 처음은 아닐 것이다. 그러나 나는 이런 입장을 어느 정도는 고수하고 싶다. 모든 보편주의들은 특수하다. 그러나 보편주의적 범주 바깥에서 표현되고 분석되는 특수한 것들이란 없다. 모든 시간과 공간을 가로지르는 한결같은 사회적 현실은 존재하지 않지만, 우리는 어떠한 특정한 사회적 현실도 메타서사의 일부로서밖에는 알 수 없다. 지구문화는 이른바 지역문화만큼 실재적이거나 비실재적이다.

나 자신의 관점은 세계를 역사적인 사회체제들로 구성된 것으로 인식함으로써만 사회적 현실을 이해할 수 있다는 것이다. 사회체제는 실질적으로 스스로를 배려하고 자립적이고 작동규칙이 있으며, 무엇보다 생명이 있다. 그것은 태어나고 자신의 규칙에 따라 발전하다가 결국 그 과정들이 평형에서 멀어지면 분기와 혼돈의 동요를 낳고 종국에는 어떤 새로운 질서로 해체된다. 이는 이전 역사적 사회체제의 종말을 의미한다. 그리하여 이런 역사적 사회체제는 체계적이며(규칙이 있다) 역사적이다 (생명이 있고 진화한다). 이런 의미에서 우리의 인식론은 법칙정립적인 동시에 개별기술적이어야만 하거나, 양자 모두가 아닐 수 있어야 한다.

매우 오랫동안 역사상의 사회체제 대다수는 세계체제들이었다──'세계'라는 말은 다만 어떤 사회체제를 가리키는 것으로, 노동의 주축적 분업이 존재하고 다양한 '지역'문화들을 포함할 만큼 충분히 큰 것이다. 근대세계체제는 장기(長期) 16세기에 지구의 한구석에서 발생하고 확장하여 그 행로 안에 있는 모든 영역을 흡수하여 오늘날에는 구조적 위기의 지점에 도달했는데, 그동안 세계체제는 이제까지의 자본주의 세계경제와는 다른 것으로 변하고 있다. 여기서 이런 기본 입장에 대한 논의를 되풀이하지는 않겠다(Wallerstein 1974a; 1998b; 2000c).

심지어 물리학자들조차 물리학의 **기본** 법칙들로 생각되는 것들도 시간에 따라 적어도 '약간은' 변한다는 것을 인정하는데,[4] 어떻게 사회과학자들이 다른 모든 것이 인간의 사회적 삶에 들어맞을 수 있다고 생각할 수 있겠는가? 모든 것은 특수하다고 주장하는 또하나의 극단에 대해 항상 기억해야 할 것은, 우리가 상상할 수 있는 가장 높은 밀도의 묘사도 반드시 개념적 용어, 즉 일반화하는 용어로 표현된다는 것이다. 이 입장이 우리의 지적 과제의 관점에서 함축하는 바는, 모순들의 우선순위에 대한 논쟁을 중단해야 한다는 것이다. 모든 사회적 삶이 체계적인 동시에 역사적이고 지구적인 동시에 지역적이라면, 사회과학은 어느 경우든 같은 방향으로 나아가는 같은 계단에 서 있기 때문에 계단 위로 올라가거나 아래로 내려가는 것이 차이가 없는 에셔(M. C. Escher, 네덜란드 판화가—옮긴이)의 그림을 닮았다. 문제는 이 점을 의식하면서 정확한 세부묘사로써 전체 계단을 그려내야 한다는 것이다. 계단은 그곳에 있지만, 물론 영원하지는 않다.

인식론적으로 자명한 것으로 (최소한 내게는) 여겨지는 것을 사람들은 왜 광범위하게 주장하지 않을 뿐만 아니라 사실상 열띠게 의문시하는가에 대해 물어야 한다. 명료성에 대한 모든 저

항에 대해, 아니 저항이라고 주장하는 것에 대한 유일한 설명은
결과적 관점에서의 설명, 즉 양자택일적 설명보다 더 타당한 설
명이다.

보편주의들을 비판하기 위한 최근의 노력 가운데는 이런 설명
이 있다. 즉 보편주의들은 현실세계에서 권력의 입지를 방어하
는 주장이라는 것이다. 이것은 분명히 사실이다. 그러나 이는
지역주의와 특수주의에도 똑같이 적용된다. 실제로 모순의 양
극단을 주장하는 행위로써 지식의 구조를 통제하는 집단들은
연구에서 어떤 것을 관찰할 가능성과, 어떤 종류의 발견들이 타
당하게 보여서 받아들일 수 있는 여지, 그리고 그런 지식에서
어떤 종류의 정책적 함의들을 끌어낼 수 있는 개연성을 제한한
다. 그것들은 도덕적인 주장이 아니고 정치적인 주장은 더더욱
아닌 지적 주장으로 제시된다는 바로 그 이유 때문에 정치적 영
역에서는 매우 강력한 도구들이다.

고전적인 인식론 논쟁들은 우리의 지적 가능성, 특히 지식구
조의 지적·도덕적·정치적인 측면들의 상호작용을 이해할 수
있는 능력을 마비시킨다. 그리하여 실질합리성에 도달하는 것
을, 불가능하게 하지는 않을지라도 한없이 어렵게 만들어, 형식
합리성의 극히 허약한 강령에 의존하도록 강요한다(Wallerstein
1996). (사회)과학이 환원주의나 본질주의가 될 수는 없으며, 복
잡한 현실에 대한 타당한 해석을 목적으로 해야만 한다는 생각
을 받아들이는 것은 지적·도덕적·정치적 문제를 동시에 그리
고 분리할 수 없는 방식으로 제기하는 사회과학을 창조하는 첫

걸음이다. 즉, 세계의 철학자들이 우리에게 오랫동안 말해왔듯이, 그 불확실한 가장자리를 영원히 방황할 것임을 너무도 잘 알지라도 우리는 진실한 것, 선한 것, 그리고 아름다운 것 ── 각각의 이 세 화신 ── 을 동시에 추구해야만 한다.

제10장

사회학에서 역사적 사회과학으로
전망과 장애물

19세기가 시작될 당시에는 사회과학이나 사회학 어느 것도 최소한 제도나 지식 담론의 용어로 존재하지 않았다. 20세기에 접어들었을 때 사회과학은 지적 관심의 어떤 영역을 포괄하는 모호한 용어였고, 사회학은 몇몇 서방국가의 대학에서 공식적인 인가(認可)를 받기 시작한 조직화된 초기 분과학문의 명칭이었다. 21세기에 들어오면 사회학은 전세계 대부분의 대학에서 조직화된 연구과정인 반면, 사회과학은 여전히 어떤 지적 관심의 영역을 포괄하는 모호한 용어로 남아 있다.

분과학문으로서 사회학이 누린 황금기는 1945년에서 1965년에 이르는 시기인바, 당시 사회학의 과학적 임무는 분명해 보였고 미래는 보장되었으며 그 지적 지도자들도 자신감이 있었다. 이런 장밋빛 순간은 오래가지 않았다. 1965년 이래 사회학자들은 많은, 매우 다양한 행로를 따라 흩어졌다. 그로써 내부에서는 사회학의 미래에 대해 아주 곤혹스러워했으며, 이는 또한 외부의 많은 사회적 비판을 불러왔다. 이 분야의 지적 지도자들의 시각에 대해 말하자면, 최소한 2차 세계대전 이후 20년간 존재했던 것과 같은 의미에서 그런 지도자들이 지금 존재하고 있는가?

최근 논문에서 나는 하나의 문화로서의, 즉 자기를 사회학자로 여기는 사람들이 광범위하게 공유하는 일련의 전제들로서의 사회학 유산을 추적했다. 다음으로 내가 생각하기에 이 문화에 대한 중요한 도전들, 너무 광범위해서 기본적인 전제들을 재고하거나 탈피해야(unthinking) 할지도 모르는 도전들의 개요를 정리했다(Wallerstein 1999). 나는 사람들이 아는 세계체제와 지식 세계 모두가 변한 결과, 21세기에 우리가 자신에게 던진 지적인 물음들은 최소한 150년 전에 제기된 물음과 사뭇 다르다고 생각한다.

사회학이 태동해서 최근까지 존재한 시기는 기술의 무한한 미덕과 끝없는 미래 개발에 대한 폭넓은 자신감에 근거한 역사적 낙관주의로 가득 찬 때였다. 이 시기는 지식인들이 인류의 진보를 그 자체로 선으로 간주할 뿐만 아니라, 역사적 필연으로 믿던 시대였다. 우리 모두가 향해 가고 있다고들 하는 이런 지상낙원의 본질을 두고 많은 논쟁이 있었지만, 돌이켜보면 논쟁들은 그들이 내딛는 발걸음에 대해 사람들이 느꼈던 자신감에 비하면, 어떤 이는 오만이라고 말할지도 모르는 것에 비하면 부차적인 것 같다. 사회과학자들이 던진 많은 질문은 두 가지 중요한 쟁점에 집중되었다. 그것은 근대세계가 착수했다고 전해지

는 위대한 역사적 여정의 기원과 그 여정이 초래한 부수적 손실
에 인간사회가 어떻게 대처할 수 있는가에 관한 것이었다.

수많은 이유로 우리는 그 거대한 역사적 여정의 기원에 관심
을 가졌다. 그에 관한 명료한 설명으로써 선진국과 이른바 제3
세계 사이에 존재하는 부의 차이를 밝힐 수 있었을 뿐만 아니라
그런 차이가 그 과정의 필수적인 부분임을 정당화할 수도 있었
다. 그런 정당화의 이기적인 면모는 모든 사람이 궁극적으로 하
나의 바람직한 목적을 향해 나아갈 것이기 때문에 그런 차이는
한시적이라는 이론적 주장에 의해 어느 정도 가벼워진다. 그 여
정에 대한 영리한 설명은 심지어 그런 과정을 우리가 집단적으
로 촉진하는 데 도움이 된다고 생각되었다. 그리고 물론 그것은
우리가 나아가야 하는 방향에 대해서 빈틈없이 예의 주시할 수
있도록 도와주었다.

그 결과 생겨난 것이 대안적인 '거대서사'다. 그런 주요한 서
사, 지배적인 서사는 세계에 대한 자유주의 관점, 역사에 대한
이른바 휘그적 해석이다. 이런 시각으로 보면, 인간은 개인주의
적 자유사회에서 살기를 열망한바, 이는 지배의 구조를 최소화
하고 선택의 다양성을 극대화함으로써 물려받은 특권의 정당성
을 거부하는 체제에서 모든 사람들이 타고난 재능을 실현할 수
있다는 것이다. 이런 시각으로 보면 세계는, 특히 몇몇 서방국
가들은 현재 그 목적을 달성하는 도상에 이미 진입해 있으며,
조만간 나머지 국가들도 따라잡을 것이었다.

자유주의 시각이 경제적 특권과 사회적 특권을 더욱 (많이)

188

소유한 이들의 자족적 관점을 구성한다는 것은 처음부터 자명했다. 그러나 자유주의자들은 보편주의를 추구하며, 따라서 모든 사람이 잠재적으로 이익을 얻을 수 있다고 주장했기 때문에 앞선 이데올로기보다 더 많은 호응을 끌어낼 수 있었다. 사회학자들은 이 관점에 근거하여 근대성의 개념을 만들어냈는데, 이는 세계의 사회적 가능성을 이분법적으로 개념화하는 시도 중 최근의 두 가지 대안을 가리킨다. 즉 지위보다는 계약, 공동사회보다는 이익사회, 기계적 결속보다는 유기적 결속 등이다. 이런 이분법적 개념을 이용해 우리는 근대세계 및 근대세계가 '전통사회'와 다르다고 하는 방식을 더욱 정교하게 그려낼 수 있었다. 결국 더욱 정교한 묘사를 위해 양적인 측량법을 사용했다. 그 결과들이 개념 속으로 짜맞춰 넣어지기 때문에 자료는 그런 관점을 확증하는 것처럼 보인다.

자유주의의 거대서사에 대항하는 두 가지 중요한 도전이 있었다. 하나는 보수주의적인 것이고, 다른 하나는 급진적인 것이다. 보수주의의 도전은 자유주의 관점의 필연성과 심지어 그 매력도 의심했다. 물론 보수주의적인 사회학자들도 있었다. 그러나 하나의 분야로서의 사회학은 그들의 메시지를 그다지 받아들이지도 않았고, 그들의 이론적 사상에 많은 여지를 주지도 않았다. 지식의 환경에서 살아남기 위해 보수주의자들은 자신의 더욱 반동적인 본능을 포기하고 내세운 주장을 어떤 진화적 과정을 포괄하는 해석으로 다시 주조해야 했다. 비록 그 최종 결과물이 위계질서의 장점과 필연성을 유지하는 것이라고 해도 말이다. 헤겔의 사상은 그런 주장의 바탕을 이루는 논리를 제공했고, 국가에 대한 헤겔의 강조는 국가적 정체성들에 대한 계속 퍼져가는 감각과 양립했다.

급진주의 쪽의 가장 중요한 도전은 맑스주의였다. 이는 보수주의의 비전보다는 일관성 있는 자유주의 시각의 한 변형이었지만, 자유주의와 큰 차이는 없었다. 본질적으로 맑스주의자들은 현시기가 역사발전에서 최후의 국면이 아니라 끝에서 두번째 국면임을 강조했다. 씨나리오를 이렇게 재조정함으로써 현재의 분석(계급투쟁)과 정치적 실천(혁명)도 크게 변했지만, 맑시즘은 현재와 진보의 필연성을 이분법적으로 개념화하는 것이 중요하다는 믿음을 자유주의와 공유했다.

사회학자들의 두번째 주요 관심사는 진보를 향한 행진이 초래할 부수적인 피해였다. (이 용어들을 어떻게 정의하든) 전근대에서 근대로 이행하는 과정에서 적어도 단기적으로 개인과 집단이 자주 상처를 입었다는 사실에는 모두 동의한 것 같았다. 사람들이 소외되었거나 삶이 분열되었거나 사회적 방향감각을 상실했다고들 했다. 그 결과 사회학자들은, 이때도 적어도 단기적으로는, 실천에 나서고 '반사회적인' 태도를 취했다.

대개 도시의 무질서라고 묘사된 대대적인 혼란에 대한 이런 가정은 세계 사회학자들에게 일상의 양식을 제공했다. 그들은 일탈, 가난, 범죄 그리고 전근대에서 근대로의 이행에서 파행한 다른 모든 '질병들'을 연구했다. 그러나 거의 모든 사회학자들이 이런 병폐가 역사적으로 한시적이라고 가정했기 때문에 고칠 수 있다고 생각했다. 스스로를 사회사업가(social worker)로 혹은 사회사업가들의 이론가로 간주하는 사회학자들의 자아상(自我像)은 사회학자들의 활동을 제대로 정의하는 데 열쇠를 제공한다. 실제로 재정적 후원자들(국가, 재단 등)은 사회학자들의 이런 관심에 특히 매력을 느꼈는데, 그러지 않았다면 그들이 받은 재정지원은 더욱 줄어들었을 것이다.

두 가지 관심, 즉 근대성의 기원과 도시 무질서의 문제는 사회학자들의 저작이나 생각에서 결코 사라지지 않았다. 그러나 오늘날 이런 관심은 약간 괴상하게 보이는데, 특히 사회학자들 자신에게 그렇다. 한편으로 많은, 아니 대다수 사회학자의 관심은 '포스트' 문제들, 다시 말해 포스트산업주의, 포스트모더니즘, 포스트콜로니얼리즘 등으로 이동했다. 근대성은 갑자기 현재가 아니라 과거지사가 되어버린 것 같다. 도시의 무질서는 사람들이 생각한 것처럼 사라지기는커녕 증가하고 있는 듯하다. 그간 사회사업가로서 계속 활동하기는 했어도 사회학자들은 분명히 더 신중해졌고 자기들이 내놓은 치유책들이 의도한 좋은 효과를 낼 수 있음을 전보다 확신할 수 없게 되었다. 교육에서 인종적 차이를 어떻게 극복할 것인가에 대한 제임스 콜먼(James S. Coleman)의 전기(傳記)적인 전향(轉向)은 훌륭하고 유익한 교훈이었다.

우리 시대를 묘사하는 데 현재 사용되는 유행어는 '세계화'다. 개인적으로 나는 이 말이 분석개념으로는 무의미하며, 주로 정치적 설득의 용어로 쓰인다고 본다(Wallerstein 2000c). 그러나 이 용어는 지식인과 일반대중 모두에게 반향을 일으킨 듯한, 요즘 뭔가 매우 새로운 일이 일어나고 있다는 주장을 대표한다. 이 말은 '포스트' 개념씬드롬과 맞아떨어지고, 새천년의 개시에 따르는 모호한 불안과 일치하는 것처럼 보인다. 새천년의 전환점에서 서기 1000년에 그랬던 것처럼 그리스도의 재림이 아니라 Y2K 문제를 주요 서방국가들이 두려워했다는 것은 놀라울 정도로 상징적이다.

신자유주의적 신조의 주창자들은——투박하게 말하자면 지배계급의 사제들은——영광스러운 미래에 대한 확신을 다시 떠벌리고 있다. 미국의 컴퓨터산업계에서만 100만 명의 새로운 백만장자들이 생겨났다는 소식이 텔레비전에서 들려온다. 세계체제경제의 양극화가 엄청난 속도로 계속 심화되고 있다는 말은 들리지 않는다. 미래에 대한 확신이 상당히 회의적으로 받아들여지고 있음은 분명하다. 그러나 세계체제의 정치적 안정을 회의주의로는 그다지 뒤흔들지 못한다. 무지한 대중들이 자기의 이름으로 행해진 반체제운동들이 대안적인 영광스러운 미래를 실현할 수 있다는 것을, 심지어 실현하기를 원한다는 점조차 더이상 확신하지 못한다는 사실에 의해 위협받을지언정, 자기들도 백만장자가 될 수 있다는 허튼소리를 받아들이는 몽매한 대중들의 회의주의는 정치적 안정에 별로 위협적이지 않다는 것이다.

우리 앞에 놓인 하나의 중요한 물음은, 21세기가 기술과 근대성의 어떤 직선적 전진을 약속하는가(그것을 세계화나 포스트모더니즘 또는 다른 어떤 것으로 부르든지) 아니면 현존 세계체제의 붕괴를 예고하는가이다. 이는 우리의 현실을 어떻게 해석할 것인가에 대한 논쟁이며, 이는 또한 우리가 살고 싶어 하는 현실에 관한 논쟁을 은폐할 수도 있다. 그러나 우리는 그런 물음에 어떻게 답할 것인가? 20세기에 진입했을 당시는 어떻게 답할 것인가가 분명한 것처럼 보였다. 과학——즉 뉴턴적·결정론적·직선적·시간가역적 과학——은 그런 질문에 대한 유일하게 정당한 답변 양식으로 받아들여졌다. 신학적인 것이 과학의 유일한 대안으로 간주되었고, 근대문명을 특징짓는 것은 현실을 설명하는 데 신학이 유효하다는 주장을 거부하는 것이었다. 선(善)과 진(眞)은 사뭇 다른 영역에 속한 것이었다.

지난 30년 동안 일어난 일은 뉴턴주의도, 결정주의도, 신학도 아닌 제3의 설명양식의 출현이었다. 그것은 복잡계 과학으로서, 그에 따르면 현상과 설명은 모두 복잡하다. 과정들은 단지 한시적으로만 직선적이다. 그것들은 역사 속에서 분기하고 혼돈에 빠지고 다시 자기들을 새로운 체계로 조직하는 지점에 도달한다. 그리고 그 과정은 결과를 근본적으로 예측하기 힘들고, 결과는 분기과정에서 실제적인 복잡한 역사적 투여의 일개 함수라는 의미에서 비결정적이라고 주장한다. 이 명제들을 얼마나 심각하게 받아들이느냐에 따라 우리가 '근대'의 정점에 접어들었는지, 아니면 근대가 붕괴하는(그리하여 분기하는) 국면에 접어들었는지에 대한 답변 방식에 영향을 줄 것이다.

따라서 오늘날 우리는 세계의 서술적(descriptive) 상황에 대해서뿐만 아니라 세계의 서술적 상황을 우리가 어떻게 알 수 있는가를 놓고 논쟁한다. 그것은 쉽지 않은 논쟁이며, 신경이 소모될 위험도 있다. 또한 최근의 과학전쟁이나 문화전쟁처럼 막다른 골목에 처할 수도 있다. 우리에게 필요한 것은 사회적 사유의 가능성과 우선순위, 학문활동의 조직에 대해 더 차분하게 성찰하는 일이다. 그러므로 여기서 (이론적 또는 인식론적 문제들 중) 어떤 쟁점들을, 어떤 도구로써 다루어야 하는가라는 순수한 지적인 문제에서 눈을 돌려 그 작업을 수행하기 위해 어떻게 하면 우리 자신을 가장 잘 조직할 것인가의 문제로 논의를 옮겨보자.

첫째 문제는 지식의 이른바 두 문화 분리가 초래한 억압적 영향이다. 이는 지난 200년간 지식의 구조를 지배한 이론적이며 방법적인 도식으로서, 사회적 현실에 관한 현명하고 유용한 학문행위의 가능성을 심각하게 방해했다. 그것은 18세기 후반기에 거의 결정적으로 일어났던 과학과 철학의 '이혼'의 결과였다.

두 문화의 분리는 많은 부분 여전히 우리 곁에 남아 있지만, 200년에 걸친 역사에서 지난 30년 동안 처음으로 심각한 공격을 받아왔다. 이 두 문화 모델에 대해 사회과학은 물음을 던지지 않았고, 이는 분명히 우리에게 수치스러운 일이다. 그 공격은 계획하지 않은 협공작전의 결과였고, 1990년대부터 눈에 띄기 시작했다.

한편에서는 자연과학(그리고 수학) 내부에서 이른바 복잡계 과학이 태동했다. 복잡계 과학을 연구하는 과학자들이 내놓은 발상은 새로운 것이 아니다. 그중 많은 것이 19세기 후반에 (특히 뿌앵까레에 의해) 윤곽이 그려졌지만, 1970년대까지는 조직적인 영향력을 갖지 못했다. 근본적으로 복잡계 과학은 때때로 베이컨적 · 데까르뜨적 · 뉴턴적 모델로 명명된 근대과학의 기본 모델, 즉 결정론적이고 환원주의적이고 선형적인 모델에 도전했다. 이 새로운 집단은 그 오래되고 지배적인 모델이 자연현상의 총체를 묘사하기는커녕 사실은 매우 특수하고 제한적인 사례만을 묘사한다고 주장한다. 복잡계 과학에 종사하는 과학자들은 '시간의 화살'과 '확실성의 종말'을 주장하면서, 뉴턴역학의 거의 모든 전제들을 뒤엎는다. 이런 지적인 논쟁과는 사뭇 별개로 주목해야 할 점은, 복잡계 과학을 연구하는 과학자들이 이제는 의미심장한 소수로 성장했고, 자연과학자 사회 내부에서 꾸준히 입지를 확보하고 있다는 사실이다.

협공의 다른 쪽 진영은 인문학(철학과 문학연구)에서 유래한, 문화연구라는 이름으로 불리는 것으로 구성된다. 복잡계 과학처럼 문화연구도 자기 진영 내의 지배적 관점을 최초의 공격대상으로 삼는바, 이 경우 그 대상은 문화예술품의 세계에 대한 유효한 보편적 판단을 반영하는 심미적 정전(正典), 세대를 거쳐 전수되는 정전이 존재한다고 주장하는 사람들이다. 정전 개념을 비판하는 사람들은 심미적 판단이란 보편적이지 않고 특수한 것이며, 사회에 뿌리를 두고 있고 사회적 입장들을 반영하고 권력투쟁을 계속하면서 끊임없이 진화한다고 주장한다. 그들은 그로써 '문화'에 관한 연구를 역사화 · 상대화했다. 이 운동은 대학제도 내에서 연구의 대상과 주제 모두로 인정받으려는 비주류 집단——사회적으로 억압받고 '소수자'로 규정된 여성, 무수한 계급적·인종적·민족적·성적 집단——의 요구와 일치했고, 그런 요구 덕분에 세력을 얻었다. 다시 한번 주목할 것은, 인문학 내부에서 문화연구 집단이 얼마나 중요해졌는가이다.

사회과학들이 이 두 운동, 즉 복잡계 과학과 문화연구에 의해 영향받지 않은 것은 아니다. 그럼에도 여전히, 사회과학 내부의 토론은 대체로 이 새로운 이단들의 지혜를 어떻게 통합할 것인가, 또는 그와는 정반대로 그 이단들에 어떻게 저항할 것인가 하는 문제에 집중되었다. 우리는 이 운동들이 지식구조 자체에 끼치는 영향을 적절히 심사숙고하지 못했다. 지식의 세계는 원심적 모델에서 구심적 모델로 바뀌고 있다. 대략 1850년대에서 1970년대에 이르기까지 세계의 대학제도는 인식론적으로 서로 정반대 방향으로 치달으면서, 자연과학과 인문학은 분리되고 양자 사이에 위치한 사회과학은 두 강력한 세력에 의해 찢어졌다.

오늘날 복잡계 과학을 연구하는 학자들은 사회과학의 담론(시간의 화살)과 더 조응하는 언어를 사용하는데, 가치와 심미적 판단의 사회적 귀속성을 연구하는 문화연구의 옹호자들도 마찬가지다. 이 집단 모두 세력을 얻고 있다. 두 극단(과학과 인문학)이 중앙(사회과학)을 향해 움직이고, 어느 정도는 중앙의 관점에 따라 그렇게 움직이고 있다는 의미에서 이 모델은 구심적으로 변모하고 있다.

두 문화라는 비유를 지적 재앙으로 생각하는 우리에게 그런 변모의 순간은 기쁨의 순간이기도 하지만 엄청난 책임의 순간이기도 하다. 거시적 시각으로 보면 과학과 인문학은 상대편 쪽으로 나아가고 있다고 말할 수 있다. 이 학문들은 거대한 혼동 속에서 끝없이 변화하면서 나아가고 있는데, 이 변화 가운데 몇몇은 자신이 버렸다고 주장하는 낡은 인식론의 화신에 지나지 않는다. 아마도 사회과학자들은 이 문제를 밝힘으로써 지식구조의 인식론적 토대들을 다시 통일하는 새로운 종합을 일궈낼 수 있을 것이다. 어쩌면 그렇지 않을 수도 있지만, 우리가 노력하지 않는 한 알 길이 없다.

당면한 두번째 쟁점은 어떻게 실질적 합리성이라는 개념을 우리 작업의 중심에 놓는가다. 막스 베버는 (주어진 목적을 실현하기 위한 최적의 수단인) 형식적 합리성이 합리성의 유일한 형태가 아님을 주장하기 위해 그와 대조되는 개념으로 실질적 합리성을 내세웠다. 그에 따르면 실질적 합리성은 "모호성으로 가득 차 있다." 그는 이 용어를 궁극적 목적들의 어떤 기준을 적용하는 것을 뜻하는 말로 사용한다. 이는 "그 목적들이 윤리적·정치적·공리주의적·쾌락적·봉건적·평등주의적인 것이든 아니면 그 밖에 무엇이든" 이런 가치들의 관점에서 경제활동의 결과를 측정하기 위한 것이다.[1]

베버 자신은 방법론 논쟁에 대해 모호한 입장을 취했듯이, 형식적 합리성과 실질적 합리성의 상대적 우선순위에 대해서도 모호했다. 그러나 그토록 많은 그의 저술에 대해 대개 그러했듯이, 그의 많은 해설자들은 모호함을 제거했고, 정치적 목적을 위해 그의 관점을 오용했다. 베버는 그의 마지막 에쎄이에서 책임의 윤리에 따라 행동하도록 우리에게 요구한바, 그것은 우리가 단순히 이용된 수단이나 의도가 아닌 사회적 행위의 결과를 분석하고 강조해야 한다는 것을 뜻한다고 봐야 한다. 형식적 합리성의 개념이 20세기 후반부에 의아스럽게도 매우 주관적인 선택들의 보편적 기준으로 분해됨에 따라, 또 모든 선택에는 개개인의 가치관이 잠재해 있다는 사실이 밝혀짐에 따라 형세는 역전되었다. 객관적 현실을 대표하는 형식적 합리성과 주관적 선호를 대표하는 실질적 합리성이 아니라 이제는 실질적 합리성 속에서 주관적인 것을 넘어서는 것을 찾아야만 하리라 본다. 만약 어디에선가 우리가 그것을 찾아야만 한다면 말이다.

그것은 누군가가 무엇이 실질적으로 합리적인가를 규정할 수 있어서도 아니며, 어떤 종류의 실험과정에 의해서 이 문제가 분명히 판정될 수 있어서도 아니다. 그러나 뭔가를 묘사하기 위해 '합리적'이란 용어를 사용하는 한, 우리는 어떤 성찰의 과정, 따라서 토론, 논쟁, 상대적 합의, 많은 판정의 과정을 지칭해야만 하는바, 이를 통해 무엇이 실질적 합리성인가를 더 정확하게 정의할 수 있다.

이것은 몇몇 현명한(그리고 고립된) 전문적인 철학자 집단의 임무라기보다는 사회과학의 핵심 과업으로 간주되어야 한다. 즉 사회과학은 경험적 연구를 통해 타당하지 않은 선택지를 제거하고 제안된 행동 경로의 실제 결과를 시험함으로써 궁극적으로 어떤 형이상학적인, 즉 정치적 토론의 건전한 틀을 만들

수 있다. 만약 두 문화의 분리가 극복된 세상이었다면 이런 문제를 걱정하거나 두려워할 필요가 없었을 것이다. 이는 우리가 가치중립적 탐구에 대한 순진한 주장을 포기하고, 학문행위를 선전선동으로 만드는 것을 실천적으로 타당하게 제약할 수 있는 것으로 그러한 주장을 대체할 수 있도록 노력해야 한다는 것을 뜻한다.

이로써 우리는 세번째 조직상의 문제, 즉 19세기 후반에 사회과학에서 분리된 분과학문의 범주들과 마주하게 된다. 그 경계들은 역사적인 지적 정당성을 대부분 상실한 바로 오늘날 오히려 조직적으로는 매우 강력하다. 현재 발생하는 사태는 아주 간단하다. 우리는 사회과학이——도서관과 서점에서 쓰는 범주들뿐만 아니라 현재 대학의 학과 이름들(과 국내외 학회)에 의해——분리되고 측정되는 지적 범주들 수의 곡선을 그릴 수 있다. 물론 이 과정의 초기 단계인 1750년 혹은 심지어 1850년 이후엔 유사한 자료가 없다. 주요 대학에는 강좌의 이름들은 실제로 있다. 사회과학의 분화는 U자형 곡선처럼 보인다. 초기에는 아주 많은 범주들이 있었다. 1850년에서 1950년에 이르는 과정은 이런 아주 큰 집단이 아주 작은 수로 축소되는 것이었다. 1950년 후로는 '새로운' 분과학문들이 보편적이지는 않을지라도 적어도 세계 학문공동체의 중요한 부분에서 인정됨에 따라 곡선은 다시 상승하고 있다. 이 숫자는 앞으로 수십 년 동안 더 빠른 속도로 지속적으로 증가할 것으로 판단된다.

그러나 개별 분과학문들의 개념은 수가 적을 경우에만 의미가 있다. 수가 많아지면 우리는 실제로는 기껏해야 다양한 연구자들을 잠시 함께 묶는 학문활동의 영역에 대해 말하는 꼴이 된다. 만약 대학원생들에게 이 협소한 영역을 '가르친다면', 더 나아가 박사학위까지 수여한다면, 우리는 본질적으로 사회과학자로서 사유하는 학생들의 능력을 훼손하는 것이다. 그들을 단지 숙련된 기술자로 만든다는 말이다. 물론 조직상의 문제는 취업의 여부다. 그러나 지적인 영역에서 벌어지는 결과는 집단적 맹목이다.

세 개의 가능한 씨나리오가 있다. 하나는 어느 날 자체 무게를 이기지 못해 붕괴될 때까지 사회과학의 조직상 구조를 계속 땜질하는 것이다. 우리는 지금 이 길에 들어선 듯하다. 아마도 이런 현상은 계속될 것이다. 뒷짐지고 기다리는 것은 가능하지도, 그럴듯하지도 않다. 또는 사회과학의 재조직에서 우리는 '기계에서 내려온 신'(deus ex machina, 절박한 상황에서의 갑작스러운 해결책—옮긴이), 아니 더 가능하게는 '기계에서 내려온 신들'(dei ex machina)의 개입을 기대할 수 있다. 사실 이런 역할을 수행할 후보자들, 심지어 아주 열성적인 후보자들이 있다. 그들은 교육부와 대학의 행정처에서 찾을 수 있다. 이 관료들의 주된 동기는 의심할 여지없이—그들은 분명히 자기들의 의도를 학문적인 속임수로 치장하겠지만—비용절감을 위한 합리화일 것이다. 우리가 그들의 개입에서 기대할 수 있는 것은, 각각의 제도들마다 각각의 다른 결과들일 터인데, 이는 혼란을 가중시킬 것이다.

세번째 씨나리오는, 가능성은 적지만 아마도 더 바람직한 것으로서 사회과학자들 자신이 좀더 현명한 노동분업, 21세기에 의미심장한 지적 진전을 이룩한 사회과학의 재통합과 재분화에 앞장서는 일이다. 나는 우리 모두가 어떤 특이한 과제를 추구하고 있다고 생각할 때에만 이 재통합을 이룰 수 있다고 보는데, 그것이 역사적 사회과학이다. 이 과업은 인식론적 전제, 즉 사회적 현실에 관한 모든 유용한 기술(記述)은 필연적으로 '역사적인'(즉, 상황의 구체성뿐만 아니라 연구대상인 구조의 연속적이며 끝없는 변화를 고려하는) 동시에 '사회과학적'이라는(즉, 장기지속에 관한 구조적 설명을 추구하지만 그런 설명이 영원하지도 영원할 수도 없다는) 전제에 기초해야만 한다. 간단히 말해서 방법론의 핵심에 과정이 있는 것이다.

그렇게 재통합된(그리고 결국 재분화된) 사회과학에서는 경제·정치·사회문화 영역의 어떤 의미심장한 분리를 가정하는 것은 가능하지 않을 것이다(심지어 조건부라 하더라도 '다른 조건들이 같다면' 같은 어구는 용납되지 않는다). 그리고 우리는 '우리'와 '타자'에 매우 신중해야 할 것이다. 역사적 사회과학자들은 근대와 전근대, 문명과 야만, 선진과 후진 사이에 선을 긋는 대신(우리는 그토록 많은 미묘한, 그리고 그다지 미묘하지 않은 방법으로 계속 그렇게 해왔다) 보편적인 것과 특수한 것 사이의 긴장을 작업의 핵심으로 흡수하고 모든 지역, 모든 집단, 모든 계층에 동일한 종류의 비판적 분석을 가해야 한다.

이 모든 것은 말하기는 쉬우나 행하기는 어렵다. 그것은 사회과학이 진정으로 전지구적인 실천이 될 때까지는 결코 이루어지지 않을 것이다. 오늘날 명백히 경제적인 이유로 대다수 사회과학은 지구의 좁은 구석, 즉 부유한 곳에서만 작동한다. 이것이 우리의 분석을 왜곡하며, 그 왜곡은 개별적인 것이 아니라 구조적인 것이다. 학자들이 저마다 아무리 고결한 자기 수련을 한다고 해도 그런 왜곡은 고쳐지지 않을 것이다. 이는 단지 아시아, 동유럽 또는 라틴아메리카 출신의 사회과학자들을 콜로키엄에 더 많이 초대하거나 서구의 대학에서 가르치도록 하는 문제가 아니다. 자금의 체계적인 재배치가 요구된다. 학식 있는 과학자들이든 대학원생이든 상관없이 서구 학자들은 나머지 세계와 접촉하면서 가르치기보다는 배워야 한다. 그들은 '전통적' 가치에 대한 경건한 허사(虛辭) 이상을 배워야 한다고 느껴야 한다. 모든 사회과학자들은 학술서적을 다섯에서 일곱 개의 언어로 읽어 지식의 범위를 제대로 자유롭게 이해할 수 있어야 한다. 간단히 말해 세계 사회과학의 진정한 사회적 변화가 필요하다. 나는 그런 변화가 향후 25년에서 50년 사이에 일어날 수 있다고 조심스럽게 낙관할 수 있을 뿐이다.

그런 변화가 일어날 수 있는 가능성은 많아야 반반이며, 장애물도 분명하다. 가장 기본적인 수준에서 지식세계의 변화는 본질적으로 세계체제 자체의 변혁 과정과 연관된다. 더 지역적이면서 개인적인 차원에서는 엄청나게 많은 사람들이 현상황을 유지하는 데, 특히 그 최악의 양상을 유지하는 데 기득권을 가지고 있다. 게다가 이 중 많은 이들이 문지기 역할을 하고 있는

데, 비단 서구의 대학에서만 그런 것은 아니다. 그럼에도 새로운 천년은 시작되었다. 그리고 새로운 천년이 결코 마술적인 것이 아니라 해도, 그것은 의례적으로 깊은 성찰을 강요한다. 그리고 나는 그런 성찰이 유용하고 중요할 수 있음을 믿을 만큼 계몽주의의 후예이기도 하다.

제11장

인류학, 사회학, 그 밖의 모호한 분과학문들

이른바 분과학문들은 실제로는 세 가지를 동시에 의미한다. 물론 그것들은, 아무리 논란거리가 되거나 불분명해도, 어떤 종류의 경계들과 어느 정도 합의된 정당한 연구방식을 갖춘 지적 범주이며 주장의 방식이다. 그런 의미에서 분과학문들은 역사적 체제의 역학에서 기원한 사회적 구성물이다. 분과학문들은 그 역학 내에서 형식을 취하며 그 정의도 (대개 영원하다고 주장하거나 그렇게 간주하지만) 시간이 흐름에 따라서 변한다.

이런 분과학문들은 또한 19세기 후반부터 더욱 정교한 형태를 띠어온 제도상의 구조물이다. 대학에는 분과학문의 이름으로 된 학과들이 있다. 학생들은 특정 분과학문의 학위를 추구하며, 교수들은 그 학문의 이름을 딴 직함을 가지고 있다. 분과학문의 이름을 내건 학술지, 도서관 분류목록, 출판사의 목록, 서점의 서가도 있다. 분과학문의 이름을 딴 상과 연속강연도 있다. 분과학문의 이름을 딴 국내외 학회도 있다. 제도로서의 분과학문은 도처에 퍼져 있는 듯하다.

마지막으로 분과학문은 문화다. 자신이 특정 분과학문 집단의 일원임을 주장하는 학자들은 대부분 유사한 경험과 환경을 공유한다. 그들은 자주 동일한 '고전적인' 책들을 읽었다. 각각의 분과학문 내에는 잘 알려진 전통적인 논쟁이 있는데, 인접 분과학문의 논쟁과는 으레 상이하다. 이 분과학문들은 선호하는 학문 양식이 있는 듯하며, 그 구성원들은 적절한 양식을 구사함으로써 보상을 받는다. 그리고 문화는 시간에 따라 변할 수 있고 변하는 반면, 다른 분과학문 구성원보다는 해당 분과학문의 구성원에 의해 평가될 공산이 더 큰 표현방식은 항상 존재한다. 간단한 예를 들자면, 사학도들은 이차문헌보다는 일차문헌을 선호하도록 교육받아 문헌연구를 숭배한다. 문헌학적 연구는 다른 사회과학 분야에서는 그다지 중요한 학문활동이 아니다. 기존 문헌에서 자료를 따 모으는 것으로 현지조사를 대체하는 인류학자는 그 분야에서는 환영받지 못한다. 나는 이런 태도를 문화적 편견이라고 본다. 지적으로 정당화하기는 어렵지만 이러한 문화적 편견은 뿌리가 깊으며, 학자들이 상호교류하는 현실세계에서 작동한다.

나는 내 주장을 "인류학 강연"이라는 제목의 틀에서 개진하기 때문에 인류학자들의 편견 중 하나로 간주되는 것에—아마도 내가 잘못 생각했을 수도 있지만—집중하는 것이 합당하리라 본다. 역사가들처럼, 하지만 대다수 다른 사회과학자들과는 달리, 인류학에서도 우리 모두가 사는 미시세계(micro-world)의 조각들, 일화를 가지고 분석을 시작하는 것이 부적절하다고 간주되지 않는다. 이 자리가 씨드니 민츠(Sindey W. Mintz) 인류학 강연이므로 그에 관한 일화로 시작하겠다.

페르낭 브로델 센터가 설립되던 해인 1977년, 나는 우리가 후원하여 빙엄튼에서 2월 2일에 개최된 한 교수 쎄미나에 씨드니 민츠 교수를 초대했다. 그는 수락했다. 그런데 나는 한술 더 떴다. 그에게 "플랜테이션 노예는 프롤레따리아였는가"라는 강연 제목을 준 것이다. 그는 이 특정 주제에 대해 강연할 것에 기꺼이 동의했고, 우리는 이후 강연문을 『리뷰』(Review)지에 실었다.[1] 민츠 교수는 카리브해 연안의 대농장에서 수백 년간 지속적으로 이루어진 실제 노동과정을 개관하면서 '노예'와 '프롤레따리아'라는 용어가 서로를 '배제한' 채 정의되어온 전통적인 방식의 한계에 대해 사려 깊고 성찰적인 논문을 썼다. 그럼에도 실제로 제기된 질문에 대한 그의 반응은 조심스러웠다.

당시의 상황에서 두 가지 주목할 점이 있다. 우선 나는 상당히 강력한 학문적 규범을 어겼다. 초청 강연자에게 발표문의 주제를 제안할 수는 있어도 구체적인 제목을 적시하는 것은 부적절하다고 간주된다. 물론 민츠 교수가 나의 물음에 대해 논하도록 하기 위해서 나는 의도적으로 강연 제목을 명시했다. 또하나 주목할 일은, 통상적으로 이 물음은 인류학자들에게는 던져지지 않는 종류의 것이며, 인류학자들도 이런 물음을 자기 자신에게 자주 던지지 않음은 더 말할 것도 없다. 말리노프스키(Bronislaw Malinowski)나 루씨 마이어(Lucy Mair)가 이 물음에 답하는 것을 상상할 수 있을까? 이들은 씨싸 같은 민즈 교수가 플랜데이션 노예제도에 대한 연구가 인류학자의 적법한 과제라고 실제로 믿었다는 것은 아주 잘못된 생각이라고 여길 수도 있었을 것이다. 그러나 '프롤레따리아'라는 용어를 쓴 것은 확실히 지나쳤다. 이 용어는 통상적으로 그 분과학문의 정전 텍스트에서는 찾아볼 수 없는 것이다. (어떤) 경제학자, 역사가, 그리고 아마도 사회학자들도 이 용어를 사용할 수는 있을 것이다. 그러나 인류학자들은? 그것은 서구와 나머지 세계의 경계선을 넘나드는 것을 의미한다. 현재 이런 경계선이 인류학계에서 다소 중요성을 상실한 것처럼 보이더라도(그런데 정말 상실했을까?) 1977년의 상황은 아직 그렇지는 않았다.

두번째 일화는 더 간단하다. MIT에서 인류학을 가르치는 휴 거스터슨(Hugh Gusterson)에 관한 것이다. 『뉴욕 타임즈』와의 인터뷰에서 그는 핵무기 과학자들의 습속(習俗)과 도덕관을 어떻게 연구하게 되었는가라는 질문에 답했다. 그는 다음과 같이 말하면서 답변을 마무리했다. "1984년에 자기 자신의 문화에서 현지조사를 하는 것은 흔치 않았다. 만약 그런 연구를 한다고 해도 빈민지역 주민이나 복지수당을 받는 주부들에 대한 연구처럼 하위계층을 연구하는 것이었다. 오늘날은 과학인류학이라는 급성장하는 분야가 있다."(Dreifus 2002)

세번째 일화는 한 역사가에 관한 것이다. 1789년에서 1945년까지 빠리에서 발생한 폭력을 연구한 리처드 버튼(Richard

D.E. Burton)의 최근 저서를 서평하면서 존스 홉킨스 대학의 데이비드 벨(David A. Bell) 교수는 다음과 같이 말했다. "그러나 자기를 인류학자로서 위치지음으로써 ─ 원주민들이 서로를 살육할 때 옆에 서서 그런 살육을 기록한 과학자인 ─ 그도 많은 이들이 당했던 바로 그 덫에 걸려들었다. 즉, 그의 연구주제들은(원주민들이 ─ 역주) 싸우다 죽어간 (그들이 믿은) 이유를 그가 심각하게 생각하지 않았다는 것을 보여준다."(Bell 2002, 19면)

인접 학과에 있는 동료들이 당신을 어떻게 보는가는 때로는 당황스럽지만 언제나 시사적이다. 나는 사회과학 분야에서 벌어지는 이 살육전에서 어느 편도 들지 않겠지만, 벨은 분명히 두 공동체 즉 인류학과 역사학의 상이한 문화적 색조를 언급하고 있다. "원주민들이 서로를 살육할 때 그것을 기록한" 문제는 최근 미국인류학회 내부에서 다소 격렬한 논쟁의 초점이었는데, 이 논쟁은 비학문적인 매체에까지 퍼지게 되었다.

지금까지 내가 소개한 모든 일화는 분과학문들로서의 분과학문들에 관한 것이다. 분과학문들은 어떤 것을 주제로 포용해야 하는가? 우리는 그 주제에 어떤 방법으로 접근해야 하는가? 각 분과학문 사이에 존재하는 경계는 중요한가? 만약 중요하다면 무엇 때문에, 누구에게 중요한가? 내 기본 입장을 분명히 밝히는 것으로 시작하자. 나는 세 가지를 믿는다. 그중 하나는 지식의 영역으로서 19세기에 만들어진 분과학문은 실효성이 고갈되어 오늘날에는 진지한 지적 작업에 주된 걸림돌이 되었다는 것이다. 둘째, 나는 분과학문의 제도적 기초는 여전히 매우 강력하다고 본다. 비록 지식의 전반적인 구조에는 (그것들을 찾으려는 사람들에게만 보이는) 중요한 균열들, 대다수 참여자들이 생각하는 것보다 제도들이 견고함을 훨씬 위태롭게 하는 균열들이 있다고 믿지만 말이다. 끝으로 나는 각 분과학문의 문화에는 거둬들여서 쭉정이를 버리고 사회과학의 재구성에 통합하거나 그렇지 않으면 적어도 이용해야 할 풍요로움이 있다고 믿는다. 이 세 가지 주장을 연속적으로 다뤄보자.

분과학문들의 지적 정당화

1993년에서 1995년까지 나는 국제위원회인 사회과학 재구성을 위한 굴뱅끼안(Gulbenkian) 위원회를 주재하면서 『사회과학의 개방』(*Open the Social Science*)이라는 보고서를 냈다 (Wallerstein et al. 1996).[2] 보고서의 1장은 "18세기에서 1945년에 이르는 사회과학의 역사적 구성"을 다뤘다. 거기서 우리는 현존하는 분과학문의 지적 계보는——분과학문의 명칭은 100년 넘게 지속된 솎아내기 과정에서 살아남은 것으로 간주해야 하기 때문에——대략 세 가지 축을 중심으로 나뉜다고 주장했다. 그것은 ① 과거(역사학) 대 현재(경제학, 정치과학, 사회학) ② 서구(앞에서 언급한 네 종류의 분과학문)와 나머지 세계(인류학, 동양학) ③ 시장(경제학), 국가(정치과학), 시민사회(사회학)라는 자유주의적 구분을 둘러싸고 법칙정립적 서구의 현재를 구조화하기 등이다.

이렇게 가정한 구분의 축이 갖는 한계를 인식하는 것은 21세기에는 쉬운 일이다. 20세기의 마지막 30년 동안 많은 사회과학자들이 모래 위에 그어진 이런 경계선들을 무시하기 시작했다. 게다가 많은 사람들이 이같은 현실을 고려하여 학문적 침입으로 여겨질 수도 있었을 행위를 적법한 활동으로 바꾸기 위해 다양한 분과학문들의 지적 전제들을 다시 정의하려고 했다. 그러나 확언컨대 내가 대학원에 다니던 1950년대 당시만 해도 19세기적 경계는 단순히 존재하는 데 그치지 않고 모든 분과학문 내에서 활발히 주장되고 옹호되었다.

무슨 일이 일어났는가? 아주 간단하다. 세상이 변한 것이다. 미국은 지구적 책임을 지닌 패권국이 되었다. 제3세계 국가들은 정치적 세력으로 변했다. 그리고 세계적으로 대학교육이 대대적으로 확대되었으며, 그에 따라 연구와 저술활동에 종사하는 사회과학자들도 엄청나게 증가했다. 이 첫 두 가지 변화가 의미하는 바는, 서구세계를 연구하기 위한 분과학문과 그 밖의 국가들을 연구하기 위한 분과학문의 분할이 전혀 유효하지 않게 되었다는 사실이다. 세번째 변화는 학문적 경계 넘기를 통한 독창성의 추구로 이어졌다. 오늘날 사회과학 학회의 연례 학술대회에 기고되는 논문의 제목들은 놀랄 정도로 비슷하다. 동일한 명사에 '~의 인류학' '~의 사회학' '~의 역사' 따위의 문구를 첨가한 것을 제외한다면 말이다.

상이한 분과학문의 학술회의에 제출되는 이 논문들은 다르게 읽히는가? 어느 정도는 그러한데, 이는 분과학문들의 '문화'와 연관된다. 그러나 그것들은 생각만큼 다르게 읽히지 않으며, 화성에서 온 과학자라면 과연 요란을 떨 만큼 차이가 나는지 분명히 의아해할 것이다. 그러므로 나는 다음과 같은 엉뚱한 발상을 굴려보고 싶다. 가령 우리가 사회과학의 모든 기존 분과학문들을 하나의 거대한 새로운 학문으로 통합하여 그것을 '역사적 사회과학'으로 부른다고 가정해보자. 나는 심리학을 그 범주에 포함시키지 않을 텐데 거기엔 두 가지 합당한 이유가 있다. 분석의 층위는 아주 분명하다. 또한 오늘날 (전부는 아닐지라도) 대다수 심리학자들은 사회과학자보다는 생물학자로 간주되기를 바라는데, 실제로 수행하는 작업의 종류를 생각해볼 때 그들의 생각이 옳다고 본다.

이제 동화 속 요정 대모(代母)가 방을 나가자 우리는 이런 기적이 일어났음을 발견한다. 그리고 우리가 이용하기엔 이 구조의 규모가 너무나 크고 거추장스럽다는 걸 즉시 알아챌 것이다. 우리 가운데 많은 이들은 (아마도 대다수가) 기존 학과들이 지나치게 방만하다는 사실을 이미 알고 있다. 하나로 통합하는 일은 문제를 엄청나게 복잡하게 만들 것이다. 물론 우리는 어떤 일이 일어날지 알고 있다. 사람들은 자기가 편하게 느낄 모서리를 만들어내어 곧 새로운 재분할 구도가, 아마도 새로운 학과들이 생겨날 것이다. 나는 이 새 학과들이 우리가 지금 아는 것과는 사뭇 다른 명칭을 갖게 되리라고 생각한다. 동물학과 식물학이 생물학이라는 단일 학과로 통합될 때 그러했는데, 이 현상은 대략 1945년에서 1955년에 이르는 기간에 거의 모든 곳에서 발생했다. 현재 생물학 내에는 너무도 많은 소단위 학과와 전문분야가 존재하지만, 내가 아는 한 어떤 것도 식물학이나 동물학으로 불리지 않는다.

현재 세계의 사회과학 분야에서 지적 분할이라는 것이 실제로 무엇인지를 함께 살펴보자. 나는 세 개의 주된 학자 집단이 존재한다고 생각한다. 고전적인 법칙정립의 관점을 고수하는 일군의 큰 집단이 분명히 있는데, 이들은 모사가능하고 가능한 한 주로 양적인 자료를 이용하여 유사(類似)실험적인 기획을 통해 사회행위에 대한 최대한의 보편법칙을 만들고 싶어하는 사람들이다. 오늘날 그들은 (적어도 미국에서는, 그러나 거기서만은 아닌데) 경제학과를 지배하며 정치학과도 이런 추세에 있다. 사회학, 지리학과에서도 이들은 강력하다. 비록 수적으로는 적더라도 역사학과, 인류학과에서도 발견된다. 이들은 수많은 근본 전제와 심지어 방법론의 선호도까지 공유한다. 가령 이 진영에서는 방법론적 개인주의가 매우 인기가 있다. 이미 그들은 서로 대화를 나누었고, 풀타임으로 그런 대화를 하면 더 행복해할 것이다.

여러 면에서 개별기술의 전통을 물려받은 다른 진영이 있다. 이 진영의 구성원들은 특이한 것과 차이를 뜯어보는 것을 선호한다. 이는 규모의 문제가 아니다. 그중 많은 이들은 소규모 현상에 관한 연구를 매우 선호하지만, 기꺼이 대규모 현상을 분석하려는 이들도 있다. 문제는 누군가가 통일성을 주장하기만 하면 언제나 그들은 고개를 가로젓는다는 것이다. 그 결과, 모든 경우에 자료를 반드시 거부하지는 않아도, 그들은 양적인 자료를 추구하지 않는다. 그것은 자료를 가지고 무엇을 하느냐의 문제다. 그럼에도 그들 대다수는 이른바 질적인 자료를 이용한다. 그들은 면밀한, 거의 텍스트적 분석을 선호한다. 그들은 연구대상들과의 교감을 강조하지만, 대상과 융합하는 것은 비판한다. 왜냐하면 융합은 권력의 표현이기 때문이다. 거의 당연하게 그들은 다른 진영의 사람들이 하는 작업 중에서 자기가 싫어하는 것이 주로 무엇인지를 서로에게 말한다. 그러나 막상 자신의 작업을 발표하게 되면, 그들은 심지어 자신의 진영에서도 많은 저항에 직면한다. 그들은 논쟁적인 무리이다. 법칙정립주의자들에 둘러싸인 그들은 여전히 자신의 조직이라는 우주로 탈출하기를 원할지 모른다. 이들은 주로 인류학과 역사학과에서 발견되며, 사회학에서도 증가하는 추세다. 이외에도 몇몇 정치학자, 지리학자, 심지어 소수의 경제학자들도 여기에 속한다.

그다음으로 두 진영 중 어느 쪽도 편치 않게 느끼는 사람들이 있다. 이들은 자기들이 복잡한 사회현상이라고 생각하는 것을 다루기 위해 거대담론을 구축하려 한다는 점을 부인하지 않는다. 오히려 반대다. 그들은 그 점을 자랑스러워한다. 이 진영은 실제로 매우 다양하다. 자료의 취향 면에서는 편향적이지 않아 일단 어떤 자료가 이용가능하고 타당하다면, 양적인 자료든 질적인 자료든 개의치 않는다. 실행과 선호도 면에서 아무리 경험적이라고 해도 그 추종자들은 거대담론의 구축과정에서 더 큰 철학적인 문제를 접하게 되고, 그중에는 기술적으로 철학자라 자칭하는 사람과 기꺼이 대화를 나누려는 이들도 있다. 또한 그들은 더 큰 정치적인 문제를 접하는데, 그중에는 국제관계 전문가로 자칭하는 정치학자들과 대화를 나누는 이들도 있다. 이들은 역사학, 사회학, 인류학, 지리학, 경제학(특히 경제사), 정치학 분야에 광범위하게 포진해 있지만, 항상 소수파로 존재한다. 이들도 이미 서로 교류하고 있으며, 아마 다른 두 진영보다 더 많이 교류하고 있을지도 모르는데, 이는 자기들이 박해받은 소수라는 믿음을 반영한다.

재구성된 역사적 사회과학(들)의 학부에서 재량이 주어진다면, 사회학자들이 지적 구성물들로서 이 세 가지 '분과학문'을 만드는 것은 당연할 것이다. 그런 지형을 만들어낸다면, 그건 우리가 과거에 가졌고 현재에 가지고 있는 모든 것에서 엄청나게 진보한 것이리라. 그러나 그들에게 재량이 주어질 것인가?

분과학문의 제도적 틀

분과학문들은 조직이다. 자기의 영토가 있고 구성원도 적지 않다. 그 구성원들은 내가 앞에서 언급한 엉뚱한 발상이나 기존 조직이 자리 잡은 역사적 지형을 위협하는 생각들로부터 자기 영토를 방어하기 위해 필사적으로 싸울 사람들이다. 순수하게 아무리 지적으로 논쟁해봐야 세계 사회과학자들의 대다수를 좌지우지할 수는 없을 것이다. 이들은 방어할 '이해관계'가 있고 그것을 방어할 최고의 방법은 현상태를 유지하는 것이기 때문이다. 이들은 멀티一, 인터一, 트랜스一분과학문적 프로젝트, 연구, 심지어는 학위들을 말로써, 또는 심지어 실질적으로 지원할 태세가 되어 있다. 이들은 그렇게 할 태세가 되어 있는데, 그것은 모든 멀티一, 인터一, 트랜스一가 궁극적으로 다음과 같은 것을 암시하기 때문이다. 즉 기존 분과학문들은, 만약 사람들이 원하는 것이 융단이라면, 융단을 만들기 위하여 모두 짜깁기할 수 있는 구체적이고 특별한 한 벌의 지식을 이미 가지고 있다는 것이다. 그러므로 멀티一, 인터一, 트랜스一라는 것은 조직으로서의 분과학문을 훼손하지 않는다. 정반대다! 그것들은 분과학문들을 강화한다.

어떤 유형의 사람들이 자기 영토를 가장 사납게 방어하는지 알아보자. 물론 여기에는 이념적 선택이라는 요소가 개입되어 있기는 해도, 내가 보기에 쟁점은 주로 세대적인 것이다. 젊은 이들은 대담하거나 적어도 캐묻기 좋아하며 충동적일 수도 있다. 선배들의 잠재적 제재 때문에 그들은 금지된 지역을 방황하는 것을 자제해야만 한다. 그들의 대선배들은 때때로 성찰적이고, 본인들과 다른 사람들이 그토록 오랫동안 해온 허튼소리에 싫증이 나 있다. 그들을 인정하기는 어렵다. 그러나 그들을 무시하고 위신이 권력을 대신할 수 있는 명예의 네버네버랜드로 추방하는 일은 어렵지 않다.

아니, 악당들은 바로 마흔에서 쉰다섯 살에 이르는 사람들, 즉 정교수, 학과장, 학회장, 국가위원회의 회원, 상을 수여하는 심사위원들이다. 그들은 (대학원생으로서 굴욕적인 세월을 보낸 후) 초임 교수 시절에 치욕을 겪은 사람들이다. 그들은 승진하기 위해 열심히 일했다. 그들은 (지역적으로만이 아니라 전국적으로, 국제적으로) 동료들 사이에서, 매우 정당하게, 명성을 얻었다. 공식 지위를 버리고 자기를 불안정한——본질적으로 지금까지 성공적으로 사용하여 익숙해진 연장 없이 다시 싸워나가야만 하는——난국에 놓음으로써 이 모든 것을 내던지지 않으려 한다고 해서 우리가 그들을 비난할 수 있겠는가? 물론 그럴 수 없다. 그들도 그렇게 하지 않을 것이다. 아마 한두 명 용기 있는 바보가 있을지는 모르지만, 그것으로 뭔가를 바꾸기에는 충분하지 않다. 그리고 분과학문조직에서의 실세는 바로 이 사람들임을 기억하라.

그래서 민족해방 운동에서 (그 외에는 가장 명민한 분석가인) 아밀카 카브랄(Amilcar Cabral)은 그러리라고 믿었지만, 나는 쁘띠부르주아지가 자살하리라고는 전혀 기대하지 않는다. 전혀 아니다. 그들은 가능한 모든 방법으로 개혁에 맞서 싸울 것이고, 그렇게 할 수 있는 길은 많다. 소장학자나 원로학자들은 그들을 당해낼 수 없다. 그럼에도 현상태의 옹호자들은 분명히 질텐데, 그것은 그들이 임자를 만날 것이기 때문이다. 거기에는 그럴만한 두 가지 이유가 있다.

무엇보다 지식세계의 비정상성이 증가하고 있는데, 그 점은 날이 갈수록 분명해지고 있다. 누구에게 더 분명해지는가? 일단은 일반대중에게다. 정확하게 예측하지 못한다면 경제학자들이 무슨 소용인가라는 불평을 우리가 신문에서 얼마나 많이 접했는가? 이것이 이치에 맞는 불평이 아닐 수 있다는 건 중요하지 않다. 그런 불평은 사회과학자들이 행한 기존 작업의 정당성이 해체되고 있음을 말해준다. 그리고 궁극적으로 사회과학은 사회체제가 정당화하는 것에 의존하는데, 전자는 후자의 일부분이다. 그렇지 않으면 존경심도, 돈도 없다. 결과적으로 신규채용은 고갈될 것이다. 사실은 이렇다. 150년에 걸친 놀라운 활동 이후 세계의 사회과학은 스스로 보여줄 수 있는 것이 너무도 없고, 외부인들이 요구하는 사회적 과업을—현재의 '문제들'로 여겨지는 것을 어떻게 해결할 것인가에 대해 현명한 조언을 주는 일을—수행할 수 없다.

이런 이미 감지된 실패는 곧 학계와 더 큰 사회체제 사이에서 연결고리를 제공하는 대학체제와 다른 지식구조에 속한 사람들에게 큰 골칫거리의 원천이 될 것이다. 이 더 큰 사회체제가 대학과 그 밖의 지식구조에 부여하는 자본, 권력, 정당성에도 마찬가지다. 이 사람들은 행정가들, 즉 학장, 대학총장, 그리고 대부분 국가에서는 교육부장관 등이다. 이들의 일은 개별 분과학문의 조직적 체제를 보존하는 것이 아니라 지식의 생산과 재생산에서 최적의 사회적 산출이라고 여겨지는 것을 제공하는 것이다. 이들의 일은 모든 면에서 지적인 만큼이나 정치적이다. 이런 행정가들 대다수는 한때 학자였던바, 그중 대부분은 진지한 새로운 학문에 더이상 헌신할 수 없고 다른 학자들, 심지어 자기의 전문영역에 종사하는 이들을 따라잡을 수도 없다. 마흔에서 쉰다섯 살에 불과한데도 이들은 서서히 수년에 걸쳐 분과학문 조직이 자기에게 부과한 연결고리에서 멀어진다.

그런 행정가들의 시각으로 전체적인 상황을 조망해보자. 이들은 대체로 사회과학을 불행한 눈으로 바라본다. 사회과학자들은 대학에 큰돈을 벌어다주지 않는데, 생물학과 물리학에 비교할 때는 더욱 그렇다. 사회과학자들이 누린 정당성의 전성기는 끝났다. 이 행정가들은 각 분과학문이 중복되는 정도를 일상적으로 인지한다. 그럼에도 어떤 이는 거의 매주 새로운 센터를 (거의 언제나 학제적이라고 조롱받지만) 만들기 위해서 이들의 사무실을 찾으며, 어떤 이는 격주로 전혀 새로운 교육프로그램, 심지어 새로운 형태의 학과를 만들려고 한다. 그래서 행정가들은 이미 그런 교육프로그램이 엄청나게 많다고 의심하지만, 더 많은 것을 요구하는 사람들에게 둘러싸여 있다. 많은 원고(原告)들이(교수들이—옮긴이) 외부의 제안에 반응하는 게임을 하기 때문에, 행정가들은 자신들이 너무나 자주 굴복하여 사회과학이라는 천문학 지도에서 불필요한 또다른 운동궤도(epicycle)의 창출을 용인해야 한다는 사실을 알게 된다.

반면에 이런 행정가들은 심각하고 종종 장기적인, 재정적인 걱정거리에 시달린다. 물론 그들이 쓸 수 있는 돈의 액수는 증권시장의 상황에 따라 해마다 다르다. 그러나 문제는 이보다 훨씬 크다. 1945년에서 1970년 사이 세계의 대학제도는 놀라운 비율로 팽창했다. 그러나 당시는 세계경기가 호황이었다. 우리 가

218

운데 몇몇은 그런 호황을 꼰드라띠예프 A국면으로 부른다. 이 국면은 1970년경에 끝났고, 이후 우리는 죽 B국면에 있다. 세계의 정부들은 이전보다 호황이 아니었지만, 대학은 대중의 압력 덕분에 계속 팽창했다. 전세계적으로 더 많아진 고등학교 졸업생들이 매년 대학에 진학하려고 한다. 이들은 대학 진학이 삶의 기회를 늘린다고 생각하기 때문에 그렇게 하려고 하고, 정부와 기업가들은 기성 인력이 상대적으로 과잉인 상황에서 젊은이들이 노동현장에 아직 진입하지 못한 것을 다행스럽게 생각한다.

더 많은 학생과 더 적은 자금은 만성적인 위기를 의미한다. 우리 모두는 이런 위기를 겪어왔다. 게다가 이런 경제적 제약이 사라지리라고 생각할 근거는 없다. 다시 꼰드라띠예프 A국면이 찾아올지도 모르지만, 세계 대학제도도 더 팽창할 것이다. 그 이유 가운데 하나는 인간의 수명이 길어지고 그에 따라 근로기간도 계속 늘어나, 세계체제의 당국들은 젊은이들을 직업시장에서 밀어내려고 더 애쓸 것이기 때문이다. 이 젊은이들을 대학제도 안에 붙잡아두는 것이 하나의 진정한 사회적 해결책이지만, 문제는 비싸다는 것이다.

만약 당신이 대학의 행정가라면 어떻게 하겠는가? 나라면 이렇게 하겠다. 긴축할 수 있는가 주위를 둘러볼 것이다. 그중 한 가지 방법은 교수들로 하여금 더 많은 학생들에게 더 많은 것을 가르치도록 하는 것이다. 나는 이것을 '대학의 고교화'(highschoolization)라고 부르는데, 이런 현상은 빨라지고 있다. 물론 이로 인해 매우 명망 높은 대학교수들이 종신 연구직이나 심지어 기업의 연구조직으로 빠져나가려고 할 것이다. 행정가들의 시각으로 보면, 이건 명성의 실추지만 경제적으로는 이득이다. 이들은 자기 대학에서 가장 비싼 몇몇 교수들을 제거하는 것이다.

그런 다음 나는 학과들을 통합하겠다. 안될 게 뭔가? 학과들은 겹친다. 그들은 충분히 가르치지 않는다. 학생들은 현재 상황으로 인해 혼란스럽다. 이름이 멋진 새로운 학과는 학생들을 끌어오는 동시에 규모의 경제를 성취할 수 있다. 행정가들은 이를 심지어 지적 대담성이라고 선전할 수도 있을 것이다. 그래서 분과학문의 지나치게 강한 조직적 구조에 거의 눈에 띄지 않는 균열들이 있다고 했을 때, 내가 주로 염두에 두는 것은 행정가들의 개입가능성이다.

누가 알겠는가? 행정가들은 구조조정을 훌륭하게 수행할 수도 있을 것이다. 그러나 나는 두 가지가 두렵다. 그중 하나는 이들이 순수하게 지적인 관심사보다는 재정상의 문제에 의해 좌우되리라는 것이다. 결국 행정가들은 학자의 임무를 정의하는 최적의 방법을 결정하는 일을 하고 봉급을 받는 것이 아니다. 그들은 좋은 교수를 고용하여 사회적으로 유용한 생산품을 만들어내는 일을 하고 봉급을 받는다. 이른바 일류 대학들은 전적으로 장기적 관점에서만 지적으로 정당화될 수 있는 소규모 비인기 학과를 유지하려고 할지 모르나, 아카드어(Akkadian, BC 2334~2279년경 집권한 아카드의 사르곤 왕 시대 지중해에서 페르시아만에 이르는 지역에 걸쳐 널리 쓰였던 북부변방어군에 속하는 셈어의 일족——옮긴이)와 그 문화를 가르치려는 사람을 위한 직장은 결코 많지 않을 것이다. 예산 분석을 통해 추진된 구조조정은 순간의 유행이나 학생의 잠재직 고용인들이 형편없이 정의한 요구들을 너무나 자주 수용한 것이다.

나의 두번째 우려는, 지역의 상황이 언제나 매우 특수하기 때문에 행정가들이 추진하는 구조조정은 각 지역마다 달리 이루어지리라는 점이다. 행정가들은 개별 분과학문의 학자들만큼 강한 다국적 조직의 구조를 가지고 있지 않다. 세계적 규모에서 그 결과는 사방으로 흩어져 학자들의 세계공동체의 부양을 촉진할 수 있는 제도들의 출현에 불리하게 작용할 수 있다.

이 모든 것은 행정가에게 불공평할 수 있다. 학자이며 교사인 사람들은 (내가 주장하듯이) 그들 자신부터가 그렇게 멋진 일을 할 태세가 되어있지 않기 때문이다. 핵심은 우리가 분과학문의 구조 면에서 혼돈의 시기에 들어서고 있다는 것이다. 나는 질서는 항상 (프리고진의 영어 제목을 떠올리자면) 혼돈에서 나온다고 믿지만, 결과는 본질적으로 (프리고진의 또다른 주제를 언급하자면) 불확실하다. 현재 실제로 발생하는 사태를 예의 주시하지 않는다면, 우리는 이 시기를 제대로 헤쳐나갈 수 없을 것이다.

사회과학의 문화들을 수확하기

여기서 나는 가장 위험한 영역으로 들어간다. 이 절의 제목은 농업적 비유인바, 이는 땅에서 나오는 다양한 산물들을 지칭한다. 이것들을 결합하여 유용한 생산품, 즉 식품과 의류, 그 밖에 일상적인 삶에서 필요한 모든 것을 만들 수 있으며, 이러한 생산품은 토양 조건이 제약하는 한계 내에서 우리가 얼마나 작업을 잘 수행하느냐에 따라 더 좋거나 나쁜 것이 될 수 있다.

아마도 우리는 이 과정을 다른 비유로, 즉 캔버스 위에서 예술품을 만들어내기 위해 색깔을 혼합하는 미술가의 비유로 표현해야 할지 모르겠다. 그리하면 내가 선호하는 색과 흥미롭거나 아름답다고 느끼는 색들의 배합 목록을 사람들에게 제시할 수 있고, 내가 의미심장하다고 생각하는 스타일로 그림을 구상하여 보여줄 수 있다. 화가의 비유는 주체에 더 많은 자율성을 부여하는 것 같은데, 말하자면 화가는 자신이 통제할 수 없는 외적 실재에 의해 구속받기는 하지만 농부보다는 덜 그렇다. 나는 비유들 속에서 헤매고 싶지는 않다. 다만 사회과학의 미래를 분석하는 데 행위자를 얼마나 많이 강조해야 하는가, 또는 행위자가 얼마나 진정한 쟁점인가 등의 이 항구적인 문제에 대해 내가 느끼는 불확실성을 가리키고자 할 뿐이다.

따라서 내가 하려는 바는, 일련의 문화적 편견들을 손꼽아보는 것이다. 그런 편견들은 내가 보기에 편견들의 대안보다 더 잘 작동하며, 역사적 사회과학이라고 부르는 통합된 형식을 재건하는 데 초석이 되리라 본다. 이 새로운 분과학문의 구성에 대해 내가 사용하는 바로 그 명칭에서 논의를 전개해보자. 어떤 식으로든 과학에 기초하지 않고 현실세계에 대해 논하는 것은 불가능하다. 그 과학은 세계란 실재하는 것이고, 또한 아마 (단지 부분적이라 하더라도) 알 수 있음을 전제한다. 우리가 말하고 쓸 때 사용하는 모든 단어는 어떤 이론이나 기대시사와 관련이 있다. 아무리 도망가고 싶다고 말하거나 도망가려고 해도 거기서 벗어날 수 없다. 다른 한편 역사적이지 않고는 현실세계를 분석할 수 없고, 심지어 묘사조차 할 수 없다. 역사적이라 함은 주어진 어떤 실재의 맥락이 지속적으로 변하고 발전하며, 진리를 담은 진술은 발화되는 순간 더이상 진리가 아님을 뜻한다. 사회과학의 문제는——아마 자연과학의 문제도 마찬가지겠지만 이에 대해서는 잠시 보류하겠다——어떻게 구조적 연속성(법칙이나 가설이라고 해도 좋다)과 끊임없는 역사적 변화에 관한 연구를 양립시키는가 하는 것이다. 즉, 문제는 앎의 과정에 내재한 이런 모순의 가교 역할을 하는 분석 양식 또는 언어를 찾아내는 것이다.

쟁점을 이런 식으로 진술하는 것은 방법론 논쟁의 유용성을 부정하며, 법칙정립주의자와 개별기술주의자 둘 다의 주장을 거부하고, 우리 모두는 항상 어느 상황에서나 동시적으로 두 가지 전부가 되는 운명이라고 말하는 하나의 방식이다. 현재의 많은, 아니 대다수 사회과학자들은 이런 현실을 불편해할 것인데, 이는 당연하다. 왜냐하면 그런 현실은 자기들이 사회화되었던 문화들을 위반하는 것이기 때문이다. 그러나 문화들은 변할 수 있고 실제로 변하며, 비록 때때로 어렵기는 하지만 유연한 것임을 우리는 안다. 지금부터 50년 후 이 민츠 강연에서는 (비록 인류학이라는 말이 변화의 과정에서 사라질지도 모르지만) 이 지양(Aufhebung)이 너무도 자연스러워 그 점을 언급하는 것 자체가 불필요하게 생각될지도 모른다.

그런 문화에서 우리는 어떤 종류의 연구를 하게 될 것인가? 나는 대체로 경험적인 연구를 희망하지만, 그건 어떤 특정한 경험적 연구다. 현존 사회과학의 가장 보편적인 실패로 간주되는 것에서 시작해보자. 우리가 하는 많은 연구는, 설명된 것(explicandum)이 어떤 의미에서 실재함을 진정 경험주의적으로 증명하지 않고 몇몇 종속변수들을 정교하게 설명하는 것이다. 어떤 믿을 만한 주장이 하나의 실재라고 가정하는 것은 너무 쉽다. 랑케가 역사는 '있는 그대로의 것'에만 유념해야 한다고 주장했을 때, 그는 바로 그런 가정에 반대한 것이었다. 또한 오래전에(1949년에) 라짜르스펠트는 자명한 사실도 일단 누군가가 그 사실에 대한 증거를 제시하려고 하면 그렇게 자명하지 않음을 논증했다. 그리고 초기 민속지 학자들은 이상한, 야만적이기까지 하다는 행위의—가까이서 관찰했을 때는 매우 달라 보이는—상(像)들과 씨름했다. 랑케는 문서상의 증거를 찾아야 한다는 주장에 자신의 경고를 이용했다. 라짜르스펠트는 여론조사의 유용성을 주장하는 데 자신의 경고를 이용했다. 또한 민속지 학자들은 자기들의 경고를 이용하여 참여자들의 관찰을 주장했다. 해결책들은 많다고 판명되었지만, 그 해결책들도 의심할 바 없이 모두 한계가 있었다. 핵심은 결정적인 최초의 문제를 자각하는 것이다.

경험적이고 합리적으로 증명된 어떤 종속변수에 관한 진술 없이는 분석이란 있을 수 없다. 이것이 그 주장이 정확하다는 것을 의미하지는 않는다. 어떠한 종류든 하나의 결정적인 사실은 존재하지 않는다. 그러나 결정적인 사실과, 가정되었지만 증명되지 않은 실재 사이에는 광범위한 가능성이 존재한다. 역사적 사회과학이 다루기를 요청받는 것은 바로 이 불확실한 중립지대인데, 이는 세상에서 실제로 발생한 일의 세계로 들어가는 것이다. 연역적 모델은 도움이 되지 않는다. 공통의 지식이라는 것은 기껏해야 정확할 수도 있는 인식들의 한 근원이며, 그 자체가 하나의 연구대상이다. 그렇기 때문에 (가장 느슨하고 넓은 의미에서의) 현지조사가 우리의 영원한 책임이다. 일단 무엇인가를 설명하려고 하면, 그것을 설명할 개념, 변수, 방법 등이 필요하다. 그리고 우리는 개념, 변수, 방법에 대해 오랫동안 핏대올려 서로 논쟁해왔고, 전반적으로 그 모두가 성과가 있었던 것은 아니다.

우리는 모두 개념을 사용한다. 그렇지 않다면 우리가 대체 다른 어떤 방법으로 말하는 것이 가능하겠는가? 그리고 우리 모두의 머릿속은 어렸을 때부터 지속적으로 받은 교육에서 얻은 개념들로 가득 차 있다. 그 개념들 중에는 필요나 이해관계처럼 세속적인 것, 사회나 문화처럼 명백해 보이는 것, 부르주아, 프롤레타리아처럼 구체적이고 '진보적'으로 보이는 것도 있다. 이것들 모두는 인간과 시간에 의해서 도전받지만, 그런 도전이 사람들이 개념들을 불러내는 것을 막을 수는 없다. 따라서 "한 단어의 역사에 대해 쓰는 것은 결코 시간낭비가 아니다"라고 말한

뤼씨앵 페브르(Lucien Febvre)의 충고를 기억해야 한다(1962, 481면). 그는 문명의 개념을 논할 때 그렇게 말했다. 대개는 무시된 이런 기본적인 진실은 해체주의에 헌신해온 사람들이 다시 만들어내려고 애쓴 것이다. 현재 독일에는 통합적인 개념사 학보(Archiv für Begriffsgeschichte)가 있는데, 짐작하건대 대다수 사회과학자들은 학보의 존재를 알지조차 못하고 있거나 혹 알고 있다고 하더라도 그것은 어떤 전문가들, 가령 사상을 다루는 철학자나 역사가들의 문제라는 이유로 묵살한다.

또한 대부분의 사회과학자들은 형태학의 제약들에 주의를 기울이지 않는다. 몇몇 현상의 다양한 목록을 만드는 것은 일종의 지각없는 경험론에 지나지 않는다. 형태학은 '만개하고 혼란스러운' 현실에서 예비적 질서를 만들어내는 방법이며, 사실상 그건 숨은 인과적 가설들이다. 가설은 나름대로의 가치가 있지만, 너무 많은 범주가 생기는 바로 그 순간 가치를 상실하게 된다. 대개 서너 개의 범주가 최대치다. 이는 사회과학자들이 철학적이고 인식론적인 전제들을 조심스럽게 반복적으로 검토·토론할 필요가 있음을 의미한다. 현재 그들은 개념사 또는 형태학을 구성하는 양식을 연구의 초석이나 대학원 교육에서 필요한 부분으로 여기지 않는다. 사회과학자들의 과학주의가 분명히 비과학적인 결과를 낳고 심지어 그들이 그런 일이 일어나는지조차 인식하지 못하는 것은 바로 이 대목에서다.

우리가 개념에서 변수로 옮겨갈 때, 다시 한번 몇몇 단순한 진리들은 논제가 된다. 비유를 계속해보자면, 소수의 편견들은 통합되어 우리 모두의 실천이 될 필요가 있다. 무엇보다 먼저 과거시제를 옹호하는 것에서 시작해야겠다. 사실상 모든 언술은 과거시제로 이루어져야 한다. 현재시제를 사용한 진술은 보편성과 영원성을 멋대로 가정하는 것이다. 문법적 속임수를 이용해 어떤 주장을 제기해서는 안된다. 어제 발생한 일은 모두 과거의 일이다. 과거에 발생한 일에 대한 일반화는 과거에 관한 것이다. 아마도 이것은 몇몇 인류학자들과(그 유명한 '인류학적 현재'), 대다수 주류 경제학자들, 사회학자들에게는 민감한 문제일 것이다. 그러나 과거시제의 사용은 우리가 행하는 분석의 역사성과 이론적 신중함의 필요성을 지속적으로 일깨워준다.

복수의 문화도 옹호해야겠다. 대다수 개념들은 복수의 개념들이다. 문명들, 문화들, 경제들, 가족들, 지식의 구조들──목록은 끝이 없다. 하나의 단어에 대해 하나의 정의만 제시할 수 있고, 정의에 맞지 않는 것은 그 용어로 묘사할 수 없다는 말이 아니다. 우리 모두가 너무나 잘 알고 있듯이, 거의 모든 개념적 용어는 다양하게, 심지어 무수한 방식으로 정의되며, 누군가의 정의에서 연역하여 논쟁을 배제하는 것은 학구적인 토론에 그다지 도움이 되지 않는다. 그럼에도 현재 우리가 하는 행위의 많은 부분은 대개 그런 식으로 진행되고, 심지어 그렇게 하면 보상을 받고, 그렇게 하지 않는 경우는 대개는 벌을 받게 된다. 어떤 협소한 정의를 주장하지 못하면, 저널리즘, 절충주의, 또는 진리에서의 일탈로 웃음거리가 되기 일쑤다.

과거시제와 복수개념에 따라오는 것은 다중적 시간성, 다중적 공간성, 다중적 시공간성의 문화다. 19세기 후반부터 대다수 사회과학을 지배한 방법론 논쟁은 우리의 공동체를 일종의 전쟁터로 양극화했는데, 거기서 우리 모두는 한쪽이 그릇되고 부적절하기 때문에 다른 한쪽을 선택하도록 강요받았다. 이렇게 강요된 갈등은 비생산적이었을 뿐 아니라, 우리로 하여금 다른 시간성들의 존재와 공간성들의 중요성을 무시하도록 했다. 가장 중요하게는, 현실이 체제적인 동시에 역사적이라면 (그런 현실 분석에—옮긴이) 필수적일 수밖에 없는 개념인 브로델의 장기지속을 포함해서 하는 말이다. 역사적 사회과학에서 필요한 것은 각각의 가능한 시간성들과 공간성들 속에서 우리의 현실이 어떻게 보이는가를 숙고하는 것이다. 근대세계체제의 역사 같은 큰 주제를 분석하든 어떤 새로운 요인이 외진 마을의 삶에 들어올 때 나타나는 현상 같은 작은 주제를 분석하든 그런 숙고는 당연히 필요하다.

탐구대상이 무엇이든 하나의 영역에서 다른 영역으로 옮겨갈 때, 예를 들면 우리가 경제라고 즐겨 부르는 것에서 정치체 (polity)로, 또 사회와 문화로 이동할 때 훨씬 많은 분석의 유연성이 필요하다. 다른 것들은 결코 동일하지 않기 때문에, '다른 것이 같다면'(ceteris paribus)이라는 가정은 존재하지 않는다. 모든 것을 동시에 말하기 어렵다는 것을 알기 때문에 우리는 잠시 직접적인 변수 이외의 요인들은 무시하고 싶을지도 모른다. 그러나 우리가 연구하는 것에 주변 변수들이 직접적으로 작용하지 않는다고 가정하면서 이런 작업을 할 수는 없다. 복잡계 과학들이 주는 모든 교훈은 우리가 이용하는 방정식들의 값이 무엇이든, 만약 누군가 최초의 상황을 아주 미세하게라도 변화시킨다면 결과는 완전히 달라질 수 있다는 사실이다.

그렇다면 방법들과 방법론들의 문제가 제기된다. 나는—나의 선생들이 사용한 은어로 표현한다면—작은 m방법과 큰 m방법 사이에는 근본적인 차이가 있을 수 있다고 배웠다. 작은 m방법은 우리가 사용하는 모든 실용적인 기술을 가리키는데, 과거에 분과학문들을 정의하기 위해 이용되었다. 즉 모의실험, 여론조사, 문헌연구, 참여자 관찰 등등. 작은 m방법에 대해 우리가 취할 수 있는 유일한 태도는 절대적 보편성의 태도이다. 그것은 단지 현실은 평가하고 포착하는 방법이다. 개인이 관심을 두는 문제에 대해 무엇인가를 발견해내는 것을 어렵게 만드는 것에 맞서는 데 그런 방법들은 나름대로의 가치가 있다. 이 방법 중 몇몇은 본질적으로 다른 방법들보다 나을 게 없을 뿐만 아니라, 일반적으로 기술된 연구 쟁점이나 장소들이 반드시 혹은 영구적으로 작은 m방법들 중 하나와 연관되는 것도 아니다. 우리 모두는 작은 m방법들 모두가 필요하다. 그것들은 나름의 미덕과 한계가 있다. 그리고 대학원생들은 이 작은 m방법들의 최대한의 범위를 숙지하는 게 좋다. 나는 문화적 편견의 구조 속에서 그런 방법들을 논의해왔기 때문에 우리의 편견을 제쳐놓기를 요구한다. 그로써 우리는 더 강해질 것이다.

그러나 진짜 문제는 큰 m방법들이다. 가령 우리는 양적 자료와 질적 자료 중 하나만을 믿어야 하는가? 이건 단순히 절충의 문제가 아니다. 그것은 어떤 종류의 자료가 유효한가의 문제다. 내가 생각하기에 집단적 지혜를 모으는 어떤 단순한 규칙들이 있다. 우리의 거의 모든 진술이 양적인 것임은 분명하다. 진술에서 '더욱' 혹은 '중요한'이라는 단어만 사용할 때조차 그렇다. 그리고 양적으로 더 정확한 것이 덜 정확한 것보다 더 흥미로운 것 같다. 따라서 언제든 가능한 한 수량화하는 작업은 바람직하다. 그러나 이 '언제든'라는 말은 아주 조심해야 한다. 진지한 수량화를 필수적이고 우선적인 것으로 만드는 과정에서, 결국 옛 농담처럼 가로등 밑이 더 밝기 때문에 거기서만 잃어버린 시계를 찾을 위험이 있는 것이다.

그러나 그런 농담에는 그 이상의 뭔가가 있다. 오늘날 한 지도적인 수학자는 다음과 같이 경고한다. "질적 접근은 단순히 양적 방법의 대용이 아니다. 유체역학에서처럼 그것은 위대한 이론적 진보를 가져올 수도 있다. 질적 접근은 양적 방법들, 즉 안정성보다 훨씬 우월하다."(Ekeland 1988, 73면) 이런 주장이 수량화, 다시 말해 신뢰성(안정성)을 주장하는 주요한 사회과학적 입장들을 거스르고 있음을 주목할 필요가 있다. 그리고 이것은 내가 성급한 수량화라고 부르는 것과 연관된다. 모델의 타당성과 자료의 강점 면에서 상당히 진전했을 때 우리는 유용하게 수량화할 수 있을 뿐이다. 수량화는 과정의 시작이 아니라 과정이 끝날 때쯤 개입한다. 사실 시작은 명백히 개별 인간사회에 대한 과학적 탐구와 그 밖의 비수량적 분석양식의 영역이다. 이 기술은 복잡한 상황에서(모든 사회적 상황들은 복잡하다) 쟁점들을 살살 끌어냄으로써 우리로 하여금 설명적 연관성을 탐구할 수 있게 한다.

단순한 것은 양적인 자료가 아니라 질적인 자료다. 그러나 단순성은 과학적 과정의 최종목표라기보다는 출발점이다. 물론 단순한 통계학적 상관성에서 출발할 수도 있다. 핵심은 복잡화다. 더 복잡하게 된다는 것이 반드시 더 서사적으로 된다는 걸 의미하지는 않는다. 그것은 매우 조절된 형태로 더 많은 변수를 낳는 더 복잡한 방정식들을 충분히, 심지어 더 잘 가리킬 수도 있다.

우리의 진정한 비교작업은 바로 이런 상대적 복잡성의 관점에서만 가능할 뿐이다. 그런 작업은 기이하거나 복잡한 또는 이국적인 상황을 탐구할 때 우리가 이미 잘 안다고 추정한 상황의 진실과 연결하지 않는 비교다. 당대에 '저개발국가'로 명명된 것을 연구한 초기 사회학자 가운데 한 명인 아널드 펠드만(Arnold Feldman)은 다음과 같은 이야기를 곧잘 하곤 했다. 자기의 작업에서 발견한 패턴에 대해 그가 강의할 때마다 청중 속에서 반드시 한 사람이 일어나 "파고파고(미국령 사모아의 수도―옮긴이)에서는 그렇지 않다"라고 말한다는 것이다. 펠드만의 설명이 파고파고에서는 사실이 아닐 수 있다는 주장은 맞을 수도 있고 틀릴 수도 있지만, 이런 경고의 적절성은 무엇인가? 이 질문자는 패턴들이 존재한다거나 도대체 존재할 수 있는 가능성을 부정하려는 의도가 있었을지도 모른다. 그러나 그렇다면 왜 파고파고를 연구하는가? 그것은 나비채집인가? 이 질문자는 펠드만의 공식이 너무 단순하기 때문에 공식이 유용하려면 더 복잡해져야 한다고 말하려고 했을지도 모른다. 아마도 질문자는 강연의 주최자들이 펠드만이 아니라 자기를 강연자로 초청했어야 한다고 느꼈을 수도 있다. 하지만 비판이 역사적 사회과학 내부에서는 중요한 도구이기는 해도, 지각없는 비판은 그렇지 않다.

그리고 그 점은 이야기(narrative)를 떠올리게 한다. 누가 이야기를 좋아하지 않겠는가? 이야기는 현실 인식을 전달하는 정말 알기 쉽고 매혹적인 방법이다. 가장 까다로운 일련의 미분방정식조차도, 비록 가장 소화하기 쉬운 형식은 아니지만, 확실히 이야기의 한 형태다. 최근 여러 이야기꾼들(narrators)은 거대서사를 많이 공격했다. 내가 보기에 이들은 자기들이 미시서사를 하며, 미시서사가 거대서사보다 낫다고 생각하는 것 같다. 그러나 물론 미시는 거시가 펼쳐지는 배경이며, 거시적 배경을 참조하지 않고서는 결코 미시를 이해할 수 없다. 결국 모든 서사는 거대서사다. 문제는 우리가 옹호할 수 있는 거대서사를 내놓는가다.

내가 구상하는 역사적 사회과학들의 문화에서는 이론화 내지는 이론들에 반대하지 않겠지만, 성급한 결론 내기에 대해서는 주의할 것이다. 자료와 방법의 범위, 나머지 지식세계와의 연계의 폭이야말로 그 주된 특성이 될 것이다. 너그럽지만 의심하는 토론 풍토에서 행한 활기찬 분석은 역사적 사회과학에 가장 도움이 될 것이다. 물론 나는 우리가 향후 50년 동안 비교적 최근에 발생한(200년에 불과한), 그러나 뿌리 깊은 철학과 과학——

이른바 두 문화——의 분열을 극복하고, 모든 지식에 대한 단일한 인식론을 세우기 위한 길에 나서리라고 추정한다. 이런 씨나리오에서는 활기를 되찾은, 구조적이면서도 역사적인 사회과학은 오늘날 자연과학과 인문학으로 분류되는 것들 사이에서 결정적인 연결고리를 제공할 수 있을 것이다.

역사적 사회과학의 모험은 여전히 걸음마 단계다. 우리로 하여금 본질적으로 불확실한 세계에서 실질적으로 합리적인 선택을 할 수 있게 하는 가능성들이 우리 앞에 놓여 있다. 그 가능성들은 이 세계체제에서 다음 세계체제로의 어두운 역사적 전환기, 필연적으로 지식의 구조에서도 발생하는 전환기에 희망의 근거를 제공한다. 최소한 우리의 집단적 방법을 개선하고 더 유용한 길들을 찾기 위해 진지하게 노력해보자. 우리의 분과학문들을 덜 의심스러운 것으로 만들어보자.

제2장 ● 21세기의 사회과학들

1) 발터 뤼에크(Walter Rüegg)는 다음과 같은 사실을 우리에게 환기한다(1996,
   18면). "'이 두 문화'의 문제는 18세기 이전 대학들에는 존재하지 않았다. 임
   마누엘 칸트(1724~1804)는 대학에서 시를 가르칠 수도 있었을 것이다. 즉 그
   는 교육학, 인류학, 자연법에서부터 다양한 분야의 철학, 지리학, 수학, 천문
   학에 이르는 인문학의 모든 범위를 강의했다. 1755년에 나온 그의 첫번째 획
   기적인 저서는 천문학적 계(界)의 출현을 다룬 것이었다(칸트-라쁠라스 성운
   설을 말함——옮긴이)."

2) 1781년경 슈투트가르트의 한 신설 대학은 철학과 신학을 모두 없애고 의학과
   법학에 군사학, 공공행정학(Cameralwissenschaft), 산림학, 경제학을 추가했
   다. 프랑스혁명기에 대학들이 폐지되었을 때 남은 것이라곤 대학 바깥에 존재
   한 전문학교들이었는데, 나폴레옹은 이것들을 그랑제꼴(Grandes Écoles)의
   기초로 삼았다. Frijhoff 1996, 46, 57~58면; Hammerstein 1996, 633면 참조.

3) 이 때문에 많은 과학 기관들이 처음엔 대학 바깥에 설립되었다. "18세기가
   되어서야 [자연과학 과목들이] 엄밀한 의미의 대학 교육에서 제자리를 부여
   받았고, 진정한 자연과학부가 설립된 것은 훨씬 뒤였다."(Frijhoff 1996, 57면)
   로이 포터(Roy Porter 1996)는 이것은 다소 과장되었다고 하면서 과학 지식

은 17, 18세기 대학제도 내에서 은밀히 공급되었다고 주장한다. 하지만 그조차도 그 상황이 안전한 통합이 아니었음을 인정한다.

4) 1992년 현재 이 분야의 저작들에 대해선 Lee 1992를 참조.

5) 실질적으로 문화연구에 관한 개념상의 표준적 개요는 없다. 총서로는 Grossberg, Nelson, Treichler 1992 참조.

제6장 ● 세계체제들 분석의 여정, 또는 이론이 되는 것을 거부하기

1) 나의 석사학위 논문 제목은 「매카시즘과 보수주의자들」(1954)이었다. 1959년에 제출한 박사학위 논문의 제목은 「가나와 아이보리코스트 민족운동에서 자발적 결사체들의 역할」이었다. 이 논문은 후에 『독립에 이르는 길─가나와 아이보리코스트』(1964)라는 제목으로 출간되었다. 이딸리아의 스뜨레자에서 1959년에 개최된 국제사회학회의 첫 회의에서 나는 정치사회학위원회 회의에 참가했다. 그 후 1964년에 이딸리아의 프라스까띠에서 개최된 사회과학 연구평의회의 여러 회의 중 하나에 참가했고 그 결과물에 「일당체제 아프리카 국가에서 정당의 쇠퇴」(1966)를 기고한 바 있다.

2) 2000년도 싯점에서의 나의 회고 참조(Wallerstein 2000a).

3) 출판된 논문 외에 내가 최초로 낸 책은 『아프리카─독립의 정치학』(1961)과 『아프리카─통일의 정치학』(1965)이다. 1973~74년에 나는 아프리카학회의 회장으로 선출되었다.

4) 프랑스어판 『펠리뻬 2세 시대의 지중해와 지중해세계』(*La Méditerranée et le monde méditerranéen à l'époque de Phillippe II*)는 1949년에 처음으로 출판되었다. 1996년에는 두 권으로 된 개정판이 나왔다. 개정판에 근거한 영역본은 1972년에야 출간되었다.

5) 월러스틴 1974a, xi면에서 나는 이 두 사람에 대한 나의 빚을 인정한 바 있다.

6) 이 모든 표현에서 하이픈에 주목하라(이 한국어 번역본에서는 '세계경제'로 붙여 쓰는 것으로 하이픈을 대신했다——옮긴이). '세계제국'(Weltreich)은 나보다 앞서 다른 사람들이 사용한 용어다. 그러나 나는 이러한 구조들 중 어느 것도 지구적이지 않아서 본문에서 말한 문법적 논리 때문에 영어 단어에서도 (세계경제world-economy 의 경우처럼) 하이픈이 필요하다고 느꼈다.

7) 프랑크는 많은 저서들에서 그런 주장을 제기해왔다. 특히 초기 논문(1990)과 나중의 책을(1999)을 주목하라. 『리오리엔트』(*ReOrient*)에 대한 나의 비판은 Wallerstein 1999 및 같은 해 『리뷰』지에 실린 싸미르 아민(Samir Amin)과 죠반니 아리기(Giovanni Arrighi)의 비평을 참조하라.

8) 나는 Wallerstein 1988b에서 그것들을 어떻게 하면 영어로 가장 잘 번역할 수 있을까에 대해 논했다.

9) 가령 부족함에 대한 비판과 찬사를 적절히 배합한 마이클 헥터(Michael Hechter)의 논의가 그러한데, 비판과 찬사는 모두 이론화에 관계된다. "16세기 유럽 세계경제의 승리를 설명하는 이론이 없다. …… 개념적 정확성이 결여되어서 분석을 손상시킨다."(1975, 221면)

10) 내겐 "단 하나의 주장만" 있다고 비판한 Wulbert 1975의 놀라운 토론을 보라.

11) 프랑꼬 모레띠(Franco Moretti)는 이 방법에 대해 우호적으로 언급하고 그 전략을 명확히 설명한 몇 안되는 사람 중 하나다(2000, 56~57면). "마르끄 블로크(Marc Bloch)는 한때 비교사회사에 관해 기술하면서 하나의 멋진, 그의 말마따나 '슬로건'을 만들어냈다. 그것은 '단 하루의 종합을 위한 수년에 걸친 분석'이다. 그리고 브로델이나 월러스틴의 글을 읽어보면 블로크의 발상

을 즉각 알 수 있다. 엄격히 말해 월러스틴의 텍스트인, 그의 '단 하루의 종합'은 한 페이지의 1/3, 1/4, 아니 절반 정도만 차지하고 나머지는 인용문들이다(『근대세계체제』 1권에만 1400개의 인용문이 있다). '수년에 걸친 분석' 즉 다른 이들의 분석을 월러스틴은 하나의 체계로 종합한 것이다."

12) "폴란드를 유럽의 세계경제 속에 존재하는 주변부의 일부로, 오스만제국을 그 바깥에 위치한 부분으로 간주하는 데 합당한 이유가 있는가?"(Lane 1976, 528면)

13) "그래서 정확한 대비는 시장을 위한 생산 대 사용을 위한 생산이 아니라 자유임금노동에 기초한 생산의 계급제도(자본주의) 대 전(前)자본주의적 계급제도들이다."(Brenner 1977, 50면)

14) 스카치폴은, 출판 전에 그녀의 논문을 봤음을 인정한 브레너와 마찬가지로, 내가 "생산과 잉여가치 전유의 사회적 관계가 모든 경제제도의 기능과 발전에 사회학적으로 중요하다는 기본적인 맑스주의적 통찰을 무시했다고" 주장했다(1977, 1079면). 그러나 그녀의 더 본질적인 비판은 정치영역과 경제영역의 관계에 있다. "〔그〕 모델은 두 단계의 환원에 기초한다. 우선, 사회경제구조를 세계시장의 기회들과 기술적 생산가능성에 의한 결정으로 환원하는 것이고, 다음으로 국가 구조와 정책을 지배계급의 이해관계에 의한 결정으로 환원하는 것이다."(1078~79면) 졸버그는 나의 글에 대한 그의 1981년도 비판에서 힌쩨를 "더욱 풍성한 이론적 성찰"을 끌어내는 학자로 치켜세웠다. 그는 힌쩨가 "유럽 정치발전의 분석에서 다양한 종류의 내부적 과정과 외부적 정치과정 사이에 존재하는 상호작용을 복잡한 문제로 인정한 얼마 안되는 학자들 중 하나"라고 말했다(278면). '정치'란 단어를 강조한 것에 주의하라. 졸버그가 보기에 나는, 스카치폴과 브레너가 보는 것처럼, 너무 '경제주의적'인 것

이다.

15) 세계경제 분석에 적용된 모순으로서의 핵심부-주변부는 1950년대에 라틴
아메리카 유엔경제위원회에서 라울 쁘레비시와 그의 동료들이 처음으로 부각
한 것으로, 당시 지배적이던 산업국가와 농업국가라는 모순을 근본적으로 대
체했다. 쁘레비시는 두 부류의 국가에서 진행되는 것은 각 부류에 내재한 사
회구조의 기능이라기보다는 그들간의 상호관계라고 주장함으로써 세계체제
적 시각을 암시적으로 활용했다. 쁘레비시가 내세운 이론틀은 특히 그 정치적
함의에서 한 걸음 더 나아갔는데, 이는 1960년대에 종속이론으로 알려지게 된
것에 힘입었다. 『근대세계체제』 1권에서 나는 반주변부라는 제3의 영역을 추
가할 것을 주장했다. 그 영역은 단순히 다른 두 영역 사이에 존재하는 것이 아
니라 체제가 작동할 수 있도록 하는 데 중요한 역할을 하는 어떤 것이다. 그
후로 반주변부가 무엇이며 그것은 정확히 어떻게 정의할 수 있는가가 논쟁의
초점이 되어왔다. 나는 초창기에 쓴 Wallerstein 1976b에서 이것을 명확하게
하려고 시도한 바 있다.

16) 웹싸이트 http://fbc.binghamton.edu를 보라.

17) 정확히 독일의 경우를 예로 들어 전반적으로 이론적 논점을 제기한 「사회의
발전인가, 세계체제의 발전인가?」에서 나는 이 문제에 대해 논했다. 이 글은
독일사회학대회(Deutsche Soziologentag)에서 행한 연설문이었고 1986년에
처음 출간되었다.

18) 나는 Wallerstein 1998a에서 이 조직의 역사와 철학에 대해 약간 논한 바
있다.

19) 1976년에서 1991년에 이르는 그 이야기는 「한 지적 프로젝트에 관한 보
고——페르낭 브로델 센터, 1976~1991」라는 소책자에 나와 있다(Wallerstein

1991a). 현재는 절판되었지만 웹싸이트 http://fbc.binghamton. edu/fbcintel. htm에서 찾아볼 수 있다. 그 후 해마다 있었던 일에 대해서는 페르낭 브로델 쎈터의 소식지나 http://fbc binghamton edu/nwslete htm에서 볼 수 있다

20) Aronowits 1981 참조. 이 글은 전체적으로 '체계이론'의 활용에서 법칙정립 적 편향이 있음을 공격했으며 다음과 같은 추론을 도출했다. "합법화의 이데 올로기, 문화지배의 문제 등은 거의 또는 전혀 중요성을 띠지 않는다. …… 월 러스틴은 자본주의의 발흥 초기에 이미 형성중에 있었던 패권적 부르주아민 주주의 이데올로기의 구체적인 전개를 설명할 필요를 느끼지 못한다."(516면)

21) "우리의 입장은 고전역학이 엔트로피 증가와 관련한 비가역 과정을 포함하 지 않기 때문에 불완전하다는 것이다. 그 과정을 공식에 포함시키기 위해서는 불안정성과 통합불가능성을 포함시켜야 한다. 통합가능한 계(界)들은 예외일 뿐이다. 3체문제를 포함한 대부분의 역학적 계들은 통합가능하지 않다. …… 우리는 그러므로 시간가역적 역학과 열역학의 시간중심적 관점의 모순을 푸 는 방법으로써 역학의 확률적 공식을 얻을 수 있다."(Prigogine 1997, 108면)

22) 가장 최근의 명확한 해석은 『확실성의 종말』(The End of Certainty)에서 찾 아볼 수 있다(Prigogine 1997). 이곳에서조차 철자법의 문제가 개입된다는 것 을 주목해야 한다. 영어판에서 "확실성"(Certainty)은 단수다. 그러나 프랑스 어판 원문의 제목은 "확실성들의 종말"(La fin des certitudes)이며 이때 '확실 성'은 복수다. 출판업자들이 제목을 번역할 때 심각한 실수를 한 듯하다.

23) '다시 생각하기'(rethinking)에 반대되는 개념으로서 '탈피'(unthinking)의 중요성에 대해서는 Wallerstein 2001, 1~4면과 그 책의 다른 곳들을 참조.

24) 나는 '자유의지'에 관한 논의를 다섯번째의 사회적 시간에 놓았는데, 이는 브로델이 다루지 않은 것이다. 그것은 '변혁의 시간'(transformaional time)인

바, 이는 파울 틸리히(Paul Tillich)가 논한 카이로스(kairos)를 말한다(1948, 특히 32~51면). 카이로스는 '바로 그 시간'(the right time)을 뜻한다. 틸리히는 다음과 같이 말했다. "역사에서 모든 큰 변화는 목전의 카이로스에 대한 강한 의식을 동반한다."(155면) "폭포 같은 분기들"의 결과에 대한 프리고진의 논의를 이 변혁적 시간이라는 개념에 독특하게 연결한 것은, Wallerstein 1988a, 296면 참조.

25) 6개의 벡터는 국가간체제, 세계생산, 세계노동력, 세계인간복지, 국가들의 사회적 응집력, 지식의 구조들이다. 이 벡터들은 나도 기고한 『이행의 시대』(*The Age of Transition*, Hopkins and Wallerstein 1996)의 두 장, 즉 「전지구적 구도, 1945~1990」과 「전지구적 가능성, 1990~2025」에 요약되어 있다.

26) 사회과학의 이론화를 재정초하는 작업에서 차지하는 시간 차원의 중요성은 나의 국제사회학회 회장연설에서 핵심이다(Wallerstein 1999).

27) 위원회의 최종 명단은 다음과 같다. 의장 월러스틴·사회학·미국, 칼레스투주마(Calestous Juma)·과학기술 연구·케냐, 이블린 폭스 켈러(Evelyn Fox Keller)·물리학·미국, 위르겐 코카(Jürgen Kocka)·역사학·독일, 도미니끄 르꾸르(Dominique Lecourt)·철학·프랑스, 발렌틴 무딤베(Valentin Y. Mudimbe)·로망스어·콩고, 무샤꼬오지 킨히데(武者小路公秀)·정치학·일본, 일리야 프리고진·화학·벨기에, 피터 테일러(Peter J. Taylor)·지리학·영국, 미셸롤프 트루이요(Michel-Rolph Trouillot)·인류학·아이티. 학자들의 학문적·지리적 유동성을 참고하여 여기에 제시된 분과학문들은 이들이 박사학위를 받은 학문들이며, 국가는 그들의 (출생이나 국적) 신분증에 적시된 것이다.

28) 2003년 현재, 보고서는 24개국 언어, 27개판이 있다. 나머지 언어로의 번역은 진행중이다.

제9장 ● 지구문화(들)

1) 유엔은 1948년에 세계인권선언을 선포했다.

2) 알렉스 드 발(Alex de Waal)의 신랄한 논평을 보라(2001, 15면). "그래서 이
   제 지구적 규범은 미국에 적대적인 전범(戰犯)들을 보살필 정도로 충분히 확
   장된다."

3) 오런 이프타첼(Oren Yiftachel)은 바로 이것이 엘라 쇼하트(Ella Shohat)가
   행하는 바라고 주장한다(2001, 2면). 쇼하트 자신은 '유대민족'의 시오니즘적
   구성에 반대하여 '미즈라히 정체성'(Mizrahi identity)의 주장에 관심을 기울
   인다. 그녀는 다음과 같이 말한다. "비판적인 미즈라히 작업을 위한 지적 공
   간을 상상하는 것은 모든 정체성들의 복수화와 탈본질주의화를 필수적인 것으
   로 만든다." 그녀는 계속해서 이렇게 주장한다. "내가 요청하는 관계성의 개
   념을 문화적 상대주의와 혼동해서는 곤란하다. 비록 관계성의 개념이 구조주
   의와 포스트구조주의로 거슬러 올라가지만, 나는 또한 이 용어를 초언어적·
   대화적·역사화된 의미로도 사용했다. 관계적인 다문화 분석은 일련의 논쟁적
   실천으로서 역사적으로, 지리적으로 자리매겨져야 한다."(2001, 89~91면)

4) 『뉴욕 타임즈』 2001년 8월 15일자에 보도된, 일군의 천체물리학자들의 발견
   을 다룬 기사를 보라. 이 기사는 최소한 하나의 가정된 '자연의 상수'——미세
   구조상수——는 사실은 항상 똑같지 않음을 밝히고 있다.

제10장 ● 사회학에서 역사적 사회과학으로

1) Weber 1968, 85~86면. 나는 베버의 용법과 쟁점을 개략적으로 논한 바 있
   다(Wallerstein 1996).

제11장 ● 인류학, 사회학, 그 밖의 모호한 분과학문들

1) Mintz 1978 참조. 민츠는 첫 주석에 다음과 같은 문구를 넣었다. "나는 나의 견해를 알릴 수 있는 기회와 내가 개진할 주제를 요구하고 선택해준 데 대해 월러스틴 교수에게 고맙게 생각한다."

2) 미셸롤프 트루이요는 인류학을 전공한 이 위원회의 멤버였다.

역사적 사회과학과 '두 문화' 담론

『지식의 불확실성』을 중심으로

1. 머리말

월러스틴(Immanuel Wallerstein, 1930~)은 우리 독자들에게
도 친숙한 미국의 실천적 사회과학자다. 적지 않은 그의 저서들
이 그간 한국어로 번역되었고 사회과학계에서도 그에 관한 논
의가 심심치 않게 이뤄진 터라,『지식의 불확실성』이 참신한 맛
은 떨어질지 모르겠다. 그의 저작들을 죽 따라 읽은 사람이라면,
그동안 월러스틴이 제기한 여러 쟁점들이 좀더 평이하면서도
압축적으로 서술되어 있음을 금방 알아차릴 수 있을 것이다.[1]

---

1) 최근 월러스틴의 지적 행보는 전방위적이다.『지식의 불확실성』은『세계체제
분석──소개』(*World-Systems Analysis: An Introduction*, Duke University
Press 2004.『월러스틴의 세계체제 분석』이라는 제목으로 당대에서 2005년에

하지만 역자로서는 이 책이 '지구적 현실'을 대상으로 복잡하고 거대한 담론을 제기해온 저자의 문제의식을 명료하게 갈무리하고 있음을 상대적으로 더 강조하고 싶다. 동시에 이 책은 저자의 개인적인 지적 이력을 보여줌은 물론 근대 분과학문의 역사적 구성에 대해서도 한결 체계적이고 명쾌하게 안내하고 있다. 그가 이 저작에서 제기하는 쟁점들을 하나씩 짚다 보면 근대세계에서의 지식의 의미와 역할을 묻고 정리하는 그의 작업이 이전에 제기한 입론의 단순한 반복이 아님을 느낄 수 있다.

2부 11장으로 구성된 『지식의 불확실성』이 다루는 지적 주제는 한두 마디로 정리하기 어려울 정도로 다채롭다. 하지만 주된 논지는 사회과학자의 입장에서 꿈꾸는 현대 분과학문들의 창의적인 통합에——저자가 '역사적 사회과학'이라고 명명한 것에——모아져 있다. 이 또한 서로 담을 쌓다시피하면서 구축한 분과학문들의 폐쇄적 경계를 넘어서려는 사회과학자나 인문학자, 자연과학자의 주목을 받을 만하다. 그런 필요성을 절감하는 인문학도로서, 월러스틴을 잘 모르는 독자를 위해 소개를 겸한

출간됨)와 『대안들——미국이 세계와 대결하다』(*Alternatives: The United States Confronts the World*, Paradigm Publishers 2004)와 같은 해에 출간되었다. 작년에는 짤막한 『유럽적 보편주의——권력의 수사학』(*European Universalism: The Rhetoric of Power*, The New Press 2006)을 냈다. 인문학과 사회과학, 자연과학 모두에 시야를 열어놓으면서 각 분야를 넘나드는 지적 작업을 계속해온 학자인 터라, 고희가 넘은 싯점에서 요약을 겸한 개관서의 성격을 띤 저서를 출간한 일은 자연스럽게 보인다.

단상들을 적어보는 것도 그런 뜻에서다. 다만 이 소개말도 어디까지나 문학을 공부하는 입장이 주로 반영된 것임을 밝혀둔다.

2. 『지식의 불확실성』을 읽으면서

인문학과 자연과학의 경계를 넘어 양자와 소통하며 통합하는 '역사적 사회과학'을 건설하고자 하는 월러스틴의 지적 포부가 이 책에서 처음으로 제기된 것은 물론 아니다. 새로운 발상과 실천의 지평을 모색하는 데 어느덧 걸림돌이 되어버린 서양의 인식론에서 벗어나려는 그는, 자신의 지적 분투를 '탈피'(unthinking)와 '유토피스틱스'(utopistics, 유토피아학)라는 신조어로 표현한 바 있다. 그런 발상이 '전체 그림'을 구상하는 저작의 형태로 드러난 것은 "19세기 패러다임의 한계"라는 부제가 딸린 『사회과학으로부터의 탈피』(1991)가 아닐까 싶다. 월러스틴이 의장을 맡고 여러 전문분야의 세계적 학자들이 참여하여 제출한 『사회과학의 개방』(1996)에 가면 앎의 영역을 진·선·미로 쪼개어 배타적인 연구영역으로 만들어버린 근대 분과학문들의 형성에 관한 체계적인 분석이 일단 이루어진 것으로 보인다. 이어 『우리가 아는 세계의 종언』(1999)이라는 대담한 제목의 저서에서는 21세기의 사회과학이 맞닥뜨려야 할 여섯 가지 지적 도전의 윤곽을 종합하여 제시한다.[2] 『지식의 불확실성』은 이런 일련의 작업들을 다시 정리하면서 역사적 사회과학의 건설이라는 과제를 하나의 명제로 명시한 것이다.

책의 제목에 '불확실성들'(uncertainties)이 들어 있는 것에서 알 수 있듯이, 저자의 사유는 역사적 사회과학이라는 통합학문에 도달하기 위한 '로드맵'이라고 해도 좋을 정도로 개방성이 두드러진다. 이런 점은 이 책 1장 「과학을 위하여, 과학주의에 반대하여」에서도 잘 드러난다. "중립적 과학자상에서 오만을 자제하는 현명하고 사려 깊은 과학자상으로 옮겨가야 할 필요"를 역설하는 그는 과학적 탐구행위라고 해서 진리를 자동적으로 담보하는 것이 아님을 '과학적 객관성'이 도출되는 다양한 방식을 점검함으로써 확인한다. 사회구성원들의 끊임없는 타협과 바람직한 의견조정에 근거한——그 자체가 과학적 활동의 성격을 띠게 마련인——합의 과정이 전제되지 않는 한 과학과 허위의식으로서의 과학주의를 사실상 구별할 수 없다는 것이다. 이런 지적 태도를 견지하고 제대로 실행하는 것이 한 사회가 건강하게 존속하는 데 얼마나 중요한가는 두말할 나위 없을 것이다. 이 책 전체를 관통하는 문제의식이 근대주의·발전주의가 학문적 외피로 걸치고 드러나는 과학주의(scientism)를 어떻게 견제할 것인가에 맞춰져 있다는 점에서도 그의 과학주의 비판은 경청할 만하다.

역자로서 과학주의에 대한 월러스틴의 비판에서 특히 되새겨

---

2) 열거하면 프로이트로 대변되는 합리성 비판, 유럽중심주의, 시간의 다중적 실재 또는 시간의 사회적 구성, 복잡성 과학, 페미니즘, 근대성 등이다.

보는 점은 '이론'에 대한 그의 태도다. 한국의 인문·사회과학계에서도 이론들의 '공해'가 연구자 개개인이 자신만의 사유 영역을 개척하는 데 심각한 위해(危害) 요인이 되고 있다는 느낌을 떨칠 수가 없는데, 진보성을 표방하지만 우리의 현실과 겉도는 수입 담론인 경우는 더 심각하다. 월러스틴이 수십 년간 축조한——그가 강조한 대로 '세계체제론'이라기보다는—— '세계체제들 분석'은 한반도, 더 좁게는 남한이라는 일국 위주의 답답한 시각을 교정하는 데 큰 힘이 되었다는 점에서도 다른 외래 담론과 구분되는데, 그런 분석은 저자의 치밀하고 주도면밀한 이론적 작업의 (지금도 진화중인) 산물임은 분명하다. 하지만 그 점을 주목할 때 특히 유의해야 할 점은, 그가 거부하는 것이 이론적 학술행위 자체라기보다는 경직된 논리와 성급한 결론으로 흐를 수 있는 '이론화'라는 사실이다(이 책의 6장 「세계체제 분석의 여정, 혹은 이론이 되는 것을 거부하기」 참조). 그가 그동안 자기와 반대편에 있는 비판자들의——유통주의라는 비판을 포함하여——입장을 소개하는 한편, 자기가 주도적으로 제기하고 발전시킨 세계체제들 분석이 어찌하여 "과학적 활동에 성급한 종지부를 찍고" 사태를 단순화하는 경향이 있는 '이론'에 저항할 수밖에 없는가를 자상하게 논하는 것도 그런 맥락에서다.

또한 이 책의 미덕 가운데 하나는 '이론'에 대한 자신의 저항도 선배 학자들에게서 힘입은 바가 많다는 점을 당당하면서도 소상하게 진술한다는 데 있다. 그중에서도 프랑스 역사학계의 거두로 아날(Annales)학파를 이끌었던 페르낭 브로델

(Fernand Braudel, 1902~85)과 '복잡성 과학'의 개척에 지대한 공헌을 한 벨기에의 화학자 일리야 프리고진(Ilya Prigogine, 1917~2003)은 특히 중요한 인물이다(이 책의 4~5장 참조). 이들은 서로 다른 방식으로 기존 분과학문의 자족적 경계를 해체하는 데 월러스틴에게 중요한 자극을 준 것으로 보인다. 하지만 모든 분과학문들의 통합이라는——페르낭 브로델이 인터사이언스(interscience)라는 발상을 통해 실현하려고 힘썼던——꿈에 풍요로운 영감을 불어넣어준 이들을 월러스틴이 단순히 추종하는 것만은 물론 아니다. 이 두 인물에게서 받은 지적 자극을 그는 세계체제들 분석에 창의적인 방식으로 활용하면서 새로운 내용을 보태기도 한다. 예컨대 브로델이 개진한 다중의 사회적 시간대를 논하면서 "변혁의 시간"(transformational time)이라는 실천적 시간개념을 도입한다거나, 프리고진의 결정주의적 혼돈이라는 발상을 세계체제 분석의 '이론화'를 막는 데 적극적으로 활용하는 것이 그러하다. 그 때문인지는 몰라도 인문학도가 볼 때도 흥미로운 통찰이 곳곳에서 번뜩인다. 그 자체가 서구중심주의의 파생물인 과학주의에 맞서 "인간의 본질적인 모험, 어쩌면 진정으로 위대한 인간의 모험"으로서의 '과학-학문'(scientia)을 내세운다거나 '두 문화의 이혼'으로 귀결된 철학과 과학의 역사적 결별 과정을 상술하는 대목도 그중 하나다.

앞서 언급했다시피 이 책은 인문학, 사회과학, 자연과학을 넘나들면서 여러 '화두'를 동시에 굴리기 때문에 요약이 큰 의미가 없다. 따라서 쟁점별로 요령 있게 소개할 필요가 있는데, 근대의 분과학문들이 폐쇄적인 지식영역들로 분화되는 데 결정적인 영향을 끼친 '두 문화'(two cultures) 담론에 초점을 맞추는 것이 어떨까 싶다. 이 담론에 관한 한 역자두 한 말이 아주 없지는 않은 데다가 이 책의 핵심적인 논제랄 수 있기 때문이다.

3. 두 문화 담론과 "배제되지 않은 중도"

'두 문화' 담론은 스노우(C. P. Snow, 1905~80)가 1956년에 『뉴 스테이츠먼』(*The New Statesman*)지에서 최초로 거론했다고 알려져 있다. 하지만 월러스틴에 따르면 과학과 인문학이 서로 다른 '언어'를 사용하는 별개 학문영역으로 고착된 싯점은 최소한 계몽주의 시대인 18세기 후반까지 거슬러 올라간다. 저자는 『사회과학의 개방』에서는 물론 이 책의 2~3장에서도 서구 분과학문의 발생과 전개 과정을 상세히 서술하는데, 그에 따르면 서양에서 근대 분과학문의 발생은 중세 유럽 대학에 존재했던 네 개의 학부——즉 신학·의학·법학·철학——의 부침과 밀접한 연관이 있다. 19세기 말경에는 신학이 거의 유명무실해졌고 법학과 의학도 점점 협소화되어 전문직업학과의 성격을 띠게 된 반면, 철학부 내에서는 18세기 무렵부터 철학 외에 인문학과 과학 분야가 새롭게 자리 잡는다. 그러다가 철학은 사실상 인문학의 한 영역으로 흡수되고 과학은 그런 인문학과 '진리'를 놓고 '인정투쟁'을 벌이게 된다. 그 싸움에서 과학이 승리를 거두는 것과 동시에 '한 지붕 두 가족'을 간신히 유지했던 인문학과 과학은 정식 이혼절차를 밟는다.

그렇다면 사회과학은 이런 상황에서 어디에 있었는가? 사회과학은 19세기 후반에 들어서야 제도화되었고, 뉴턴과학의 문화적 지배를 받고 있었다. '두 문화'의 주장에 직면해 사회과학들은 방법론 논쟁(Methodenstreit)으로써 자신들의 투쟁을 내면화했다. 인문학에 경도된 사람들이 있었는데, 이들은 이른바 개별기술적 인식론을 구사했다. 그들은 모든 사회현상의 특수성과 모든 일반화의 제한된 유용성을 강조하면서 공감적 이해의 필요성을 역설했다. 그리고 자연과학에 경도된 경우는 이른바 법칙정립적 인식론을 활용했다. 그들은 인간적 과정과 다른 모든 물질적 과정의 논리적 유사성을 강조했다. 따라서 그들은 시간과 공간을 초월하여 들어맞는 단순한 보편법칙을 추구하면서 물리학과 합류하려고 했다. 사회과학은 정반대 방향으로 치닫는 두 마리의 말에 묶인 사람 같았다. 자신의 인식론적 자세를 개발하지 못한 사회과학은 자연과학과 인문학이라는 두 거인이 벌이는 싸움에서 찢기었고, 두 거인은 중립적 태도를 용인하지 않았다.(26면)

그런데 통합적 사회과학을 지향하는 월러스틴의 눈에 비친 이러한 상황은 인문학자나 과학자에게도 적용되지 않을까? "두 마리의 말에 묶인 사람"으로 비유된 인문학과 과학도 그 나름대로 개별기술과 법칙정립이라는 말에 묶여 사지가 찢겨나갈 위기에 처했고, 치힌 것은 아닐까? 그래서 비록 산발적일지언정 그렇게 분열된 인식론을 통합하는 길을 추구한 학자들도 있지 않았을까? 중립적 태도를 용인하지 않은 것은 사회과학도 마찬가지가 아니었을까? 이 글을 읽는 독자가 어느 분야를 전공했는가에 따라 이런 의문에 대한 반응도 달라지겠지만, 정작 우리의 시선을 끄는 것은 분과학문들이 분화된 역사적 궤적 자체는 아닐 듯하다. 중요한 것은 역시 역사적 사회과학이라는 이름으로 뿔뿔이 흩어진 학문들을 통합하겠다는 그의 발상이다. 그것은 '배제되지 않은 중도'(unexcluded middle)로 표현된다. 그는 "시간과 지속, 특수와 보편이 동시적으로 양쪽을 겸하면서 어느 것도 아닌"——그런 중도를 이렇게 풀이한다.

나는 그것이 중용의 장점에 대한 주장일 뿐만 아니라 결정주의적 혼돈과 혼돈적 결정주의라는, 배제되지 않은 중도의 장점이기도 하다는 것을 말하고 싶다. 즉 시간과 지속 모두가 중요하고, 끊임없이 만들어지고 다시 만들어지는 그런 것 말이다. 이것이 고전과학이 묘사하고 있다고 생각한 것보다 더 단순한 우주는 아닐지 모른다. 그러나 나의 주장은, 그것이 실제 우주와 더 가깝고, 우리가 익숙하게 인식하는 우주보다 알기 어렵지만 알 만한 가치가 있고, 우리의 사회적·물리적 실재들에 더 맞고, 궁극적으로 도덕적으로 더 희망이 있다는 것이다.(100면)

프리고진의 복잡성 과학에서 힌트를 얻은 '배제되지 않은 중도'가 자연과학, 인문학, 사회과학 등 각각의 분야에 어떤 방식으로 구체적으로 실행될 수 있는가는 미지수다. 하지만 원칙 차원에서는 동의하고도 남음직한 발상이다. 그것은 담론의 세계와 길항하는 실천을 전제한다. 즉 "우리가 가고자 하는 길은, 새로움을 전혀 허용하지 않는 결정주의적 법칙이 지배하는 세계와, 모든 것이 부조리하고 원인이 없고 불가해한, 주사위놀이를 하는 신이 다스리는 세계, 즉 소외로 이끄는 이 두 개념 사이에 난 좁은 길"이라는 것이다. "결정주의적 법칙이 지배하는 세계"가 과학주의의 기계적 인과율이 지배하는 곳이고 "주사위놀이를 하는 신이 다스리는 세계"가 무정부적 우연에 모든 것을 맡기는 곳을 뜻한다면, 우리는 이 두 세계관을 거부하고 대안을 찾아 나설 수밖에 없다.

시간(time)과 지속(duration) 중에서 어느 하나도 소홀히 하지 않고 "끊임없이 만들어지고 다시 만들어지는" 현실에 창의적으로 개입하려는 월러스틴의 '배제되지 않는 중도'라는 개념도 대안적 실천을 전제한다. 그런 발상은 그의 기존 주장에 다양한 방식으로 스며 있다. 가령 '배제되지 않은 중도'는 근대 학문세계를 분할·지배한 일체의 인식론적 이분법, 즉 사회과학의 주요 분과학문들이 추종한 법칙정립의 인식론(nomothetic epistemology)과 인문학의 영역을 장악한 개별기술의 인식론(idiographic epistemology), 사실과 가치, 미시와 거시 등의 틀

252

을 극복하는 데 따르는 지적 긴장이기도 하다. 뉴턴과학이 신봉하는 확실성은 이제 끝장났다고 일관되게 주장하는 것도 모두 '배제되지 않은 중도'라는 발상과 무관하지 않다.

그렇다고 결정주의적 세계와 전적으로 우연적인 세계에 모두 의문을 제기하는 것 자체가 완전히 새로운 지적 태도라고는 말할 수는 없다. 그러나 얼마나 새로운가 자체보다는 대화가 단절된 분과학문들의 상호해체적 습합(褶合)을 이루기 위해 중도라는 발상을 어떻게 구체화하는가가 관건이 아닐까 싶다. 이론화의 유혹이 특히 강할 법한 월러스틴의 세계체제들 분석이 '퍼즐풀이'로 떨어지지 않고[3] 비서구 독자인 우리에게도 (복잡다단할 수밖에 없는) 실천적 함의를 띠는 것은 두 모순적 인식론의 긴장을 창의적인 방향으로 수렴하려는 지적 분투 덕분이다. 그렇다면 소개한 김에 내처 월러스틴의 중도적 발상을 보편주의라는 난제와 연관지어 한두 마디 덧붙이는 것도 좋을 듯하다.

저자는 서구가 비서구세계에 대한 이데올로기적 지배력을 강화할 때 동원한 세 가지 논리를 인종주의, 오리엔탈리즘, 과학

---

3) 하지만 언제나 그런 것은 아닌 듯하다. 길게 논할 계제는 못되지만, '대국'(大局)에서 그가 펼치는 분석적 포석들을 동아시아 같은 지역 현실에 기계적으로 적용해서는 곤란한 대목도 적지 않다고 생각한다. 근래 불거진 동아시아의 핵무장 가능성에 관한 그의 소견도 그중 하나다. 페르낭 브로델 썬터 홈페이지에 2006년 11월 1일자로 올린 월러스틴의 "The North Korea Imbroglio: Who Gins?"(Commentary No. 196) 및 "The Curve of American Power," *New Left Review*, vol. 40(July~August 2006) 참조.

주의적 보편주의로 정리한다. 이것들이 '배제되지 않은 중도'와 양립할 수 없음은 명약관화한데, 자본주의의 전지구적 확산에 논리적 근거를 제공한 허위의식에 맞서기 위해선 분리된 지식 영역을 통합하는 과업을 떠맡을 수밖에 없다. 전환기에 들어선 세계체제를 과학적으로 분석하고 그에 기초해 선택하는 일이 중요함을 강조하면서 그는 이렇게 말한다.

　나는 더 명료하게 주장하고자 한다. 가치중립성이 신기루이 자 기만이라고 말한다고 해서 내가 분석적·도덕적·정치적 과업 사이에 차이가 없다고 주장하는 것은 아니다. 실제로 차 이가 있고, 그런 차이는 근본적이다. 이 세 가지 과업은 단순 히 합쳐질 수 없는 것이다. 그렇다고 분리될 수도 없다. 우리 의 문제는 합쳐지지도 않고 분리되지도 않는, 역설처럼 보이 는 이 세 가지 과업을 어떻게 조종하는가이다. 나는 이런 노력 이 모든 지식의 재통합을 위한 유일한 인식론——배제되지 않 은 중도에 관한 이론——의 또하나의 예라는 점을 내친김에 말하고자 한다.[4]

그는 지식인은 세 가지 층위 모두에서 동시에 움직여야 한다 고 주장한다. 그것은 진을 추구하는 분석가와 선과 미를 추구하

---

4) Immanuel Wallerstein, *European Universalism: The Rhetoric of Power* (New York: New Press 2006), 81면.

는 도덕적 사람, 이 진·선·미를 통합하는 정치적 인간이다. 배제되지 않은 중도를 바탕으로 전인적 지식인상을 재창출하자는 그의 주장이 서구 정신사에서도 전혀 새롭다고 할 수는 없을지도 모른다. 그러나 환경재앙의 경고음이 매일 들려오는 21세기 지구화시대에서 보통사람들과 연대하는 그같은 지식인상을 배제하고 뜻있는 세계체제 변혁은 불가능할 것이다. 반면에 이 책의 8장 「역사 쓰기」에서도 드러나듯이 월러스틴이 시도하는 두 문화의 통합이라는 구상도 어디까지나 사회과학자의 견지에서 이루어진 것이라는 사실도 기억함직하다. 인문학의 입장에서 보탤 말이 없지 않다는 것이다. 물론 보태는 말이 사회과학과 인문학의 분리를 부지불식간에 인정하고 마는 방향으로 흘러서는 곤란하다. 탈피 선언에도 불구하고 월러스틴이나 우리 모두 아직까지는 분과학문이라는 멍에를 완전히 벗어던지지 못하고 있는 것이 엄연한 현실이라면, 서로 입장을 바꿔 분과학문의 성격을 비판적으로 생각해봄으로써 창의적 협동을 모색해야 마땅하다.

사실 역자는 두 문화담론을 해석하는 월러스틴의 관점을 충분한 고려가 없이 비판한 적이 있다.[5] 그의 '배제되지 않은 중도'라는 발상을 적극 수용하면서, 그때의 조급했던 비판을 자세하게 풀어볼 필요를 느낀다. 이에 두 문화 담론에 관한 한 월러스틴도 반드시 참고했을 영국의 평론가인 리비스(F. R. Leavis,

---

5) 졸평 「사회과학의 개방인가 진리의 개방인가」, 『창작과비평』, 1996년 가을호.

1895~1978)를 다음 절에서 논하고자 한다.

4. 리비스와 월러스틴

10여 년 전 촌평에서 필자는 "개별기술과 법칙정립의 이분법을 극복하고자 한 월러스틴조차 인문학과 자연과학을 별개의 두 문화로 나눈 스노우류의 전제를 너무 안일하게 수용한 것이 아닌가 하는 의심이 든다"고 말한 바 있다. 자기비판을 겸해서 한두 마디 덧붙인다면, 그가 그 전제를 안일하게 수용했다는 것은 너무 박한 평가이고 사실의 온당한 전달도 아니었던 듯하다. 독단으로 흐르기 십상인 '정답'을 제시하기보다는 물음다운 물음을 계속 제기하면서 대안을 찾아 나서는 월러스틴의 면모를 더 부각하면서 필자 나름의 비판적 인식을 내세웠어야 했다. 다행히 두번째 촌평에서는 좀더 균형을 잡아서 이렇게 썼다.

월러스틴이 추구하는 참다운 보편주의가 서구중심적 보편주의와 "과연 어떤 근거에서 구별"되는지를 회의적으로 묻기에 앞서 그 둘의 명백한 차이점을 먼저 명시하고 『역사적 자본주의』 등에서 아편에 비유된 진리·보편주의 개념에 대한——진리·보편 개념의 약화나 회의로 치닫기 일쑤인 해체론자나 포스트모던론자와도 구별되는——그의 열정적 비판이 우리에게 주는 의의를 거론했어야 마땅했다. 새로운 진리관의 모색과 더불어 여기서 평자가 제기한 의문들 역시 지금까지의 월러스틴의 세계체제론에서 제기되지 않았다고 말할 수는 없는 것이다. 다만 앞으로 그런 물음들이 그가 제안한 그룹운동의 차원에서 과연 얼마나 참답게 실천적 사유로 옮겨갈 수 있을지 자못 궁금하다.[6]

그런 궁금증에 한마디 덧붙인다면, 월러스틴이 끈질기게 파고드는 보편주의라는 난제도 결국 두 문화 담론이 안고 있는 문제와 연관될 수밖에 없다. 인문학과 자연과학이라는 별개의 학문적 목표와 앎의 방식이 존재한다는 통념은 학계는 물론 생활세계에서도 끈질기게 되풀이되면서 허위의식으로서의 보편주의를 낳았기 때문이다. 월러스틴이 비판한 과학주의가 바로 그런 예다. 따라서 두 문화 담론의 통념에 맞섰던 지적 투쟁을 새롭게 되살려야 할 필요가 절실한데, 월러스틴도 중요하다고 본 화이트헤드의 이런 발언은 그런 맥락에서 참고해볼 만하다.

교육의 역사에서 가장 두드러지는 현상은 재능들로 한때는 생기 넘쳤던 배움의 학파들이 다음 세대에 가면 현학과 진부함만을 드러낸다는 점이다. 그것은 그런 학파들이 죽은 생각들(inert ideas)로 과부하가 걸렸기 때문이다. 죽은 생각들로 이루어지는 교육은 무용한 것만이 아니다. 그것은 무엇보다 해

---

6) 졸평 「자유주의 이후의 사유와 실천」, 『창작과비평』, 1996년 겨울호 참조.

롭다. 최고의 것이 타락하는 것은 최악이다(Corruptio optimi, pessima). 지적 활력으로 충만한 몇몇 희귀한 시절을 제외하고 과거의 교육은 기본적으로 죽은 생각들로 오염되었다. 세상을 많이 경험한, 교육받지 못한 영리한 중년여성들이 사회에서 가장 교양 있는 부류인 것도 바로 그 때문이다. 그들은 죽은 생각들이라는 이 끔찍한 짐에서 벗어난 것이다. 인간을 자극해 위대하게 만든 모든 지적 혁명은 죽은 생각들에 대항하는 열정적인 싸움이었다. 안타깝게도 인간 심리의 가련한 무지와 함께 그런 지적 혁명은 이후에는 스스로 만들어낸 죽은 생각들로써 인간을 구속하기 위한 일종의 교육적 도식에 의해 진행되었다.[7]

'배제되지 않은 중도'라는 발상과 두 문화 담론에 내재한 문제를 생각해보는 데 화이트헤드가 강조한 "죽은 생각들에 대항하는 열정적인 싸움"만큼 필요한 것이 있을까. 그런 싸움이 없이는 중도는 고사하고 그에 기초한 두 문화의 통합이라는 구상도 모래성에 불과하지 않을까.

바로 이 대목에서 우리는 리비스를 떠올리게 된다. 그런 싸움의 필요성을 열정적으로 설파했을 뿐만 아니라 두 문화라는 개념에 내재한 통념을 근본적으로 문제삼았다는 점에서도 그러하

---

7) Alfred North Whitehead, *The Aim of Education* (Free Press: New York 1929/1967) 1~2면, 졸역(인용자 강조).

다. 스노우에 대한 질투 어린 인신공격이라는 힐난을 받은 그의 비평작업이야말로 20세기 영국 지식계에서 '죽은 생각들'에 맞섰던 몇 안되는 싸움의 고전적인 예다.[8] 1966년에서 1971년까지 영미의 주요 대학에서 행한 6개의 강연문과 머리말로 구성된 『나의 칼도』는 두 문화 담론에 관한 한 정면승부에 가까운 저작이다.[9] 문학주의(literarism)와 과학주의가 어째서 오늘날 문명의 질병에 대한 대안이 될 수 없는지 조목조목 짚으면서, 그는 인류가 이룩해온——전통문화가 아니라——문화적 전통에는 '하나의 문화'만이 존재할 뿐임을 '위대한 문학'의 실감으로 역설한다.

인문주의자로서의 리비스가 사회과학자인 월러스틴과 만나는 지점은——물론 갈라지는 지점도——의외로 분명하다. 문학

8) 당시 논쟁의 추이를 균형감 있게 정리하면서 왜 리비스의 비판이 오늘날까지 퇴색하지 않았는가를 설득력 있게 논한 글은, Roger Kimbal, "The Two Cultures' Today," *The New Criterion*, vol. 12, no. 6 (February 1994) 참조. 인터넷으로 읽을 수 있는 주소는 www.newcriterion.com/archive/12/feb94/cultures.htm.

9) F.R. Leavis, *Nor Shall My Sword: Discourses on Pluralism, Compassion and Social Hope* (London: Chatto & Windus 1972). 리비스는 이젠 한국의 영문학계는 말할 것도 없이 영국과 미국에서도 아무도 거들떠보지 않는 퇴물로 전락한 듯하다. 이에 비한다면 스노우의 『두 문화와 과학혁명』은 이미 오래전에 국내에서 번역되었고 두 문화 담론에서도 빠지지 않고 등장한다. 리비스가 영국 지식계의 점잖은 어법을 거스르는 어조로 비판한 데서 『두 문화와 과학혁명』이 더 유명세를 얻었다고 볼 수도 있겠지만, 역자는 이 저작만큼 과대평가된 '명저'도 드물다고 생각한다.

과 사회과학의 존재의의를 각각 열렬하게 옹호하는 두 사람은 모두 데까르뜨와 뉴턴으로 대표되는 근대적 인식론에서 탈피하려고 한다. 서로 거의 반대편에 서 있는 사상적 입지에도 불구하고 자본주의라는 우리가 아는 세계에 대해서는 발본적인 비판의식을 공유한다. 게다가 대학의 폐쇄적인 분과학문 체제와 두 문화 담론에 문제를 제기하면서 '하나의 문화'를 향한 지적 분투를 촉구한다는 점에서도 상통한다. 이 낱낱의 공통점에 대해서도 좀더 세세한 논의가 따라야 하겠지만, 적어도 두 지식인이 열정적으로 옹호하는, 인문학과 사회과학이 만나 서로를 풍요롭게 해줄 수 있는 공통의 지대가 존재하는 것만은 부정할 수 없을 것이다.

그런데 그런 지대를 염두에 둘수록 두 문화 담론에서 리비스가 결락되는 현상은 심상치가 않다. 서구문학의 수많은 창조적인 작가들을 기계파괴주의자로 몰고 과학주의와 발전주의를 과학의 이름으로 미화한 스노우의 '죽은 생각들'이 마치 강시(殭屍)처럼 부활하여 버젓이 나돌아다니기 때문인가? 신자유주의 시대의 인문학계로 좁혀 이야기한다면, 스노우의 두 문화 담론이 상식처럼 통하는 데는 특히 문화연구에 전념하는 학자들이 리비스를 정전주의자(맹목적인 고전 숭배자)로 낙인찍고 매장한 저간의 사정도 적잖이 작용했을 것이다.[10] 과연 『지식의 불

---

10) 그런 경향은 탈식민주의에 경도된 학자들일수록 심한 것 같은데, 가령 Simon Gikandi, "Globalization and the Claims of Postmodernity," *The South*

확실성들』에서는 물론이고, 바로 이 주제에 집중하여 월러스틴이 리처드 리(Richard E. Lee)와 함께 엮은 근래의 책에서도[11] 리비스는 진지한 고려대상이 못되고 있다.

이런 '반(反)리비스 현상'은 그 자체로 진지하게 검토해볼 만한 문제다. 그렇다고 리비스 비판이 모조리 틀렸다고 주장하려는 것은 아니다. 가령 『나의 칼도』의 정치적 입장이 평등주의적 자유주의에 반대하는 보수주의에 근접하는 것은 사실이다. 당대 학생운동과 학내 소요를 보는 관점이 바로 그러하다. 68혁명이 인식론상의 전면적인 쇄신을 촉구한 전세계적 지식운동이기도 하다는 사실을 리비스는 명확하게 인식하지 못했다. 이 문제에 관한 한 역시 월러스틴의 개입이 필요할 듯하다. 그런 맥락에서 비서구세계에서 동시다발적으로 전개된 여성과 소수 인종 및 무산계급의 체제변혁 의식에는——그가 레이먼드 윌리엄즈(Raymond Williams)를 평등주의자로 비판한 데서 엿보이듯이——둔감하다는 비판도 가능하다. 『검토』(Scrutiny)라는 학술잡지를 꾸리면서 (영)문학을 사유의 중심에 놓은 보수주의자 리비스의 한계가 있다면 그것대로 따져볼 일이고, "산업주의 이전의 유기적 공동체와 대중매체의 기술을 종합할 수 있는 문학적

Atlantic Quarterly, vol. 100, no. 3 (Summer 2003), 특히 649~55면 참조.

11) Richard E. Lee and Immanuel Wallerstein eds., *Overcoming the Two Cultures: Science verses the Humanities in the Modern World-System* (Paradigm Publisher 2004) 참조.

문화"에 대한 그의 사유가 나찌의 국가주의적 미학에 가까워진다는 비판도[12) 그냥 흘려들을 일은 아니라고 본다.

그러나 문학주의와 과학주의의 문제를 모두 드러낸 스노우의 '맹목'(blankness)에 관한 한 역자는 리비스의 손을 들어주고 싶다. 영미 학계에서 으레 단정하듯이 뭣도 모르고 '과학'에 반기를 든, 영문학이라는 '신앙'을 믿는 골수 인문주의자로 리비스를 정리할 수는 없다. 월러스틴도 공감하고 경청함직한 두 문화론 비판에 관한 한 리비스만큼 헌신적이고 철저했던 학자도 찾아보기 힘든 것이다.[13) 반면에 과학자와 소설가를 자임하면서 '두 문화'라는 용어를 퍼뜨린 스노우는—리비스가 거듭 지적한 대로—과학과 인문학의 분열이 야기한 현대문명의 병리적 전조(前兆)에 가깝다. 당시 과학정책 입안자·소설가·교육자 등의 직함을 두루 가지고 실세로 행세한 스노우의 이 책은 리비스가 지적한 그대로 근대주의의 상투적인 생각들을 고스란히 내장하고 있다. 알려져 있다시피 스노우는 영문학의 위대한 작

---

12) Bill Reading, *The University in Ruins* (Cambridge · Mass.: Harvard University Press 1996), 81면.

13) 리비스 자신이 '나는 중상모략에 이골이 난 사람이지만 체념하지는 않는다'고 쓸쓸레 내뱉은 바도 있지만(*Nor Shall My Sword*, 77면), 스노우에 대한 그의 비판을 개인적인 것으로 치부하는 논자들은 지금도 적지 않다. 하지만 그의 도저한 비판은 '풍자문학'으로 볼 여지마저 있는데, 더 중요한 점은 그가 과학의 성취까지를 아우르는 인간 창조성의 구현을 현대문명의 사활이 걸린 문제임을 거듭 강조하고 있다는 사실이다.

가들을 러다이트(기계파괴주의자)로 정의하면서 과학교육의 육성 및 확대를 기획한 사람이다. 이를테면 "과학 문화에 속하는 사람들을 제외한다면 서양의 지식인들은 산업혁명을 이해하려고 노력하지도 않았고 노력하기를 바라지도 않았으며, 또 그럴 수도 없었다. 하물며 그것을 받아들일 수도 없었다"는 식의 단언을 서슴지 않으면서[14] 근대주의의 속물적 세계관을 과학과 발전의 이름으로 정설화한 것이다. 리비스가 보기에 열역학 제2법칙에 대한 지식=셰익스피어 희곡의 이해라는 방정식을 설정하는 것 자체가 과학과 문학 모두에 대한 몰이해를 반영한다. 그런 공식을 만들어낸 과학주의의 승리를 믿어 의심치 않았던 지식인들이 리비스를 몰아세운 것은 당대 영국 지식계의 흐름을 단적으로 반영한다. 리비스는 이렇게 말한다.

그리고 그것은, 강조해야 할 점인데, 최저 수준에서만이 아니다. 가령 철학 교수인 리처드 월하임(Richard Wollheim)은 『파르티잔 리뷰』에서 내가 불쾌하고 의미심장하게 (문제를) 회피했다고 비난하면서 이렇게 말했다. 즉 내가 리치먼드 강연에서 물질적 삶의 진보에 찬성하는지 반대하는지를 분명히 밝히지 않았다는 것이다. 물론 내 요점은 이렇다. 즉 또다른 종류의 사려, 인간본성과 인간적 필요에 대한 적절한 이해를

---

14) C.P. Snow, *The Two Cultures: A Second Look* (Cambridge: Cambridge University Press 1965), 22면.

우리의 사유와 노력을 북돋고 방향 잡아주는 데 통합할 필요가 없다고 의기양양하게 가정함으로써 물질적 삶의 상승을 자족적인 목표로 만드는 것만으로는 안된다는 것이다. 과학기술과 물질의 진보, 그리고 공정한 분배, 이것으로 충분하며 이에 집중하는 것이 유일하게 참된 책임이라는 태도야말로 내가 맞서는 것이다.[15)]

알다시피 이 세 가지 목표에서 공정한 분배조차 무자비한 생존경쟁으로 바꿔놓은 것이 오늘날의 신자유주의다. 리비스의 요지는 그런 이념으로는 인류가 당면한 문명적 위기를 결코 감당할 수 없다는 것이다. 다른 한편 세계체제론의 요점도 바로 그런 신자유주의 이념이 현존 자본주의체제에서는 더이상 '정상적으로' 작동하지 못하는 지점에 이르렀다는 것이다.

물론 30년 전의 리비스는 물론이고 현재의 월러스틴도 신자유주의에 대안을 제시했다고는 말할 수 없다. 그러나 대안에는 '생태지수'처럼 눈에 보이는 것도 있지만 인간정신의 문제가 그러하듯이 가시적으로 제시하기 힘든 차원이 있는 법이다. 그 점을 숙지한다면, 인간의 본성과 인간적 필요에 대한 새로운 이해를 변혁적 실천과 통합함으로써 자본주의 문명──리비스의 표현으로는 기술공학적·벤섬적 문명(technologico-Benthamite civilization)──에 대한 상투적인 문명비판을 넘어서려는 리비스의 문학적 사

---

15) F. R. Leavis, *Nor Shall My Sword*, 78면(강조는 리비스).

유가 현존 세계체제의 대안을 모색하는 월러스틴의 사회과학적 탐구와 만나는 지점은 의외로 넓다. 한국의 독사로서도 두 문화 담론에 대한 월러스틴의 극복의지를 리비스의 비판의식과 함께 검토할 필요가 절실한 것이다.

여기서 『나의 칼도』의 내용을 더이상 세세하게 소개할 수는 없다. 다만 월러스틴도 20세기 세계정치사에서 결정적인 분수령으로 파악한 68년 세계반체제운동의 관점으로 볼 때조차 리비스의 언설이 구시대적 착오만은 아님을 간략히 적시하는 일은 필요할 듯하다. 앞서 『나의 칼도』의 정치적 입장이 보수주의에 가깝다고 했는데,[16] 일단 그 점을 인정한다면 스노우의 두 문화 담론이 노골적으로 설파하는 과학주의와 근대주의에 비타협적으로 맞선다는 점에서는 68년의 혁명적 충동을 근본적으로 공유하는 일면도 있음은 분명하다.

따라서 윌리엄 블레이크(William Blake)의 예술을 인간의 창발적 사유의 탁월한 발현으로 평가하면서 이를 창조력의 소진

---

16) 물론 스노우류의 '두 문화'론이 영국의 지식계에서 대세를 이루면서 라이오넬 트릴링(Lionel Trilling) 같은 식자조차 양비론적 태도를 취하는 현실에서 그가 일면 비관적인 태도를 취한 것도 사실이다. "셰익스피어의 강점을 향유한 마지막이자 최고로 위대한 작가는 디킨즈였다"거나 디킨즈를 창조한 "조건들과 가능성의 바로 그 느낌이 사라져버렸음"을(*Nor Shall My Sword*, 184면) 개탄할 때의 어조에도 문학이 인간 삶의 방향을 제시했던 시대에 대한 보수적인 향수가 배어 있다. 하지만 그의 어조는 이른바 '건강한 비관주의'에 가까운 일면도 있다. 하지만 이때도 쟁점은 "우리에게는 디킨즈의 후예가 없을 것"이라고 단언할 때의 리비스가 과연 어떤 대안을 추구했는가에 있을 것이다.

과 소모적인 자기부정을 역설적으로 표현한 엘리어트(T. S. Eliot)의 종교시와 대비할 때 리비스가 역설한 것이 단순히 (영)문학의 중요성만은 아니다. 예루살렘이라는 궁극적 이상향을 상상으로써 구현하려는 노력이 문학에서도 왜 필연적으로 실패할 수밖에 없는가를 블레이크의 예술을 예로 들어 역설하는 리비스는 '발전과 행복'이라는 근대주의의 지상목표를 근본적으로 다시 생각하게 하는 면이 있다. 그가 끊임없는 자기쇄신과 새로움을 향한 열망 속에 삶의 본질이 있으며 그런 삶의 본질의 구현이 인간 본연의 책임임을 역설할 때, 스노우가 말하는 '전통문화'가 아니라 '문화적 전통'을 강조할 때, 그는 사실상 인간의 창발성을 새로이 모색하려는 21세기의 사회과학 및 자연과학과의 대화의 문을 열어놓았다고 보아도 좋을 것이다. 또한 인간의 창조성이라는 것도 근본부터 다시 성찰하지 않고서는 지구생태계의 절멸을 초래할 지경에까지 다다른 오늘날의 위기에 대응하기 어렵다는 사실을 되새길수록, 리비스의 지적 작업도 알맞게 걸러내어 오늘날의 새로운 지식운동과 결합해야 할—근래 우리 지식계에 제기된 용어로 말하자면 '통섭'해야 할— 필요도 더해진다.

5. 문화연구, 인문학, 역사적 사회과학

『지식의 불확실성』이 상기하는 것도 바로 그런 필요성이다.

월러스틴은 법칙정립과 개별서술로 분리된 서구의 기존 인식론에 도전하는 새로운 지식운동으로 복잡성 과학과 문화연구를 꼽고 있다. 복잡성 과학은 앞서 소개한 프리고진이라는 이름에서 암시된 바 있지만, 역자는 뉴턴역학에 대한 전면적인 수정을 요구하는 이 지식운동에 대해 극히 초보적인 독서를 했을 뿐이라서 뭐라 책임 있는 논평을 붙이기가 어렵다. 다만 인간의 삶이──나아가 우주의 생명현상이──수학적 방정식이라는 틀에 넣을 수 없는 복잡성을 띤다는 사실을 역설하는 동시에 뉴턴의 과학이 상정한 절대적 확실성을 부정한 그의 학설이 우리가 지금까지 알아왔던 세계를 새로운 방식으로 상상하게 하는 지적 자극이라는 점만은 강조해야 하겠다. 뉴턴과 데까르뜨의 세계관이 설정한 절대성이 불가능하게 때문에 인간의 선택의지가 중요할 수밖에 없다는 사실을 강조하고 계몽주의가 발가벗긴 자연과의 새로운 대화를 촉구한 프리고진의 발상에 대해, 가령 "세계가 비선형적·확률적 역학계에 따라 펼쳐진다는 사실이 외동딸이 강간당하고 도륙된 것을 목격한 보스니아의 한 어머니를 어떻게 위로할 수 있다고 생각할 수 있겠는가?"라는 식으로 반문하는 것은[17]──그런 반문이 아무리 선의의 인류애에서 촉발되었다 하더라도──반(反)과학적 태도라는 것이다.

그 점을 짚어둔다면, 『지식의 불확실성』을 소개하는 자리에서

---

17) John Horgan, *The End of Science* (New York: Broadway Books 1997), 221면.

는 물론 두 문화 담론을 화제로 삼는 데서도 빠뜨릴 수 없는 것이 문화연구다. 20세기 후반의 지식세계에 등장한 새로운 패러다임으로 복잡성 과학과 문화연구를 꼽은 월러스틴은 후자의 중요성에 대해 다음과 같이 말한다.

> 문화연구도 복잡계를 연구하는 과학자들이 공격한 바로 그 결정론 및 보편주의를 공격했다. 문화연구는 특히 보편성이란 이름으로 만들어진 사회현실에 대한 주장이 사실은 보편적이지 않다는 근거를 들어 보편주의를 비판했다. 문화연구는 전통적인 인문주의적 연구방법에 대한 공격을 대표했는데, 그런 방법은 선과 미의 영역에서 보편적 가치를(이른바 정전들을) 주장하고 그런 보편적 가치에 대한 이해를 육화(肉化)해놓은 텍스트를 내재적으로 분석하는 것이었다. 그러나 문화연구는 특정한 맥락에서 창조되어 특정한 맥락에서 읽히거나 평가되는 사회적 현상이라고 주장했다.(29~30면)

월러스틴은 『유럽적 보편주의』에서는 혁신적 지식운동으로서 복잡성 과학과 문화연구가 가진 공통점을 세 가지로 대별하고 있다. 그것은 ① 뉴턴에서 아인슈타인에 이르기까지 지속된 선형적인 시간가역의 결정주의 세계관을 거부하며 ② 두 지식운동 모두 두 문화의 인식론적 단절을 극복하려고 하고 ③ 자신의 탐구를 (명시적으로 표현하는 것은 아니지만) 사회과학 영역에 근거한다는 것이다.[18]

월러스틴이 이 책 9장 「지구문화(들)」에서 말하고 있듯이 '문화'는 "사회과학 용어에서 가장 모호하고 논란이 되는 단어·개념어 가운데 하나"이고 "그것이 무엇을 의미하고 함축하는가에 대해선 거의 합의된 바가 없다." 이런 용어에 '연구'까지 붙어 있으니 탈식민담론, 젠더연구, 계급분석 등은 말할 것도 없이 건축학에서 영화연구에 이르는 무수한 분과학문의 경계들을 넘나드는 문화연구의 정체성 자체가 논란거리인 것은 당연하다. 따라서 개념상으로 문화가 무엇인가보다는 이 새로운 지식운동이 출현한 역사적 배경을 살펴보고 기왕의 인문학과 어떤 접점을 형성하고 있는가가 이 책을 소개하는 자리에서도 중요한 논점이 될 듯하다.

문화연구의 정체성은 여전히 불분명하고 영국과 미국에서의 분화 과정도 사뭇 다르지만, 본격적인 '기폭제'가 1968년 세계혁명이라는 데에는 월러스틴을 포함한 많은 논자들이 동의하는 듯하다. 소수 인종, 여성, 성적 소수자 등에 대한 폭발적 관심을 불러일으킨 68혁명도 냉전의 해체와 제3세계의 재편이라는 세계체제의 지각변동과 무관할 수 없다. 하지만 그것이 기존의 인문학계에 몰고 온 파장은 엄청났다. 정전으로 대표되는 서구문명의 창조적 성취들이 제국주의 경영의 문화적 인프라로 활용되었다는 인식이 확산된 결정적인 계기가 바로 68혁명이기도 했던 것이다. 영미의 영문학계에서도 대세를 이룬 것으로 판단

18) Immanuel Wallerstein, *European Universalism*, 67~68면.

되는 '대문자 문학'(Literature)의 해체와 정전 비판은 사실상 그런 인식의 반영이다. 근래 한국의 문학계에 큰 반향을 일으킨 가라따니 코오진(柄谷行人)의 '문학의 종언'론도 넓게 보면 문화연구의 자장 안에서 발생한 담론인 셈인데, 어쨌든 이제는 아무리 보수적인 인문학자라 하더라도 과학과 인문학을 넘나드는 문화연구의 '잡식성 체질'이 대학 분과학문의 구조와 교과과정에 심대한 영향을 끼쳤음을 부정할 수는 없을 것이다. 성차별주의 및 인종주의와 결합하여 작동한 정전주의 이데올로기의 폐해에 대한 대안적 비판으로서 문화연구에 내재한 가능성은 엄청나다. 실제로 국내 학계에서 문화연구의 개방성을 견지하면서 총체성에 대한 사유의 끈을 놓지 않는 논자의 '문학적 탐구'를 만나기도 하는 것이다.[19)]

여기서는 국내 문화연구의 현황은 고사하고 거의 반세기 동안 영미권에서 전개된 문화연구도 개괄할 수 없지만,[20)] 이 새로운 지식운동의 수용에서 생각해볼 점은 있다. 이 문제도 『지식의 불확실성』과 연관지어 보는 것이 좋겠다. 월러스틴은 문화연구가 사회과학에 끼친 지적 영향을 다음과 같이 평가한다. "텍스트의 정전주의적 평가에 대한 공격이 사회과학자들에게 열어젖힌 것은 자신의 서술과, 제안, 증거의 성격을 자기성찰해야 하

---

19) 신광현 「'총체성'과 문화연구의 미래──프레드릭 제임슨의 주제에 의한 변주」, 『비평과이론』, 11권 2호(2006년 가을·겨울), 49~72면 참조.
20) 이에 대해서는 특히 Bill Reading, 앞의 책, 6~7장 참고.

는 의무, 그리고 자기들 연구의 입지에서 나오는 불가피한 편향을 사회현실에 대한 타당한 진술을 만들 수 있는 가능성과 일치시켜야 하는 의무였다"는 것이다.(30면) 이런 의무의 실행에 관한 한 인문학이라고 다를 것이 있을까. 기왕의 고답적인 문학주의가 "자기들 연구의 입지에서 나오는 불가피한 편향을" 성찰하는 데 게을렀다면 더욱 그렇다.

반면에 월러스틴이 복잡성 과학과 문화연구를 새로운 양대 지식운동으로 파악하면서 이 두 운동의 창조적 동력을 통합하는 역사적 사회과학을 내세우는 취지에 우리가 전폭적으로 공감할 때에도 남는 문제는 있다. 특히 문화연구와 인문학의 창의적 접점을 구하는 문제에 관한 한 보탤 말이 없지 않다고 본다. 물론 월러스틴의 다음과 같은 비판을 유념하면서 말이다.

역사적으로 볼 때, 인문학은 과학에 관심이 없었다. 그것이 결국은 이른바 결별의 요점이었다. 그러므로 그들은 과학에 경도되었다는 이유로 사회과학을 삐딱하게 봤고, 그 연구자들, 특히 역사학자들이 스스로를 인문학자로 정의하고 철학과에 자리 잡도록 북돋운 것이다. 그들의 관심은 넓게 정의해서 예술에서의 질에 대한 가치평가 기준과, 사회현실의 공감적·해석학적 인식에 개입하는 데 있었다. 이것은 정전, 즉 높이 받들어 후세에 가르칠 수 있는 미학적 성취들의 목록을 만들었다. 이상한 방식으로 그들은 가장 헌신적인 뉴턴주의 과학자들이 도달한 곳과 동일한 지점에 이르렀다. 그들은 완벽함에, 이론적인 공식화의 우아함보다는 예술에서의 우아함에 더 관심이 있었다. 그러나 예술과 이론에서 문제는, 그런 탁월함의 가치가 지식활동의 내적 규칙 바깥에 존재하는 기준이나 사회적 유용성으로는 측정되지 않았다는 것이다.(66~67면)

인문학이 전체적으로 과학에 관심이 없었다는 비판이나 예술작품의 가치를 평가할 때 "지식활동의 내적 규칙 바깥에 존재하는 기준"을 무시했다는 지적도 그 자체로 문제제기의 성격을 띤다. '과학'과 지식활동의 내적 규칙은 무엇이며 그런 규칙 바깥에 존재하는 기준은 어떤 것인가도 현대 지식세계의 '불확실성들' 가운데 하나라는 것이다. 물론 문학작품을 포함한 문화적 생산품의 미와 도덕적 가치도 내재적인 것이 아니라 그것이 놓여 있는 사회의 '권력구조'와 함수관계를 맺고 있다는 문화연구의 주장과, 그것을 작품해석에 적극 받아들여야 한다는 주장에도 토를 달기는 어렵다. 또한 인문학, 좁게는 문학도 어디까지나 근대의 지식이 생산되는—월러스틴이 이 책의 8장 「역사쓰기」에서 허구의 이야기, 프로파간다, 저널리즘, 역사서술로 대별한—방식들 중 하나이며 권력작용에서 완전히 자유로울 수 없다는 사실을 직시해야 한다. 문학이 이 네 가지 지식생산 가운데 특권적인 자리에 있어야만 하는 역사적인 근거는 희박하다. 이런 상황에서 인류의 창조성이 집약된 '정전'의 해방적 가능성에 역점을 주게 되면 어느새 정전주의자라는 낙인이 찍히기 안성맞춤인 것이다.

그러나 문화적 생산물이 권력구조 속에서 의미를 창출하는 양상만을 보고 그런 구조 속에서 꽃핀 예술적 성취조차 권력의 '효과'로 간주하는 급진성을 본받기는 어렵다. 매사를 권력의 효과로 환원하는 해석의 한계는 너무 분명하거니와, 그것은 스스로 권력으로 전락하는 역설의 악순환에서 벗어날 길을 스스로 차단하기 때문이기도 하다. 월러스틴이 그렇다는 말은 아니지만, 이것이 단순한 기우가 아님은 미국 문화연구의 흐름에서도 확인되는 바 있다. 물론 그쪽 문화연구도 문화연구 나름이겠지만, 그 대세가 리비스의 줄기찬 주장과 쉽사리 양립할 수 있을 것 같지는 않다. 그가 줄기차게 주장하고 비평으로써 구체화한, 인간의 '책임'을 구현하는 핵심적 거점으로서의 대학과 인문학 교육의 핵심에 해당하는 문학비평에 문화연구를 표방하는 적지 않은 연구자들이 회의적인 입장을 공공연하게 드러내는 실정이다. 모든 문헌(literature)을 '텍스트'로 환원하여 사회현상을 분석하는 데 도구적 자료로 동원하는 몰가치한 경향은 더 말할 것도 없다. 정전 비판을 구실로 그런 평등주의적 해석을 문학작품에 기계적으로 적용하는 것을 보면 문화파괴주의(vandalism)가 따로 없겠다는 느낌마저 들 때도 있다. 서구의 창조적 문학을 서구 문학지식인들 스스로 부정하는 꼴이니 문화파괴주의라는 표현도 어폐가 있겠지만, 문학의 창조적 성취를 빼놓고 근대 서구의 문명적 유산을 온전히 평가하기 어려울 것이다.

그럴수록 인문학이든 사회과학이든 '배제되지 않은 중도'라는——사실 우리 불가(佛家)에서 중관(中觀)사상으로 전해 내려오는 지적 유산과 상통하는——발상을 새롭게 벼려야 필요가 할 절실하다. 요컨대 한낱 허위의식으로 굳어진 정전주의(고전주의)가 아니라 정전의 진정한 해방성과 진리 구현의 힘에 관한 한, 문화연구가 기존의 비판적 문학연구와 결합할 여지는 많다는 것이다. 월러스틴이 강조한 대로 문화연구가 분명히 학문체계에 대한 허무주의적인 부정이 아니기 때문에 그런 여지는 더 키워야 할 것이다.

구체적인 예를 들지는 않겠지만 사회과학자로서 문학작품을 보는 월러스틴의 관점은 사실 상식적인 것이다(특히 이 책의 158~59면 참조). 그렇다고 단떼나 셰익스피어, 괴테 등의 고전적 작가들의 시적 인식과 이들의 창조적 작품이 그가 강조해 마지 않는 진·선·미의 통합적 구현에 근접한 인문학적 사례라는 점을 그가 제대로 의식하지 못하고 있다고 단정할 일은 아니다. 또한 사회과학자로서 문화연구의 의의를 높이 사는 월러스틴이 그런 인식을 얼마나 철저하게 견지하는가를 따지려는 것도 아니다. 그런 인식을 사회과학과 적극적으로 교통하기를 바라는 문학도의 입장에서 한번 비판적으로 되새기면서 법칙정립과 개별서술의 인식론을 넘어선 탁월한 하나의 예는 탁월한 문학작품에서 확인할 수 있다는 점을 강조하는 정도다. "합쳐지지도 그렇다고 분리되지지도 않는, 역설처럼 보이는" 분석적·도덕적·정치적 앎의 통합된 지평이 어떻게 가능한가를 실증하는 사례들 가운데 하나는 바로 인문학에 남아 있는 것이다. 그러한 문학 유산이 새로운 대안적 지식운동으로서의 문화연구 및 복잡성 과학과 아직 원만하게 만나지는 못한 듯하다. 그런 만남을 위해서는 분야를 막론하고 '배제되지 않은 중도'를 견지하는 자세가 중요하리라는 것은 더 말할 것 없겠지만, 월러스틴이 지향하는 '역사적 사회과학'에 공감하는 지적 훈련도 인문학도에게는 반드시 필요하리라 본다.

2007년 3월 전남대학교 연구실에서

역자 씀

| 참고문헌 |

Amin, Samir (1999) "History Conceived as an Eternal Cycle," *Review*, vol. 22, no. 3, 291~326면.

Aronowitz, Stanley (1981) "A Metatheoretical Critique of Immanuel Wallerstein's *The Modern World-System*," *Theory and Society*, vol. 10, July, 503~20면.

Arrighi, Giovanni (1999) "The World According to Andre Gunder Frank," *Review*, vol. 22, no. 3, 327~54면.

Bell, David A. (2002) "He wouldn't Dare," *London Review of Books*, May 9, 19면.

Bourdieu, Pierre (1975) "La spécificité du champ scientifique et les conditions sociales du progrès de la raison," *Sociologie et société*, vol. 3, May, 91~118면.

Braudel, Fernand (1949) *La Méditerranée et le monde méditerranéen à l'époque de Philippe II*, Paris: Armand Colin.

_____ (1966) *La Méditerranée et le monde méditerranéen à l'époque de Philippe II*, rev. and enl. ed. 2 vols., Paris: Lib. Armand Colin.

_____ (1969a) "Histoire et sciences sociales: La longue durée" in Fernand

Braudel, *Ecrits sur l'histoire*, Paris: Flammarion, 41~83면. (한국어 번역 본: 『역사학 논고』, 이정옥 옮김, 민음사 1990) 최초 발표지면은 *Annales E.S.C.*, vol. 13, October~December 1958, 725~53면.

_____ (1969b) "Unité et diversité des sciences de l'homme" in Fernand Braudel, *Ecrits sur l'histoire*, Paris: Flammarion, 85~96면. 최초 발표지 면은 *Revue de l'enseignement supérieur*, no. 1, 1960, 17~22면.

_____ (1969c) "Histoire et sociologie" in Fernand Braudel, *Ecrits sur l'histoire*, Paris: Flammarion, 97~122면. 최초 발표지면은 Georges Gurvitch ed., *Traité de sociologie*, Paris: Presses Universitaires de France, 2 vols., 1958~60, 제4장.

_____ (1972) *The Mediterranean and the Mediterranean World in the Age of Philip II*, New York: Harper & Row.

_____ (1984a) *Civilization and Capitalism, 15th~18th Century*, vol. 3, *The Perspective of the World*, New York: Harper & Row. (한국어 번역본: 『물질문명과 자본주의 3』, 주경철 옮김, 까치 1997)

_____ (1984b) "Une vie pour l'histoire," *Magazin Littéraire*, no. 212, November, 18~24면.

Brenner, Robert (1977) "The Origins of Capitalist Development: A Critique of Neo-Smithian Marxism," *New Left Review*, vol. 104, July~August, 23~92면.

Chaunu, Pierre (1973) *L'Espagne de Charles Quint*, Paris: S.E.D.E.S., 1부.

Darnton, Robert (1999) "History Lessons," *Perspectives*, American Historical Association, September, 2~3면.

De Waal, Alex (2001) "The Moral Solipsism of Global Ethics Inc.," *London Review of Books*, vol. 23, August 23, 15면.

Diamond, Sigmund (1992) *Compromised Campus: The Collaboration of Universities with the Intelligence Community, 1945~1955*, New York: Oxford University Press.

Dreifus, Claudia (2002) "Finding Rich Fodder in Nuclear Scientists," *New York Times*, May 21.

Ekeland, Ivar (1988) *Mathematics and the Unexpected*, Chicago: University of Chicago Press.

Febvre, Lucien (1962) "Civilisation: Évolution d'un mot et d'un groupe d'idées" in *Pour une histoire à part entière*, Paris: SEVPEN, 481~528면.

Frank, Andre Gunder (1990) "A Theoretical Introduction to 5000 Years of World System History," *Review*, vol. 13, 155~248면.

_____ (1999) *ReOrient: Global Economy in the Asian Age*, Berkeley: University of California Press. (한국어 번역본: 『리오리엔트』, 이희재 옮김, 이산 2003)

Frijhoff, Willem (1996) "Patterns" in H. de Ridder-Symoens ed., *Universities in Early Modern Europe (1500~1800)*, vol. 2 of *A History of the University in Europe*, Cambridge: Cambridge University Press, 43~110면.

Grossberg, Lawrence, Cary Nelson, and Paula Treichler eds. (1992) *Cultural Studies*, New York: Routledge.

Hammerstein, Notker (1996) "Epilogue: The Enlightenment" in H. de Ridder-Symoens ed., *Universities in Early Modern Europe*

(1500~1800), vol. 2 of *A History of the University in Europe*, Cambridge: Cambridge University Press, 621~40면.

Hechter, Michael (1975) Review of *The Modern World-System* by Immanuel Wallerstein, *Contemporary Sociology*, vol. 4, no. 3, 217~22면.

Hopkins, Terence K. and Immanuel Wallerstein (1967) "The Comparative Study of National Societies," *Social Science Information*, vol. 6, October, 25~58면.

＿＿＿ coords. (1996) *The Age of Transition*, London: Zed Press. (한국어 번역본: 『이행의 시대』, 백승욱·김영아 옮김, 창비 1999)

Jeanneret, Yves (1998) *L'affaire Sokal ou la querelle des impostures*, Paris: Presses Universitaires de France.

Lambropoulos, Vassilis (1993) *The Rise of Eurocentrism: Anatomy of Interpretation*, Princeton: Princeton University Press.

Lane, Frederic (1976) "Economic Growth in Wallerstein's Social System," *Comparative Studies in Society and History*, vol. 18, October, 577~82면.

Lazarsfeld, Paul F. (1949) "The American Soldier": An Expository Review, *Public Opinion Quarterly*, vol. 13, no. 3, 377~404면.

Lee, Richard (1992) "Readings in the 'New Science': A Selective Annotated Bibliography," *Review*, vol. 15, winter, 113~71면.

＿＿＿ (1996) "Structures of Knowledge" in Terence K. Hopkins and Immanuel Wallerstein coord., *The Age of Transition*, London: Zed Press, 178~206면.

Lingua Franca (2000) *The Sokal Hoax: The Sham that Shook the Academy*,

Lincoln: University of Nebraska Press.

Lyon, Bryce, and Mary Lyon (1991) *The Birth of Annales History: The Letters of Lucien Febvre and Marc Bloch to Henri Pirenne (1921~1935).* Brussels: Académie Royale de Belgique, Commission Royale.

Małowist, Marian (1964) "Les aspects sociaux de la première phase de l'expansion coloniale, *Africana Bulletin*, vol. 1, 11~40면.

───── (1966) "Le commerce d'or et d'esclaves au Soudan occidental," *Africana Bulletin*, vol. 4, 49~93면.

Merton, Robert K. (1957) "The Bearing of Sociological Theory on Empirical Research" in *Social Theory and Social Structure*, rev. and enl. ed. Glencoe, Ill.: Free Press.

Mintz, Sidney (1978) "Was the Plantation Slave a Proletarian?" *Review*, vol. 2, summer, 81~98면.

Moretti, Franco (2000) "Conjectures on World Literature," *New Left Review*, 2d series, no. 1, January~February, 5~24면.

Nolte, H. H. (1982) "The Position of Eastern Europe in the International System in Early Modern Times," *Review*, vol. 6, summer, 25~84면.

Novick, Peter (1988) *That Noble Dream: The "Objectivity Question" and the American Historical Profession*, Cambridge: Cambridge University Press.

Pirenne, Henri (1931) "La tâche de l'historien," *Le Flambeau*, vol. 14, 5~22면. 영어판은 Stuart A. Rice ed., *Methods in Social Science: A Case Book*, Chicago: University of Chicago Press, 1931, 435~45면에 수록.

Polanyi, Karl (1957) *The Great Transformation*, Boston: Beacon Press. (한국어 번역본: 『기대한 변환』, 빅현수 옮김, 민음사 1992)

_____ (1967) "The Economy as Instituted Process" in K. Polanyi et al. eds., *Trade and Market in the Early Empires*, Glencoe, Ill.: Free Press, 243~70면. (한국어 번역본: 『초기 제국에 있어서의 교역과 시장』, 이종욱 옮김, 민음사 1994)

_____ (1977) "Forms of Integration and Supporting Structures" in Karl Polanyi, *The Livelihood of Man*, ed. Harry W. Pearson, New York: Academic Press, 35~43면. (한국어 번역본: 『사람의 살림살이』 전 2권, 박현수 옮김, 풀빛 1983)

Pollock, Sheldon (1993) "Deep Orientalism? Notes on Sanskrit and Power behind the Raj" in C. A. Breckenridge and P. van der Veer eds., *Orientalism and the Postcolonial Predicament*, Philadelphia: University of Pennsylvania Press, 76~133면.

Porter, Roy (1996) "The Scientific Revolution and Universities" in H. de Ridder-Symoens ed., *Universities in Early Modern Europe (1500~1800)*, vol. 2 of *A History of the University in Europe*, Cambridge: Cambridge University Press, 531~62면.

Prigogine, Ilya (1997) *The End of Certainty: Time, Chaos and the Laws of Nature*, New York: Free Press. (한국어 번역본: 『확실성의 종말』, 이덕환 옮김, 사이언스북스 1997)

Prigogine, Ilya and Isabelle Stengers (1979) *La nouvelle alliance*, Paris: Gallimard. (영어증보판의 한국어 번역본: 『혼돈으로부터의 질서』, 신국조

옮김, 고려원 1993)

Rüegg, Walter (1996) "Foreword" in H. de Ridder-Symoens ed., *Universities in Early Modern Europe (1500~1800)*, vol. 2 of *A History of the University in Europe*, Cambridge: Cambridge University Press, xix~xxiii면.

Sachs, Albie (1998) Fourth D. T. Lakdawala Memorial Lecture, given at Institute of Social Sciences, Nehru Memorial Museum and Library Auditorium, New Delhi, December 18.

Santos, Boaventura de Sousa (1992) "A Discourse on the Sciences," *Review*, vol. 15, winter, 9~47면.

Shapin, Steven (1994) *A Social History of Truth: Civility and Science in Seventeenth-Century England*, Chicago: University of Chicago Press.

Shohat, Ella (2001) "Rupture and Return: The Shaping of a Mizrahi Epistemology," *Hagar*, vol. 2, no. 1, 61~92면.

Skocpol, Theda (1977) "Wallerstein's World Capitalist System: A Theoretical and Historical Critique," *American Journal of Sociology*, vol. 82, May, 1075~89면.

Snow, C. P. (1965) *The Two Cultures, and a Second Look*, 2d ed., Cambrideg: Cambridge University Press. (한국어 번역본: 『두 문화』, 오영환 옮김, 사이언스북스 2001)

Stengers, Isabelle (1996) *Cosmopolitique I: La guerre des sciences*, Paris: La Découverte.

Tillich, Paul (1948) *The Protestant Era*, Chicago: University of Chicago Press.

Truth and Reconciliation Commission (South Africa) (1999) *Truth and*

Reconciliation Commission of South Africa Report, Cape Town: Truth and Reconciliation Commission.

Wallerstein, Immanuel (1961) *Africa: The Politics of Independence*, New York: Random House.

_____ (1964) *The Road to Independence: Ghana and the Ivory Coast*, Paris: Mouton.

_____ (1965) *Africa: The Politics of Unity*, New York: Random House.

_____ (1966) "The Decline of the Party in Single-Party African States" in J. LaPalombara and M. Weiner eds., *Political Parties and Political Development*, Princeton: Princeton University Press, 201~14면.

_____ (1967) "The Comparative Study of National Societies," *Social Science Information*, vol. 6, October, 25~58면.

_____ (1968) "Frantz Fanon" in *International Encyclopedia of the Social Sciences*, vol. 5, 326~27면.

_____ (1970) "Frantz Fanon: Reason and Violence," *Berkeley Journal of Sociology*, vol. 15, 222~31면.

_____ (1974a) *The Modern World-System*, vol. 1, *Capitalist Agriculture and the Origins of the European World-Economy in the Sixteenth Century*, New York: Academic Press. (한국어 번역본: 『근대세계체제 1』, 나종일 외 옮김, 까치 1999)

_____ (1974b) "The Rise and Demise of the World-Capitalist System: Concepts for Comparative Analysis," *Comparative Studies in Society and History*, vol. 16, September, 387~415면. *The Capitalist World-*

Economy, Cambridge: Cambridge University Press 1979, 1~36면에 재수록.

_____ (1976a) "Modernization: Requiescat in Pace" in L. Coser and O. Larsen eds., *The Uses and Controversy of Sociology*, New York: Free Press, 131~35면. *The Capitalist World-Economy*, Cambridge: Cambridge University Press 1979, 132~37면에 재수록.

_____ (1976b) "Semiperipheral Countries and the Contemporary World Crisis," *Theory and Society*, vol. 3, winter, 461~83면. *The Capitalist World-Economy*, Cambridge: Cambridge University Press 1979, 95~118면에 재수록.

_____ (1978) "Civilizations and Modes of Production: Conflicts and Convergences," *Theory and Society*, vol. 5, 1~10면. *Politics of the World-Economy*, Cambridge: Cambridge University Press 1984, 159~68면에 재수록.

_____ (1979) "Fanon and the Revolutionary Class" in *The Capitalist World-Economy*, Cambridge: Cambridge University Press, 250~68면.

_____ (1986) "Societal Development, or Development of the World-System?" *International Sociology*, vol. 1, March, 1~17면. *The Essential Wallerstein*, New York: New Press 2000, 112~28면에 재수록.

_____ (1987) "World-Systems Analysis" in A. Giddens and J. Turner eds., *Social Theory Today*, Cambridge: Polity Press, 309~24면. *Unthinking Social Science: The Limits of Nineteenth-Century Paradigms*, 2d ed., Philadelphia: Temple University Press 2001, 237~56면에 「패러다임 논

쟁에 대한 요청」(Call for a Debate about the Paradigm)이란 제목으로 재
수록. (한국어 번역본: 『사회과학으로부터의 탈피』, 성백용 옮김, 창비
1994)

_____ (1988a) "What can One Mean by Southern Culture?" in N. M. Bartley
ed., *The Evolution of Southern Culture*, Athens: University of Georgia
Press, 1~13면.

_____ (1988b) "The Invention of TimeSpace Realities: Towards an
Understanding of Our Historical Systems," *Geography*, vol. 73,
October. *Unthinking Social Science: The Limits of Nineteenth-Century
Paradigms*, 2d ed., Philadelphia: Temple University Press 2001,
135~48면에 재수록.

_____ (1989) "Culture as the Ideological Battleground of the Modern World-
System," *Hitotsubashi Journal of Social Studies*, vol. 21, August, 5~22
면. *The Essential Wallerstein*, New York: New Press 2000, 264~89면에
재수록.

_____ (1990a) "Culture Is the World-System: A Reply to Boyne," *Theory,
Culture, and Society*, vol. 7, June, 63~65면.

_____ (1990b) "World-Systems Analysis: The Second Phase," *Review*, vol.
13, spring, 287~93면. *The End of the World as We Know It: Social
Science for the Twenty-first Century*, Minneapolis: University of
Minnesota Press 1999, 192~201면에 재수록. (한국어 번역본: 『우리가 아
는 세계의 종언』, 백승욱 옮김, 창비 2001)

_____ (1991a) *Report on an Intellectual Project: The Fernand Braudel*

Center, 1976~1991, Binghamton, New York: Fernand Braudel Center.

_____ (1991b) "World System versus World-Systems: A Critique," *Critique of Anthropology*, vol. 11, no. 2, 189~94면.

_____ (1993a) "The Geoculture of Development, or the Transformation of Our Geoculture?" *Asian Perspective*, vol. 17, fall~winter, 211~25면. *After Liberalism*, New York: New Press 1995, 162~75면에 재수록. (한국어 번역본: 『자유주의 이후』, 강문구 옮김, 당대 1996)

_____ (1993b) "The TimeSpace of World-Systems Analysis: A Philosophical Essay," *Historical Geography*, vol. 23, no. 1~2, 5~22면.

_____ (1994) "Peace, Stability, and Legitimacy, 1990~2025/2050" in Geir Lundestad ed., *The Fall of Great Powers*, Oslo: Scandinavian University Press, 331~49면. *The Essential Wallerstein*, New York: New Press 2000, 435~53면에 재수록.

_____ (1995a) *After Liberalism*, New York: New Press.

_____ (1995b) *Historical Capitalism, with Capitalist Civilization*, London: Verso. (한국어 번역본: 『역사적 자본주의/자본주의 문명』, 나종일·백영경 옮김, 창비 1993)

_____ (1995c) "The Significance of Political Sociology" in R. Alapuro et al. eds., *Encounter with Erik Allardt*, Helsinki: Yliopistopaino, 27~28면.

_____ (1995d) "What do We Bound, and Whom, When We Bound Social Research?" *Social Research*, vol. 62, winter, 839~56면. *The Essential Wallerstein*, New York: New Press 2000에 재수록.

_____ (1996) "Social Science and Contemporary Society: The Vanishing

Guarantees of Rationality," *International Sociology*, vol. 11, March, 7~26면. *The End of the World as We Know It: Social Science for the Twenty-first Century*, Minneapolis: University of Minnesota Press 1999, 137~56면에 재수록.

_____ (1997a) "The National and the Universal: Can There Be Such a Thing as World Culture?" in A. D. King ed., *Culture, Globalization, and the World-System*, Minneapolis: University of Minnesota Press, 91~105면.

_____ (1997b) "The Unintended Consequences of Cold War Area Studies" in N. Chomsky et al., *The Cold War and the University: Toward an Intellectual History of the Postwar Years*, New York: New Press, 195~231면. (한국어 번역본: 『냉전과 대학』, 정연복 옮김, 당대 2001)

_____ (1998a) "Pedagogy and Scholarship" in I. Wallerstein ed., *Mentoring, Methods, and Movements: Colloquium in Honor of Terence K. Hopkins by His Former Students*, Binghamton, New York: Fernand Braudel Center, 47~52면.

_____ (1998b) *Utopistics: or, Historical Choice for the Twenty-first Century*, New York: New Press. (한국어 번역본: 『유토피스틱스, 또는 21세기의 역사적 선택들』, 백영경 옮김, 창비 1999)

_____ (1999) "The Heritage of Sociology, The Promise of Social Science," *Current Sociology*, vol. 47, January, 1~37면. *The End of the World as We Know It: Social Science for the Twenty-first Century*, Minneapolis: University of Minnesota Press 1999, 220~51면에 재수록.

_____ (2000a) "C'était quoi, le tiers-monde?" *Le monde diplomatique*,

August, 18~19면.

_____ (2000b) "From Sociology to Historical Social Science: Prospects and Obstacles," *British Journal of Sociology*, vol. 51, January~March, 25~35면.

_____ (2000c) "Globalization or the Age of Transition?: A Long-term View of the Trajectory of the World-System," *International Sociology*, vol. 15, June, 249~65면. *Decline of American Power: The U.S. in a Chaotic World*, New York: New Press 2003, 45~68면에 재수록. (한국어 번역본:『미국 패권의 몰락』, 한기욱·정범진 옮김, 창비 2004)

_____ (2001) *Unthinking Social Science: The Limits of Nineteenth-Century Paradigms*, 2d ed., Philadelphia: Temple University Press.

_____ (2003) "Who Are We? Who Are the Others?" in *Decline of American Power: The U.S. in a Chaotic World*, New York: New Press 2003, 124~48면.

Wallerstein, Immanuel et al. (1996) *Open the Social Sciences: Report of the Gulbenkian Commission on the Reconstruction of the Social Sciences*, Stanford: Stanford University Press. (한국어 번역본:『사회과학의 개방』, 이수훈 옮김, 당대 1996)

Weber, Max (1946) *From Max Weber: Essays in Sociology*, New York: Oxford University Press.

_____ (1968) *Economy and Society*, New York: Bedminster. (한국어 번역본:『경제와 사회 1』, 박성환 옮김, 문학과지성사 1997)

Whitehead, Alfred North (1948) *Science and the Modern World*, New York:

Mentor. (한국어 번역본: 『과학과 근대세계』, 오영환 옮김, 서광사 1990)

Wulbert, Roland (1975) "Had by the Positive Interger," *American Sociologist*, vol. 10, November. 243면

Yiftachel, Oren (2001) "Inequalities: Fate or State?" *Hagar*, vol. 2, no. 1, 1~3면.

Zolberg, Aristide (1981) "The Origins of the Modern World-System: A Missing Link," *World Politics*, vol. 33, January, 253~81면.

| 찾아보기 |

뉴턴과학(뉴턴역학, 뉴턴모델) 27, 29, 30, 47~49, 58~60, 64~66, 84, 89~91, 96~99, 126, 127, 145, 193, 195

지식의 불확실성

새로운 지식 패러다임을 찾아서

초판 1쇄 발행 • 2007년 4월 17일
초판 3쇄 발행 • 2013년 8월 26일

지은이 • 이매뉴얼 월러스틴
옮긴이 • 유희석
펴낸이 • 강일우
책임편집 • 신동해
펴낸곳 • (주)창비
등록 • 1986년 8월 5일 제85호
주소 • 412-120 경기도 파주시 회동길 184
전화 • 031-955-3333
팩시밀리 • 영업 031-955-3399 편집 031-955-3400
홈페이지 • www.changbi.com
전자우편 • human@changbi.com

한국어판 ⓒ (주)창비 2007
ISBN 978-89-364-8538-2 03300